智能仓储作业实务

主　编◎罗　莎　赖国秋　曾远荣
副主编◎陆　剑　唐艺支　蒙晰琳

南方出版社
·海口·

图书在版编目(CIP)数据

智能仓储作业实务 / 罗莎, 赖国秋, 曾远荣主编.
海口：南方出版社, 2025.5. -- ISBN 978-7-5501
-9698-8

Ⅰ. F253.4-39

中国国家版本馆 CIP 数据核字第 2025D4672U 号

智能仓储作业实务
ZHINENG CANGCHU ZUOYE SHIWU

罗莎　赖国秋　曾远荣　◎主编

责任编辑：姜朝阳
出版发行：南方出版社
地　　址：海南省海口市和平大道 70 号
邮　　编：570208
电　　话：0898-66160822
传　　真：0898-66160830
经　　销：全国新华书店
印　　刷：苏州盛世云印科技有限公司
版　　次：2025 年 5 月第 1 版
印　　次：2025 年 5 月第 1 次印刷
开　　本：787mm×1092mm　1/16
印　　张：18.5
字　　数：380 千字
定　　价：58.00 元

编委会

主　编

罗　莎　赖国秋　曾远荣

副主编

陆　剑　唐艺支　蒙晰琳

编　委

龚子龙　徐　浩　杨思涵　陈丽娟　冯程锦　徐文芽　毛华剑
李静懿　杨　华　梁　勇　黄有洪　李金源　李金潮　曾伟霞

当前物流行业正加速向智能化转型，以物联网、大数据、人工智能为代表的技术集群深度重构产业生态，推动仓储管理、运输调度等核心环节的智能化升级，实现降本增效的运营目标。作为国家现代供应链体系建设的战略支点，智慧物流已发展成为集技术应用、流程优化和资源整合于一体的核心领域。因此，本教材在传统的仓储作业实务课程基础上引入了智能物流仓库 WMS 系统、PDA 设备、AGV 机器人系统等实操内容，顺应智慧物流业的发展和环境的变化。

内容结构

根据《国家职业教育改革实施方案》中提出的对"三教"改革的要求，即教师、教材和教法的改革，教师与教材相适应，教师与教法相契合，教材与教法相匹配。教材内容以培养高技能人才的要求为目标，注重能力本位的原则，力求突出"理论够用、重在实操"和"简单明了、方便实用"的特色，内容具有较强的应用性和针对性。

在内容的编写上，本书以智能仓储作业中信息员、仓管员、操作员等岗位对应的相关代表性工作任务和岗位职业能力分析为依据确定教学目标，融入"岗课赛证"、思政小案例设计教学内容，以工作任务为线索构建任务引领型教材。全书分为五个项目、十七个学习任务，包含智能仓储系统配置与使用、智慧仓储入库作业、智慧仓储在库作业、智慧仓储出库作业、退货作业。通过学习本教材，学生能够具有一定理论知识、较强操作和管理实践能力，具备良好的职业道德。

本书还加入了线上资源（二维码）教学视频，通过动画、微课视频等案例，为学生提供了实时的学习指导，使学生能够在理论学习的基础上，更好地理解和应用所学知识，从而让学习更加高效与便捷。此外，本书还注重培养学生的创新思维和实践能力，通过引导问题、课堂小结等引导学生进行深入思考和实际操作。

编写本书的过程中，编者与北京络捷斯特科技发展股份有限公司、浙江金潮教育科技有限公司进行合作开发，并广泛查阅了文献资料，得到了众多专家、学者的鼎力支持与帮助。在此，我们由衷地感谢所有案例资料的作者以及提供帮助的专家、学者。鉴于编者水平有限，书中难免存在不足之处，我们诚挚地希望广大读者和专家能够提出宝贵的意见和建议。

编 者
2025 年 3 月

01
智能仓储系统配置与使用
// 1

岗位描述 // 3

知识获取 // 4

学习任务一　WMS 系统作业 // 4

学习任务二　"货到人"系统作业 // 23

学习任务三　翻板机器人系统作业 // 42

学习任务四　自动化立体库系统作业 // 57

技能训练 // 75

考核评价 // 77

02
智能仓储入库作业
// 81

岗位描述 // 83

知识获取 // 85

学习任务一　入库订单受理 // 85

学习任务二　入库验收 // 104

学习任务三　入库理货 // 115

学习任务四　入库上架 // 126

技能训练 // 139

考核评价 // 141

I

03
智能仓储在库作业
// 145

岗位描述 // 147

知识获取 // 149

学习任务一 货物盘点 // 149

学习任务二 移库作业 // 164

学习任务三 补货作业 // 175

技能训练 // 188

考核评价 // 190

04
智能仓储出库作业
// 193

岗位描述 // 195

知识获取 // 197

学习任务一 出库订单受理 // 197

学习任务二 拣货作业 // 212

学习任务三 出库复核作业 // 228

学习任务四 包装发货作业 // 237

技能训练 // 256

考核评价 // 258

05
退货作业
// 261

岗位描述 // 263

知识获取 // 265

学习任务一 退换货接收 // 265

学习任务二 退换货处理 // 272

技能训练 // 280

考核评价 // 281

参考文献
// 285

智能仓储系统配置与使用

01

岗位描述

岗位工作职责

1. 使用 WMS 系统完成出入库订单处理；
2. 使用"货到人"系统完成拣货；
3. 使用翻板机器人进行分拣作业；
4. 使用自动化立体库完成货物出入库。

主要涉及岗位

1. 仓库保管员；
2. 信息处理员；
3. 仓库操作员。

学习任务描述

广西华源集团物流中心（以下简称：华源集团）是一家集仓储、配送于一体的专业物流公司，仓库配置有 WMS 仓储系统、"货到人"系统、分拣机器人及自动化立体库等设备，可为客户提供快捷、优质的物流服务。

刚刚毕业的中职生小王应聘进入了华源集团，他需要尽快熟悉仓库里各种系统的操作流程及各项设施设备的用法，以便成为一名合格的仓库工作人员。

知识获取

学习任务一 WMS 系统作业

情境导入

随着业务的不断拓展，仓库的管理成为了企业运营的关键环节。传统的仓库管理方式已经无法满足日益增长的业务需求，因此，华源集团物流中心决定引入先进的 WMS 系统来优化仓库运作。小王作为仓库管理员，要如何正确运用 WMS 系统的功能和应用，才能提高仓库的运作效率和准确率呢？

学习目标

知识目标	1. 能查阅相关资料，理解 WMS 系统的定义、发展历程及其在物流仓储领域的重要性； 2. 能明确 WMS 系统的主要功能模块作用及特点； 3. 认识 WMS 系统所采用的技术架构，包括硬件设备（如 RFID、条形码设备、PDA 等）和软件平台，以及它们如何协同工作； 4. 了解 WMS 系统如何与企业的 ERP、MES、SRM 等信息系统进行集成，实现数据的互联互通。
技能目标	1. 能通过学习 WMS 系统的功能和特点，正确规范操作 WMS 系统； 2. 能分析具体案例，利用 WMS 系统进行仓库订单受理业务。
素养目标	1. 培养对信息化技术的敏感度和应用能力，能够紧跟信息化技术的发展趋势，将新技术应用于仓库管理中； 2. 在 WMS 系统的实施和应用过程中，培养良好的团队协作能力。

问题导入

💬 **引导问题 1**：查阅资料，说说 WMS 系统是什么？

_____

_____

💬 **引导问题 2**：WMS 系统的主要作用不包括以下哪一项？（　　）

  A．提高仓库运营效率　　　　B．增强库存准确性

  C．降低仓库运营成本　　　　D．直接增加产品销售额

💬 **引导问题 3**：查阅资料，哪些企业应用 WMS 系统？举例说明。

_____

_____

_____

_____

_____

学习任务 1.1　WMS 系统功能与应用

（一）知识链接

1. WMS 系统的定义

  WMS 系统，全称 Warehouse Management System，即仓库管理系统，是一种用于管理和控制仓库内物流和库存的集成化信息系统。WMS 系统通过引入条形码、RFID（无线射频识别）、自动化立体仓库等先进的物流技术和管理思想，对仓库的收货、存储、拣选、包装、发货、盘点等各个环节进行精准、高效的管理。

  具体来说，WMS 系统能够实时跟踪库存的变动情况，确保库存数据的准确性和及时性；优化仓库布局和存储策略，提高仓库的空间利用率和货物存取效率；自动化处理

订单和拣选任务，减少人为错误，提高作业效率和准确性；集成各种物流设备和技术，实现仓库作业的自动化和智能化；提供丰富的数据分析和报告功能，帮助仓库管理者了解运营情况，发现问题并制定改进计划。

WMS 系统是现代物流管理中不可或缺的重要组成部分，它对于提高企业的物流管理水平、降低运营成本、提升客户满意度和增强市场竞争力具有重要意义。通过 WMS 系统的应用，企业可以实现对仓库资源的全面管理和优化利用，提高仓库的运营效率和响应速度，从而为企业的发展提供有力的支持。

2. WMS 系统的发展历程

WMS 系统的发展历程是一个从简单到复杂、从单一到多元、从人工到自动化和智能化的过程。随着技术的不断进步和应用场景的不断拓展，WMS 系统将在现代物流管理中发挥越来越重要的作用，主要为以下几个阶段：

（1）起源与初步发展：WMS 系统的起源大致可以追溯到 20 世纪 80 年代初，即计算机技术尤其是数据库技术开始广泛应用的时期。最初的 WMS 系统主要功能是管理仓库内部作业，包括入库、组盘、货位管理、拣选管理、发货管理、盘点管理、退货管理等。这些系统往往是以单机版的形式存在，功能相对单一，主要用于记录和管理仓库内的基本物流活动。

（2）商业化应用与功能拓展：到了 20 世纪 90 年代中期以后，随着数据库技术开始应用到微型计算机，以及计算机网络技术的快速发展，WMS 系统迎来了商业化应用的蓬勃时期。各种商用的 WMS 系统开始广泛应用，WMS 的作用也逐渐被广大企业所认可。在这一阶段，WMS 系统的功能得到了极大的拓展。除了基本的仓库作业管理外，系统还开始支持库存策略的优化、账实同步等高级功能。同时，WMS 系统也开始与其他物流系统（如 TMS 系统、订单管理系统等）进行集成，实现数据的实时同步和共享。

（3）自动化与智能化发展：进入 21 世纪后，随着 RFID、IoT（物联网）等技术的快速发展和应用，WMS 系统开始与这些先进技术进行深度融合。通过 RFID 标签和物联网技术，WMS 系统能够实现对库存的实时监控和追踪，大大提高了库存管理的准确性和效率。同时，WMS 系统也开始向智能化方向发展。利用大数据和人工智能算法，WMS 系统能够优化库存管理和仓储布局，提高仓库的运营效率和响应速度。此外，WMS 系统还能够根据历史数据和实时数据进行预测性分析，帮助企业更好地制定库存策略和物流计划。

现代 WMS 系统已经高度集成化，能够与其他物流系统（如 TMS 系统、ERP 系统等）进行无缝集成，实现数据的实时同步和共享。通过引入自动化设备和智能算法，WMS 系统能够实现对仓库作业的自动化和智能化管理，提高作业效率和准确性。同时，还提供了丰富的数据分析和可视化工具，帮助仓库管理者更好地了解运营情况、发现问题并制订改进计划。

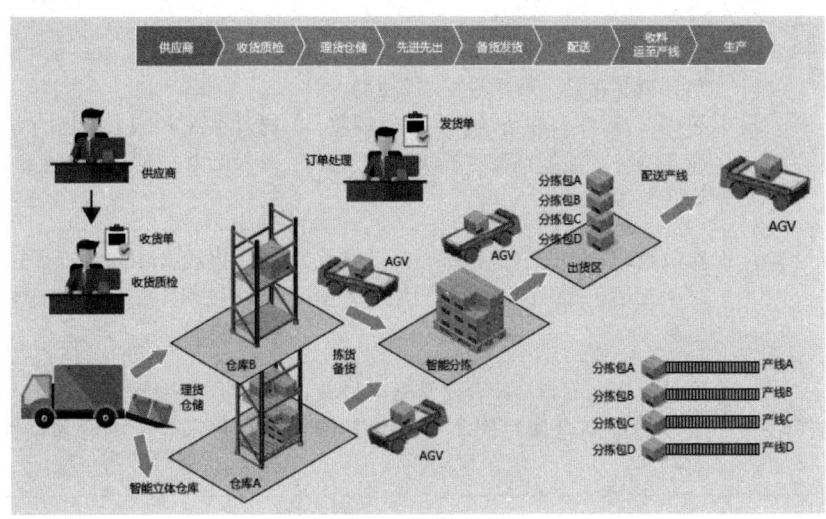

图 1-1-1　WMS 系统应用到仓库管理环节图

3．WMS 系统的主要功能模块

模块	功能	特点
基础资料与权限管理	包括用户管理、权限管理、设备管理、语言管理、库位管理等基础资料的管理，以及系统设置的调整和优化。	确保系统的安全稳定运行，同时满足不同用户的使用需求。
订单管理	处理和管理订单，包括接收订单、分配库存、拣货和打包，以及发货和跟踪订单状态。	提高订单处理的效率和准确性，提升客户满意度。
入库管理	管理收货流程，包括入库通知、入库申请、入库审核、货品验收、入库上架等。支持采购入库、生产入库、调拨入库等多种入库方式。	通过扫描货物的二维码或条形码，将货物信息录入系统，并自动分配存储位置，实现仓库空间的最大化利用。
出库管理	管理订单拣选、包装和发货等环节，包括出库通知、拣货、复核、打包装箱、出库申请、出库审核、装车发货等。支持订单出库、调拨出库、委外出库等多种出库方式。	通过自动化分拣和出库流程，提高出库效率，减少错误率。
库存管理	负责管理和跟踪仓库中的所有物品和货物，包括物料编码、入库、出库、库存盘点、库位管理等，确保库存数据的准确性和实时性。	实时监测库存情况，生成库存报表，避免库存积压和缺货情况的发生。

7

续表

模　块	功　能	特　点
库内管理	包括货品存储、库存调拨、货品盘点、编码转换、库存冻结/解冻、库位调整、库存预警、效期预警、补货管理、查询管理等。	通过系统+PDA扫描的方式进行，确保库内作业的准确性和效率。
货物跟踪	实时追踪货物的位置和状态，以便及时响应客户查询和提供准确的货物信息。	通过集成RFID、条形码扫描等物联网技术，实现货物的快速识别和跟踪。
仓库布局优化	通过优化仓库布局和存储策略，最大限度地提高仓库空间利用率和工作效率。	帮助仓库管理者合理规划仓库空间，提高仓库的存储能力和作业效率。
数据分析与报告	收集、分析和展示大量的仓库数据，提供各种报告和指标，帮助管理者监控和评估仓库的运营情况和绩效表现。	包括作业实绩、日志追踪、数据分析、数据报表、数据查询等相关功能，可以查看仓库现场作业具体数据、库存汇总数据，以及各种维度的数据报表。
系统接口与集成	可以与ERP系统、SAP系统、TMS系统、OMS系统、MES系统等无缝集成，打破信息孤岛，让数据实时、准确和同步。	实现仓库管理系统与其他企业信息系统的数据共享和流程协同，提高整体物流管理的效率和准确性。

4. WMS系统的技术架构

WMS系统的技术架构是确保系统高效、稳定、安全运行的基石。它涵盖了物理架构和软件系统架构两个主要方面：

（1）物理架构：

WMS系统的物理架构主要由硬件设备构成，包括但不限于：

① 服务器：负责处理系统的核心运算和数据存储，是WMS系统的运算和存储中心。

② 存储设备：如硬盘阵列、RAID系统等，用于存储仓库数据，确保数据的安全性和可靠性。

③ 网络设备：包括交换机、路由器等，负责系统内部及系统与其他系统之间的数据传输和通信。

物理架构还包括运行在这些硬件设备上的软件系统，如操作系统、数据库管理系统等，它们共同为WMS系统的稳定运行提供基础保障。

（2）软件系统架构：

WMS 系统的软件系统架构通常分为交互层、作业层和协作层三个层次：

① 交互层：负责与硬件设备交互，提供系统级服务，如设备驱动、网络通信等。它是 WMS 系统与物理世界之间的桥梁，确保系统能够正确识别和控制硬件设备。

② 作业层：负责实现各种仓库管理功能，如入库、出库、盘点、库存管理等。这一层是 WMS 系统的核心，包含了所有业务逻辑的处理和数据的运算。

③ 协作层：负责提供用户界面，与用户进行交互。它通过图形化界面展示仓库管理信息，并接收用户的操作指令，是 WMS 系统与用户之间的接口。

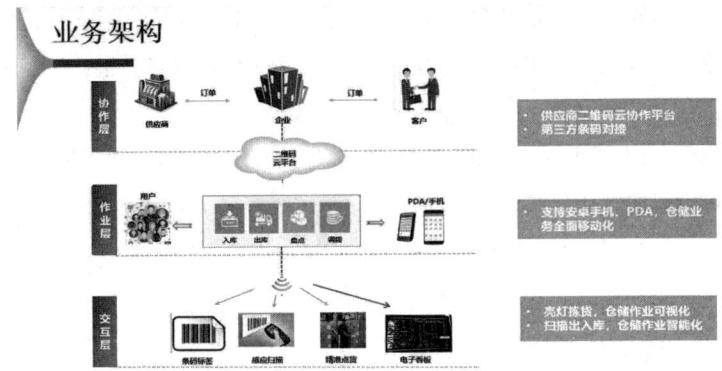

图 1-1-2　WMS 系统业务架构图

5. WMS 系统与 ERP、MES、SRM 的集成

随着企业的规模不断扩展，部门之间的信息交流需要更复杂的信息系统来实现。然而 ERP（企业资源计划）、SRM（供应商管理系统）、MES（制造执行系统）、WMS（仓库管理系统）是不同的信息系统，它们功能不同，但使用数据存在交叉重叠。如果这些系统之间没有集成，各自的系统所需数据需要多次录入，增加了信息维护工作量和出错机会，也违背了开发这些系统的初衷。

（1）ERP、MES、SRM 的功能介绍：

ERP 系统，即企业资源计划，主要用于制造业系统，是一种资源计划软件。ERP 包括业务流程管理，产品数据管理，存货、分销与运输管理，人力资源管理和定期报告系统。企业常用的 ERP 系统主要是财务系统和进销存系统，其它模块相对应用少，生产、仓库、供应商模块普遍功能弱。

MES 系统，即制造执行系统，可以为企业提供包括制造数据管理、计划排产管理、生产调度管理、库存管理、质量管理、人力资源管理、工作中心/设备管理、工具工装管理、采购管理、成本管理、项目看板管理、生产过程控制、底层数据集成分析、上层数据集成分解等管理模块，为企业打造一个扎实、可靠、全面、可行的制造协同管理平台。

SRM系统，即供应商管理系统，是用来改善与供应链上游供应商的关系的，它是一种致力于实现与供应商建立和维持长久、紧密伙伴关系的管理思想和软件技术的解决方案，它旨在改善企业与供应商之间关系的新型管理机制，实施于围绕企业采购业务相关的领域，目标是通过与供应商建立长期、紧密的业务关系，并通过对双方资源和竞争优势的整合来共同开拓市场，扩大市场需求和份额，降低产品前期的高额成本，实现双赢的企业管理模式。

6. WMS与ERP、SRM、MES的数据集成

① 采购收货流程：ERP系统创建好采购订单，SRM系统创建好发货单和物料条码，同步到WMS系统。在WMS系统中，通过扫描SRM中的物料条码来完成收货任务，并将收货数据回传到ERP系统（生成凭证号）和SRM系统中。

② 质检流程：收货完成后，ERP系统对收来的物料进行质检，质检结束后，生成质检单同步到WMS系统中。在WMS系统中，完成上架/退货任务后，将数据同步到ERP系统中，生成凭证号，保证ERP系统的质检单状态、作业信息和库存信息与WMS系统一致。

③ 成品/半成品入库流程：ERP系统创建好成品/半成品入库单，MES系统生成成品/半成品条码，同步到WMS系统。在WMS系统中，通过扫描成品/半成品条码或来完成入库任务，将数据同步到ERP系统中生成凭证号，保证ERP系统的成品入库单状态、作业信息和库存信息与WMS系统一致。

④ 销售退回入库：ERP系统创建销售退回任务，同步到WMS系统。在WMS系统中，生成退回成品的条码，再扫描条码完成销售退回任务，将数据同步到ERP系统中，保证ERP系统的销售退回入库单状态、作业信息和库存信息与WMS系统一致。

⑤ 备料任务、销售出库任务、采购退货出库任务：ERP系统创建备料任务、销售出库任务、采购退货出库任务，同步到WMS系统。在WMS系统中完成以上任务后，将数据同步到ERP系统中，保证ERP系统的单据状态、作业信息和库存信息与WMS系统一致。

扫一扫

（二）任务准备

智慧物流仓储管理系统账号登录：

（1）系统登录网站为http://172.16.19.13:8056/index.aspx；注意系统需要在IE浏览器上登录，如图1-1-3。

智能仓储系统配置与使用

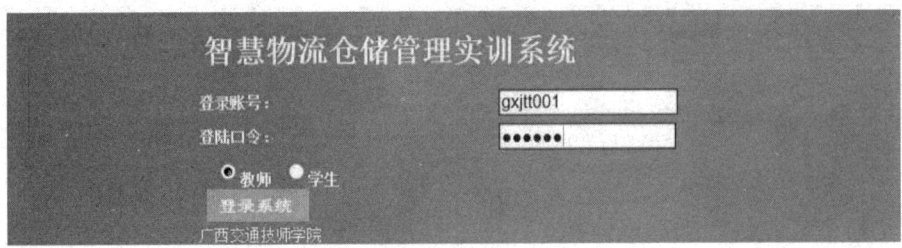

图 1-1-3　智慧物流仓储管理系统登录界面

（2）登录前需要选择教师或者学生登录方式，选定后进行账号口令的输入。

（三）任务实施

1. 基本信息的添加，包括物料信息、客户信息

★ 步骤一：物料信息的添加

（1）打开基本信息——物料信息界面，界面上会显示已有的物料信息，如下图1-1-4。

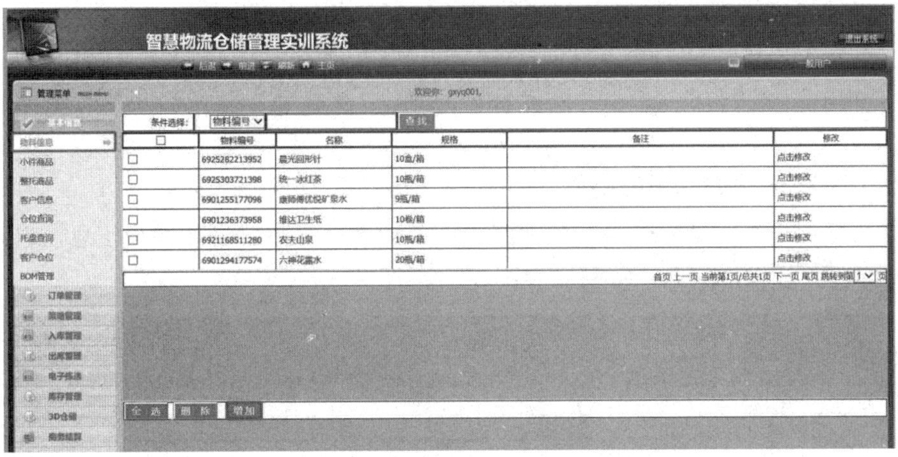

图 1-1-4　物料信息界面

（2）点击底部菜单中的增加，系统自动跳转到物料信息增加界面，如图 1-1-5。

11

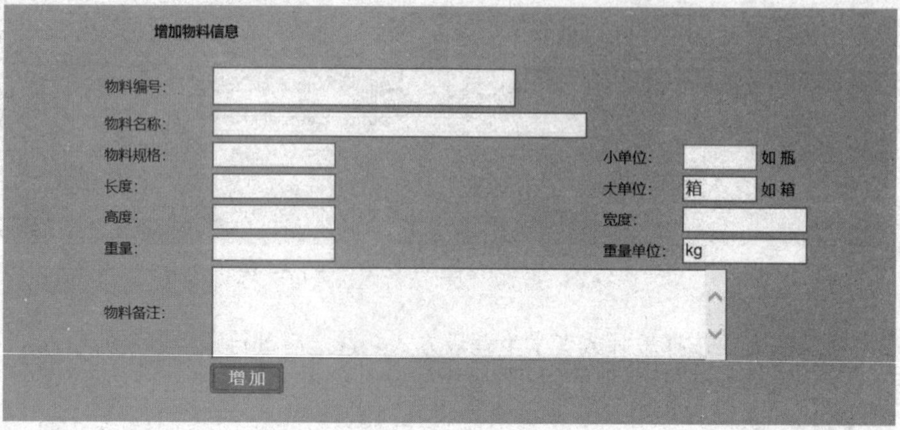

图 1-1-5　物料信息增加界面

> **注意：**
> 1. 物料编号需要与商品——对应，一个物料编号只能对应一个商品。
> 2. 如到货货物无整件包装，且每次入库数量均不相同，则物料包装规格填写格式化为 0 单位/箱，只记录小件物料规格。
> 3. 小单位与大单位与包装规格的单位需要统一。

★ 步骤二：客户信息的添加

（1）打开基本信息——客户信息界面，界面上会显示已有的客户信息，也可以根据客户名称查找客户信息，如图 1-1-6。

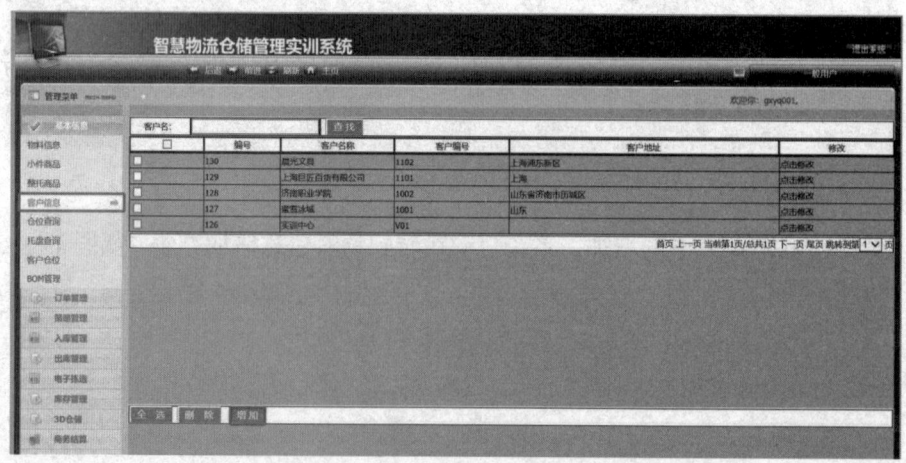

图 1-1-6　客户信息界面

（2）点击底部菜单的增加按钮，系统自动跳转到增加界面，如图 1-1-7。

图 1-1-7　客户信息增加界面

（3）在界面上完整的填写客户相关信息进行增加；注意客户类型的选择，供应商客户对应入库端供应商客户，消费者客户对应出库端消费者客户。

（4）点击增加，完成客户增加。

2. 仓库管理信息的添加，包括仓库信息、仓位信息、托盘信息

★ 步骤一：仓库信息的添加

（1）打开基本信息——仓库管理界面；原有仓库显示在列表中，如图1-1-8。

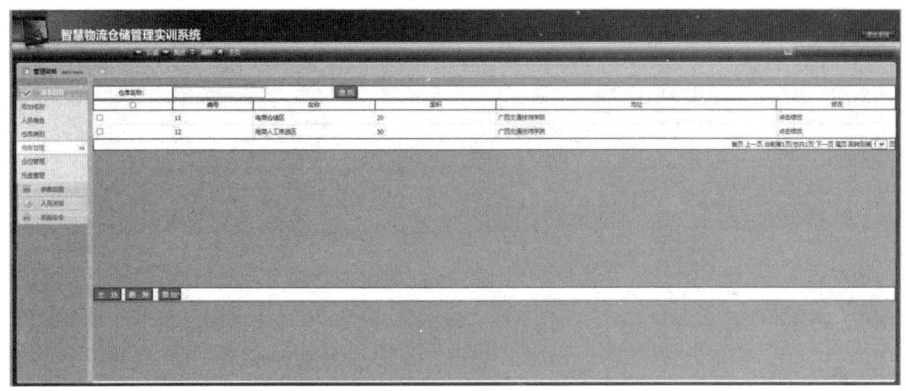

图 1-1-8　仓库管理界面

（2）点击底部新增按钮，跳转到仓库新增界面，如图1-1-9。

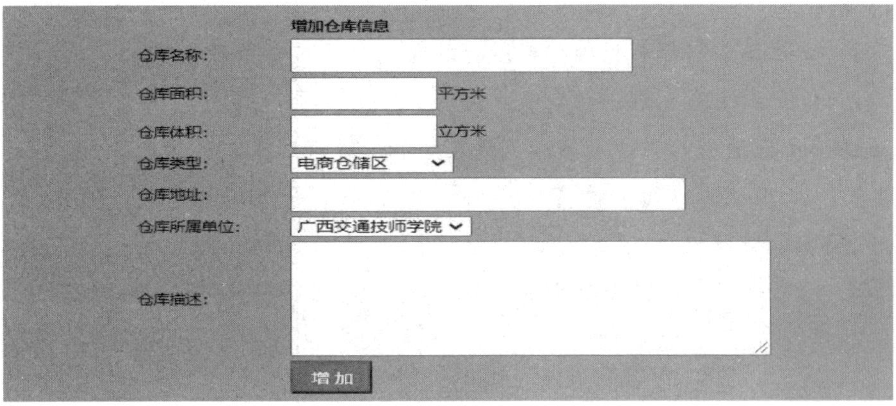

图 1-1-9　仓库信息增加界面

（3）根据新增仓库实际信息，填写仓库信息，点击增加，完成仓库增加。

★ 步骤二：仓位信息的添加

（1）打开教师端系统，基本信息——仓位管理，界面上会显示已有的仓位信息，也可以根据仓位编号查找仓位信息，可在此查看仓位状态（空闲或占用），如图1-1-10。

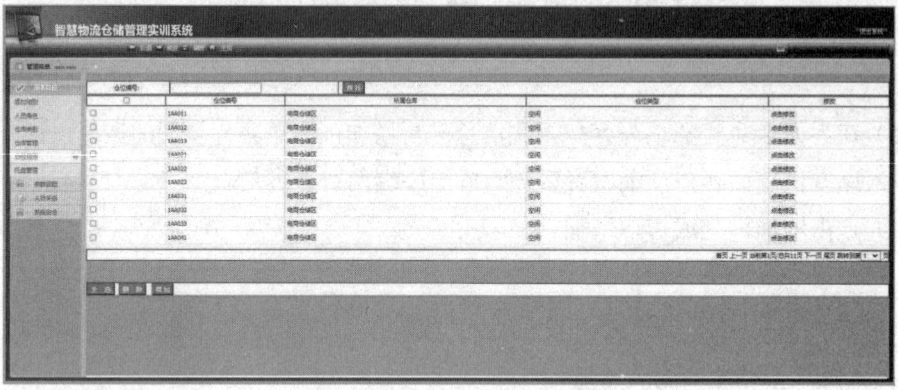

图 1-1-10　仓位管理界面

（2）点击底部增加按钮，系统自动跳转到增加界面，如图1-1-11。

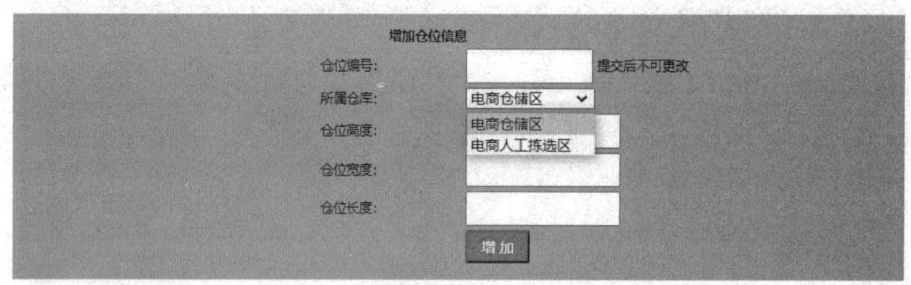

图 1-1-11　仓位信息增加界面

> 注意：
>
> 1. 仓位编号根据6位储位码进行编辑，仓位编号不可重复。
>
> 2. 6位储位码，第一位代表库房属性，第二位代表仓库大区，第三位代表仓库小区通道，第四和第五位代表储位，第六位代表层数。
>
> 3. 示意：1AA011：电商1号库房，A仓储仓库，A通道，01储位，第1层的商品。
>
> 4. 仓位释放，如果仓储仓内商品库存为0，需要及时释放该储位。

★ 步骤三：托盘信息的添加

（1）打开基本信息——托盘管理，原有托盘信息在列表中显示，也可以根据托盘编号查找托盘信息可查看占用状态，如图 1-1-12。

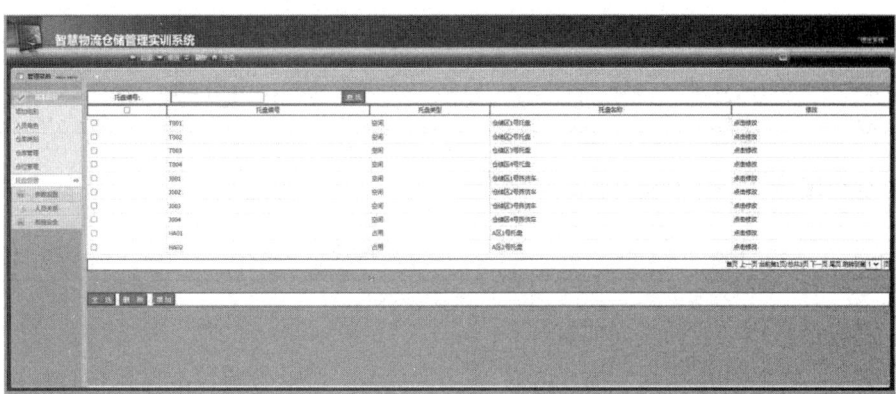

图 1-1-12　托盘信息界面

（2）可以点击修改对托盘信息进行修改，如图 1-1-13。

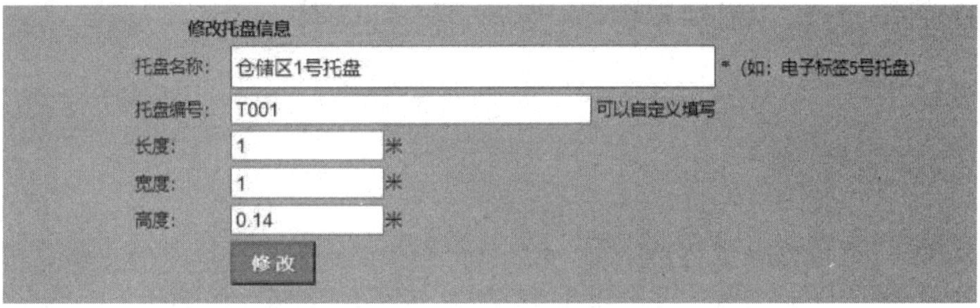

图 1-1-13　修改托盘信息界面

（3）点击增加按钮，系统跳转至托盘增加界面，如图 1-1-14。

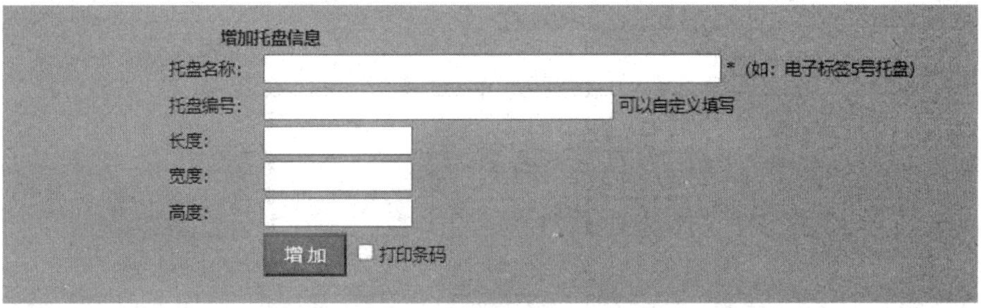

图 1-1-14　托盘信息增加界面

（4）根据托盘实际信息进行托盘信息填写，保证标签打印系统正在运行，勾选打印条码，点击增加，托盘添加完成，且托盘标签自动打印。

（5）托盘名称编辑规则：仓储区川字托盘命名 T***，如：T001；拣货车托盘命名 J***，如 J001；货架托盘命名 H***，如 H001。

（四）反思小结

1. 在活动实施过程中，哪些步骤不够清晰或操作不够熟练？举例说明。

_____

_____

2. 仓位编号 2BA031 表示什么含义？

_____

3. 托盘信息增加界面是如何打开？（　　）
   A．在教师端——基本信息打开　　B．在学生端——基本信息打开
   C．在教师端——参数设置打开　　B．在学生端——参数设置打开

学习任务 1.2　WMS 系统作业流程应用

（一）知识链接

1. WMS 系统作业流程图

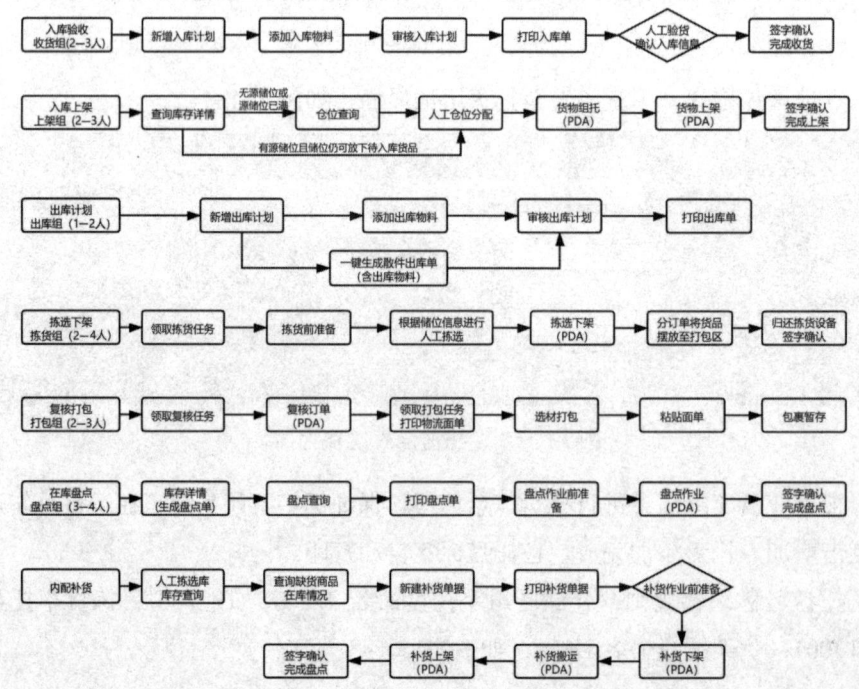

2. WMS系统在作业流程应用的重要性

WMS系统在作业流程中扮演着至关重要的角色，体现在以下几个方面：

（1）提高作业效率：

WMS系统通过自动化和智能化的方式优化仓库作业流程，减少人工干预和错误，显著提高作业效率。例如，通过智能上架和拣选路径优化，可以减少拣选时间和行走距离，提高拣选效率。

（2）提升库存准确性：

实时更新库存数据是WMS系统的核心功能之一。通过扫描条形码或RFID标签，WMS系统可以自动记录货物的入库、出库、移动和盘点等操作，确保库存数据的准确性和实时性。这有助于减少库存差异和损失，提高库存周转率。

（3）优化资源配置：

WMS系统可以根据仓库的实际情况和作业需求，智能地分配和调度仓库资源，如人力、设备和空间。通过合理的资源配置，可以最大限度地提高仓库的利用率和作业效率，降低运营成本。

（4）增强订单处理能力：

WMS系统与订单管理系统紧密集成，可以实时接收和处理订单信息。通过自动化拣选、包装和发货流程，WMS系统可以显著提高订单处理速度和准确性，满足客户的快速响应需求。

（5）提供决策支持：

WMS系统通过收集和分析仓库作业数据，可以生成各种报表和分析结果，为管理者提供决策支持。这些报表和分析结果可以帮助管理者了解仓库的运营状况、发现潜在问题并制定相应的改进措施。

（6）提升客户满意度：

通过提高作业效率和订单处理能力，WMS系统可以缩短订单处理时间和发货周期，提升客户满意度。同时，准确的库存数据和实时的订单跟踪功能也可以增强客户对仓库的信任和依赖。

（7）支持多渠道销售：

在电商和零售等行业中，WMS系统需要支持多渠道销售。WMS系统可以集成来自不同销售渠道的订单信息，并统一处理和管理这些订单。这有助于企业实现库存共享和订单协同，提高整体运营效率。

（8）适应性和可扩展性：

随着企业业务的发展和变化，WMS系统需要具备良好的适应性和可扩展性。WMS系统应该能够灵活地调整作业流程和参数设置，以适应不同的业务需求和仓库环境。同时，WMS 系统也应该支持与其他业务系统的集成和扩展，以满足企业未来的发展需求。

> **思政小案例**
>
> ### WMS：助力京东实现价值飞跃的智慧仓储利器
>
> 在电商行业的激烈竞争中，如何提高运营效率和降低成本，成为每个企业都在关注的问题。而对于京东这样的大型电商平台来说，更需要找到一种有效的方式来管理和控制其庞大的物流网络。这就是京东仓库管理系统（WMS）的作用所在——帮助京东实现了从数量到质量的价值飞跃。
>
>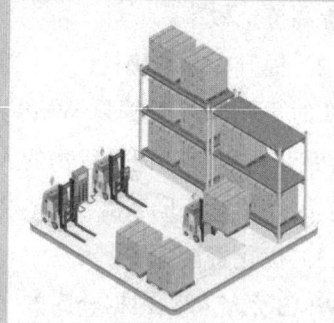
>
> #### 京东 WMS 的核心价值
>
> 1. 高效的库存管理：京东 WMS 通过先进的技术和算法，可以实时跟踪和管理库存，减少库存积压和缺货现象，从而提高供应链的整体效率。
>
> 2. 精确的订单处理：通过自动化的订单处理流程，京东 WMS 可以在短时间内完成大量订单的分拣和发货，大大提高了发货速度和准确率，提升了客户满意度。
>
> 3. 优化的配送路线：京东 WMS 可以根据订单的位置信息和配送员的位置信息，智能规划出最优的配送路线，节省了时间和成本，提高了配送效率。
>
> 据统计，使用京东 WMS 后，京东的发货效率提高了 30%，库存误差降低了 20%，客户满意度上升了 15%。这些实际的数据充分证明了京东 WMS 的价值。

（二）任务准备

1. 查阅教材和相关资料，理清运用 WMS 系统处理出库业务流程，写出系统操作步骤。

_____

_____

2. 登录智慧物流仓储管理系统，登录网址 http://172.16.19.13:8056/index.aspx。

（三）任务实施

运用 WMS 系统处理出库订单录入，按照出库计划单信息，小组合作生成出库单。

出库计划单

序　号	出库单号	客户名称	计划出库日期
1	CK210903155628424	上海巨匠百货有限公司	2021-09-03

★ **步骤一：添加出库计划**

（1）打开订单管理——出库计划界面。

（2）在底部左侧菜单中点击"增加"按钮；多做错做的出库计划单，也可通过勾选对应订单，点击底部增加按钮完成，如图 1-1-15。

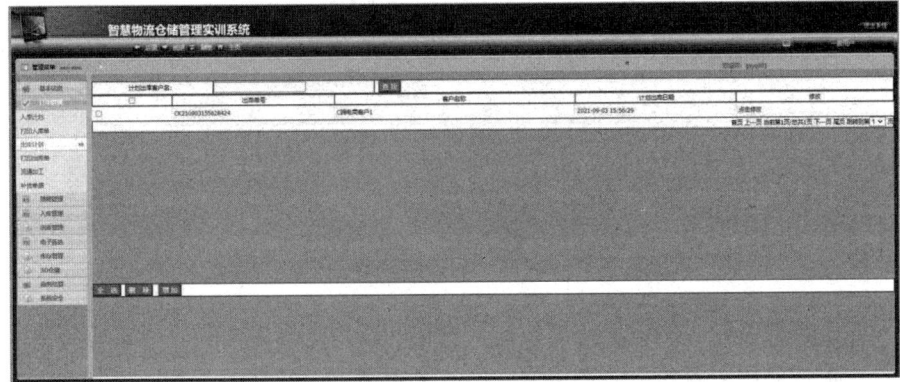

图 1-1-15　出库计划界面

（3）在添加出库计划订单界面点击客户名称后面的绿框弹出客户信息进行选择，录入其他出库计划信息后点击增加完成出库计划添加，如图 1-1-16、图 1-1-17。

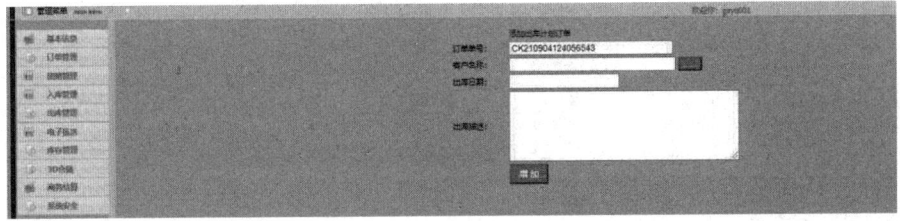

图 1-1-16　出库计划订单添加界面

客户名称: 查找 确定

□	编号	客户名称	联系人	客户地址	联系方式
□	130	晨光文具	1102	上海浦东新区	2365432123
□	129	上海巨匠百货有限公司	1101	上海	13458734523
□	128	济南职业学院	1002	山东省济南市历城区	02832431234
□	127	蜜雪冰城	1001	山东	13245612334
□	126	实训中心	V01		

首页 上一页 当前第1页/总共1页 下一页 尾页 跳转到第 1 页

图 1-1-17　客户信息添加界面

（4）点击“增加”按钮，系统会自动跳转到出库拣选界面。

★ **步骤二：添加出库物料**

（1）打开出库管理——出库拣选界面，勾选需要增加物料的出库单（单次只能勾选一个订单），点击顶部菜单“增加物料”，如图 1-1-18。

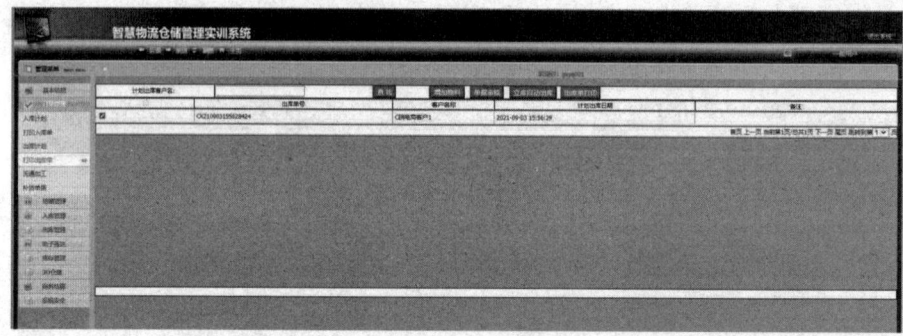

图 1-1-18　出库拣选界面

（2）点击物料名称右侧绿色拓展按钮，直接勾选单个出库商品，点击确定，关闭拓展窗口，点击拓展按钮后的确定按钮完成商品名称录入，如图 1-1-19。

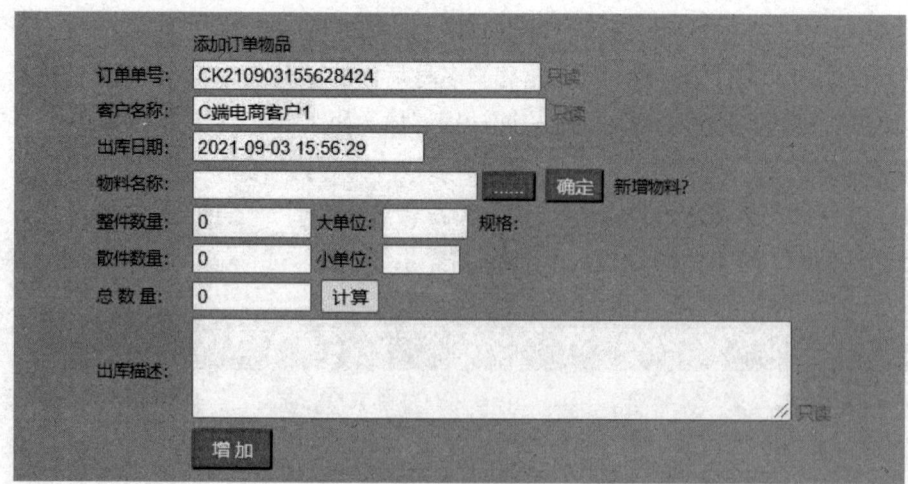

图 1-1-19　添加物料界面

（3）在拓展窗口可以通过物料名称进行物料搜索，搜算完勾选物料，点击确定添加物料返回到物料添加窗口，如图 1-1-20。

条件选择：物料名称 查找 确定

□	订单号	物料编号	物料名称	物料规格	包装规格	库存数量
□	RK210905153544130	6909995113433	旺旺小小酥-原味含油型膨化食品	18g/包	0包/箱	15
□	RK210905153544130	6909995113440	旺旺小小酥-葱香鸡肉味含油型膨化食品	18g/包	0包/箱	15

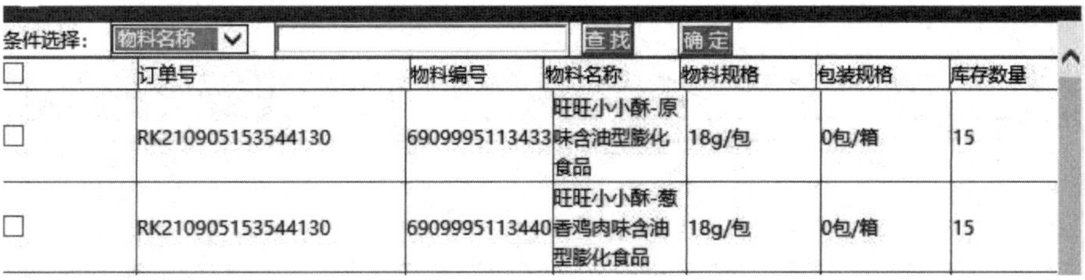

图 1-1-20　物料添加窗口

（4）填写商品数量，点击计算，确认数量无误，点击增加，完成出库物料添加（出库数量不可能大于库存数量，如商品包装规格为 0，则整件数量必须填写为 0 ）。如图 1-1-21。

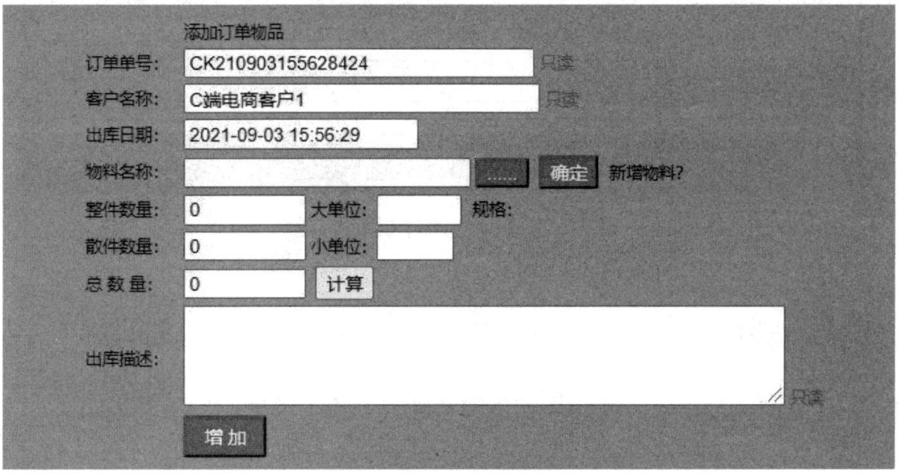

图 1-1-21　数量计算

（5）如需在该订单下添加多个出库商品，需要手动多次选择该出库订单，进行物料添加。

★ 步骤三：生成出库订单

（1）打开出库管理——散件出库界面，点击右上角订单客户下拉框中，任意选择一位 C 端客户后，点击“一键生成客户订单”，系统自动生成该订单任务号显示未分配，如图 1-1-22。

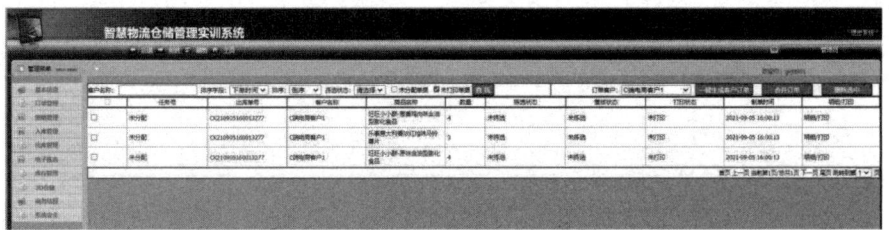

图 1-1-22　出库单生成界面

（2）勾选相同订单号订单，点击合并订单，系统自动为该批出库任务分配相同任务号，如图 1-1-23。

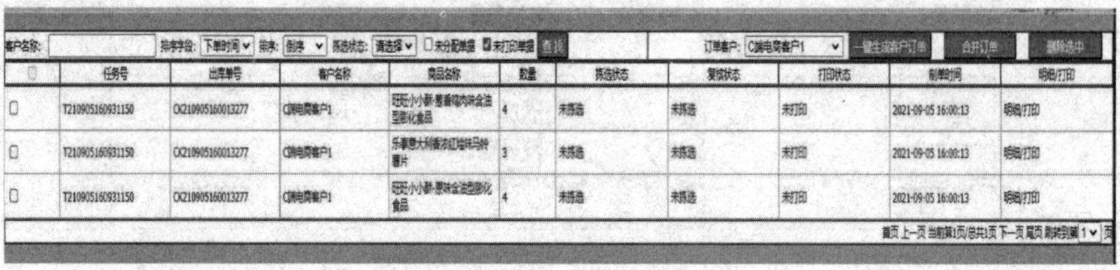

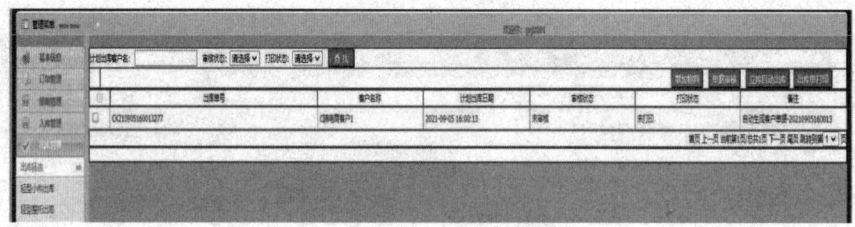

图 1-1-23　合并订单界面

（3）返回出库管理——出库拣选界面，可以查看自动生成的出库拣选订单，再点击单据审核，如图 1-1-24。

图 1-1-24　出库订单审核界面

（四）反思小结

1. 在任务实施过程中，哪些步骤不够清晰或操作不够熟练？举例说明。

_____

_____

2. 查阅教材及相关资料，写出在 WMS 系统中入库验收的流程。

学习任务二 "货到人"系统作业

情境导入

在华源集团持续致力于优化仓储管理体系的背景下，为了显著提升货物拣选的效率与精准度，集团前瞻性地引入了先进的"货到人"作业模式，并配备了先进的 AGV 机器人作业系统。面对这一新技术的应用，作为仓库管理的核心成员，小王需深刻理解并掌握 AGV 机器人系统的各项功能，以高效整合资源，精准执行货物拣选任务，从而推动仓储运营迈向智能化、高效化的新阶段。

学习目标

知识目标	1. 能查阅相关资料，理解"货到人"作业模式； 2. 能通过知识学习，掌握 AGV 机器人构成和工作原理； 3. 能分析具体案例，熟悉"货到人"作业流程。
技能目标	1. 能通过学习 AGV 机器人的构成和工作原理，完成场地检查和设备启动； 2. 能依据"货到人"系统操作规范，使用 AGV 机器人完成货物拣选作业。
素养目标	1. 培养对智能化技术的敏感度和应用能力，能够紧跟智能化技术的发展趋势，将新技术应用于仓储管理中，树立规范操作意识； 2. 在"货到人"系统的实施和应用过程中，培养智慧赋能提质增效的职业素养和爱岗敬业的思政素养。

智能仓储作业实务

> **问题导入**

💬 **引导问题1**：在下面的四张图片中哪一个是"货到人"拣选作业设备？

A   B   C   D

💬 **引导问题2**：网络查询智能仓储作业中常见的设备，列出设备名称。

_____

_____

学习任务 2.1 "货到人"系统构成与原理

（一）知识链接

1. "货到人"系统的定义

"货到人"系统是一种自动化仓库拣选系统，它通过自动化设备将货物直接运送到操作人员的工作站，从而减少人员在仓库中的移动，提高拣选效率和准确性。在这种系统中，工作人员不需要在仓库中走动寻找商品，而是由系统自动将需要拣选的商品运送到指定位置，操作人员只需在固定的工作站完成拣选、分类和打包等工作。这种系统通常结合了先进的信息技术、自动化技术和物流管理理念，适用于处理大量订单和高频率拣选的仓库环境。

2. "货到人"系统的发展历程

"货到人"系统，是一种物流自动化技术手段，它通过自动化设备将商品直接运送到工作人员面前，以提高拣选效率和减少工作人员的行走距离。该系统的发展历程大致如下：

（1）初期发展阶段：在20世纪末期，随着电子商务的蓬勃发展，物流行业面临着前所未有的挑战和机遇。在这个初期发展阶段，对物流效率的要求日益提高，传统的手工拣选方式已经无法满足市场对快速配送的迫切需求。为了应对这一挑战，一些具有前瞻性的企业开始积极探索和尝试新的解决方案。他们开始尝试引入自动化设备，以辅助拣选工作，从而提高整体的物流效率和配送速度。这一变革不仅极大地提升了企业的竞争力，也为整个物流行业的发展带来了深远的影响。

（2）技术发展阶段：进入21世纪以来，随着计算机技术、传感器技术和自动化控制技术的迅猛发展，"货到人"系统逐渐走向成熟。自动化立体仓库、搬运机器人（AGV）、自动拣选系统等先进技术开始广泛应用于物流中心，极大地提升了物流效率和准确性。计算机技术的进步使得数据处理和分析能力大幅提升，为物流系统的智能化提供了坚实的基础。传感器技术的发展则使得系统能够实时监控和感知环境变化，提高了系统的反应速度和灵活性。自动化控制技术的进步则为物流设备的精确控制提供了保障，使得整个物流过程更加高效和稳定。这些技术的综合应用，使得"货到人"系统在物流中心的应用越来越广泛，为现代物流的发展注入了新的活力。

（3）系统集成阶段：随着技术的进一步发展，各种自动化设备和系统开始集成，形成了完整的"货到人"解决方案。这些系统能够实现商品的自动存储、自动拣选、自动分拣和自动输送，大大提高了物流效率。在这一阶段，先进的技术如物联网、人工智能和大数据分析被广泛应用，使得整个物流系统更加智能化和高效化。自动化的仓储管理系统能够实时监控库存情况，优化存储空间的利用，减少货物的搬运次数。自动拣选系统通过精确的算法和机械臂技术，实现了快速准确的拣货过程，显著提升了拣选效率。自动分拣系统则利用高速的传送带和智能识别技术，将商品按照不同的目的地进行分类，进一步缩短了分拣时间。最后，自动输送系统通过无人搬运车和输送带，将商品从仓库运送到配送中心或直接送到客户手中，大大减少了人力成本和出错率。整体而言，系统集成阶段的"货到人"解决方案不仅提高了物流效率，还降低了运营成本，为现代物流行业带来了革命性的变革。

（4）智能化升级阶段：在近年来的发展中，"货到人"系统逐渐融入了更多智能化的元素。例如，通过运用人工智能算法，系统能够优化拣选路径，从而提高效率和准确性。此外，机器视觉技术也被广泛应用于商品识别和分类，使得整个过程更加自动化和精准。通过这些技术的应用，系统能够更快速地识别商品，并将其准确地分类和分拣。同时，大数据分析技术也被用于预测库存需求，帮助仓库提前做好库存管理和补货计划。这些智能化技术的应用，不仅提高了仓库的运营效率，还降低了人力成本，使得整个物流系统更加高效和智能。

（5）应用扩展阶段：随着技术的普及和成本的降低，"货到人"系统不仅在大型物流中心得到广泛应用，也开始向中小型仓库和零售店铺扩展。这一系统通过自动化和智能化的技术手段，极大地提高了仓储和物流的效率，减少了人工成本。如今，"货到人"系统已经不再局限于大型企业，越来越多的中小型企业和零售店铺也开始受益于这一技术。为了满足不同规模企业的需求，"货到人"系统提供商开始提供定制化的解决方案。

这些解决方案不仅考虑了企业的规模和业务特点，还结合了企业的预算和实际需求，确保企业能够以最低的成本获得最大的效益。通过这种定制化的服务，"货到人"系统在中小型仓库和零售店铺中的应用越来越广泛，为各行各业带来了巨大的变革和提升。

（6）未来发展趋势：在未来，"货到人"系统将会持续朝着更加智能化、灵活化以及个性化的方向迈进，以更好地适应不断变化的市场需求和消费者行为模式。随着机器人技术的不断进步和创新，我们可以预见，未来"货到人"系统将实现更高程度的无人化和自主移动，从而大大提高物流效率和准确性。这些系统将能够更加智能地识别和处理各种复杂情况，提供更加灵活和个性化的服务，以满足不同消费者的具体需求。此外，随着人工智能和大数据分析技术的进一步发展，"货到人"系统将能够更加精准地预测市场需求，优化库存管理，从而进一步降低成本，提高客户满意度。总之，未来的"货到人"系统将通过不断的技术创新和升级，为物流行业带来革命性的变革，为消费者提供更加便捷和高效的购物体验。

3. 常见的拣选作业模式

（1）传统的"人到货"作业模式：在仓储物流领域，"人到货"作业模式作为一种传统的拣选方式，长期以来扮演着重要的角色。这种作业模式的核心在于货物在货架上固定货位存储，由拣选人员推车或拉动手动叉车到达货位进行拣选，即"货不动，人动"。

在"人到货"作业模式中，拣选人员通过 PDA、纸单或电子标签等方式接收拣选指令，随后推车或拉动手动叉车前往指定货位。到达货位后，拣选人员需扫描货位及货物条码以确认拣选准确性，完成拣选后继续前往下一个指定货位，直至全部订单完成。如下图所示：

图 1-2-1　传统的"人到货"作业模式

这种作业模式的缺点是拣选人员要在众多的货架中去找寻，费时费力、劳动强度大、工作效率低、上架错误率高、人工成本高、安全性差。

（2）先进的"货到人"作业模式："货到人"作业模式，顾名思义，是指在仓储物流自动化拣选场景中，通过 AGV（全称是 Automated Guided Vehicle，意为搬运机器人）机器人等智能设备，将货物自动搬运至固定拣选工作台，供拣选人员进行拣选作业。这一过程实现了"货动，人不动"的核心理念，极大地提高了拣选效率和降低了工作人员的劳动强度。"货到人"作业模式可进一步细分为货架到人和料箱到人两种方式，每种方式都有其独特的优势和适用场景。如下图所示：

图 1-2-2 先进的"货到人"作业模式

这种作业模式的优点是智能化运作降低人工成本，数字化信息处理提高工作效率，安全可靠提升准确率，实现了智慧赋能提质增效。

5. AGV 机器人系统构成

在现代化制造业与物流业的浪潮中，自动化与智能化已成为不可逆转的趋势。其中，AGV 机器人以其卓越的性能和广泛的应用领域，成为了智能搬运领域的中坚力量。AGV 机器人的基本构成如右图所示：

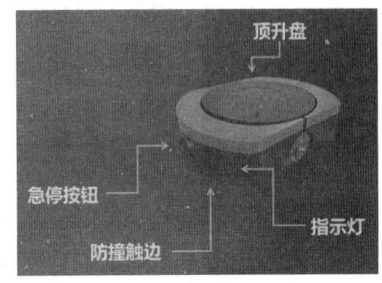

图 1-2-3 AGV 机器人基本构成

（1）急停按钮：作为 AGV 机器人安全系统的首要防线，其设计初衷在于应对突发情况，实现快速紧急停机。当操作人员发现 AGV 可能遭遇碰撞、故障或其他潜在危险时，只需轻轻一按，便能立即切断 AGV 的动力源，使其迅速停止运行。这一功能不仅保护了 AGV 本身免受进一步损害，更关键的是，它有效降低了事故发生的可能性，保障了现场人员与设备的安全。急停按钮的显著标识和易于触及的位置设计，确保了其在紧急情况下能够被迅速且准确地激活。

（2）防撞触边：作为 AGV 机器人外部的物理防护层，采用先进的传感技术，能够在不接触或轻微接触障碍物时刻感知并作出反应。这些触边通常环绕 AGV 四周，形成一道无形的安全屏障，有效预防了 AGV 与周围设备、物料或人员的意外碰撞。通过集成高灵敏度的传感器，防撞触边能够在检测到障碍物时自动调整速度、改变路径或执行紧急停车，从而实现了对潜在危险的提前预判与规避，提升了作业环境的整体安全性。

（3）指示灯：作为 AGV 机器人与操作人员之间沟通的重要桥梁，通过不同颜色的灯光变化，清晰直观地传达 AGV 的工作状态、路径信息以及故障警告等关键信息。绿色通常表示 AGV 处于正常工作状态，黄色或橙色可能意味着警告或需要注意的情况，而红色则直接指示了严重故障或紧急停止状态。指示灯的直观性和即时性，使得操作人员能够迅速了解 AGV 的当前状况，并据此作出相应的操作决策，进一步提升了工作现场的安全性和效率。

（4）顶升盘：作为 AGV 机器人实现货物精准搬运与对接的核心部件，通过液压、气动或电动驱动机制，能够精确控制升降高度，实现货物的平稳装载与卸载。在自动化仓储、生产线对接等场景中，顶升盘不仅提高了货物搬运的效率和精度，还通过其精准的控制能力，有效避免了货物在搬运过程中的跌落或损坏风险。同时，顶升盘的灵活性与适应性，使得 AGV 能够轻松应对不同高度、不同尺寸的货物搬运需求，进一步扩展了 AGV 的应用范围与场景。

6. AGV 机器人系统原理

AGV 机器人，又称作自动引导车，是一种能够自动化引导和移动的机器人。它们利用机器视觉、磁导航或 RFID 引导等先进技术，实现精准定位和自主导航，广泛应用于工厂、仓库、医院等场所的物料搬运和运输任务。其核心工作原理依托于一套高度集成的技术体系。该体系首先通过激光视觉传感器或磁导航系统等尖端导航技术，精准识别并定位 AGV 在复杂环境中的当前位置。随后，利用先进的路径规划算法，AGV 能够迅速计算并选取最优行进路径，同时结合实时环境监测功能，灵活规避各类障碍物，确保行驶过程的安全与顺畅。

在执行搬运任务时，AGV 展现出了卓越的自动化能力。它借助精密的机械臂、输送带等辅助设备，高效完成货物的装载与卸载作业，整个过程精准无误。这一系列工作流程的紧密配合，不仅大幅提升了物流仓储与制造行业的运营效率，还显著降低了人力成本及操作风险，是现代工业自动化不可或缺的重要组成部分。

扫一扫

（二）任务准备

1. 检查场地

（1）检查地面是否平整、无异物、无积水，避免损坏 AGV 设备。

① 伸缩缝边缘碎裂，缝比较宽，且有延伸碎裂态势，不合格。

② 地坪有坑洞，且未作硬化处理，不合格。

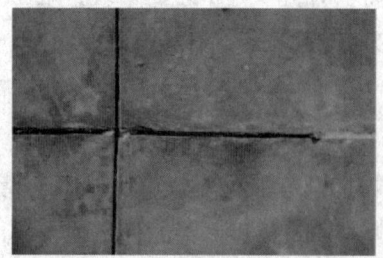

图 1-2-4　不合格地面样例 1

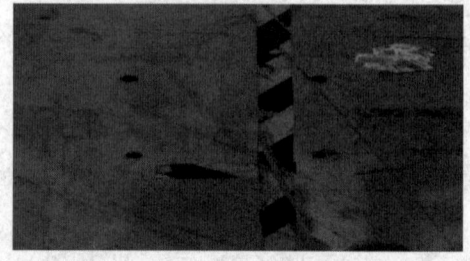

图 1-2-5　不合格地面样例 2

③ 地坪有破损，需做修补、硬化、平整处理，不合格。
④ 地坪有残留突出膨胀螺丝，须切割、磨平、修补、硬化周边处理，不合格。

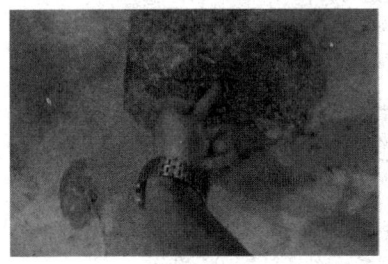 

图 1-2-6　不合格地面样例 3　　　　图 1-2-7　不合格地面样例 4

（2）检查二维码标识是否清晰、完整，确保 AGV 可以正常导航。

图 1-2-8　合格的二维码标识样例

2．启动设备

（1）把 AGV 推到二维码正上方，使二维码和 AGV 相机处于同一竖直线上。

（2）打开电源旋钮，此时开关机按钮呈闪烁状态。

（3）点按开关机按钮，AGV 灯带、相机亮起，灯带为白灯、绿灯和蓝灯交替闪烁，顶升盘旋转回零。

（4）等待大约 30 秒，蓝色指示灯亮起，AGV 启动完成。

3．登录中央调控管理软件

（1）登录管理软件，如下图所示：

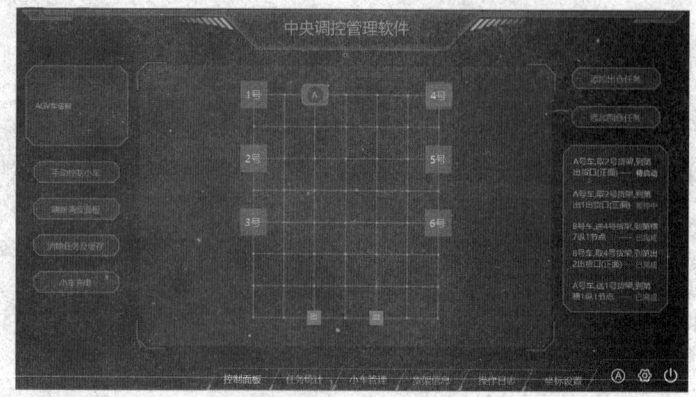

图 1-2-9 中央调控管理软件界面

（2）确定地图中货架、AGV 是否与现场设备实际位置一致，如下图所示：

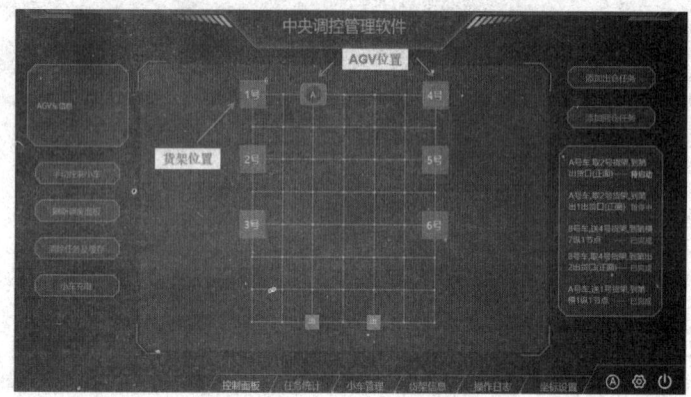

图 1-2-10 货架、AGV 位置

（三）任务实施

1. 控制顶升盘升降

（1）点击左侧"手动控制小车"按钮，打开手动控制界面，如下图所示：

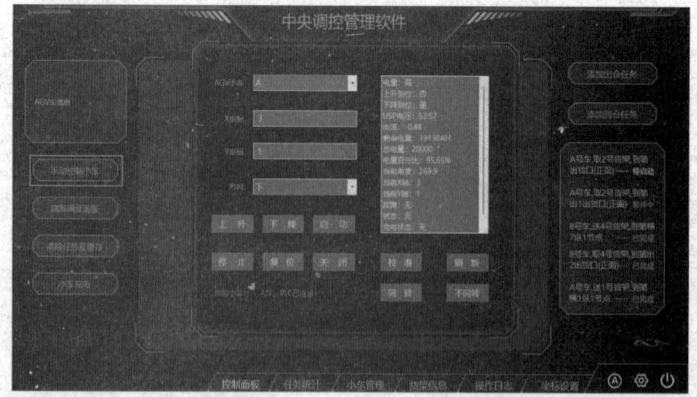

图 1-2-11 手动控制界面

(2) 点击"上升"按钮,AGV 顶升盘升起,如下图所示:

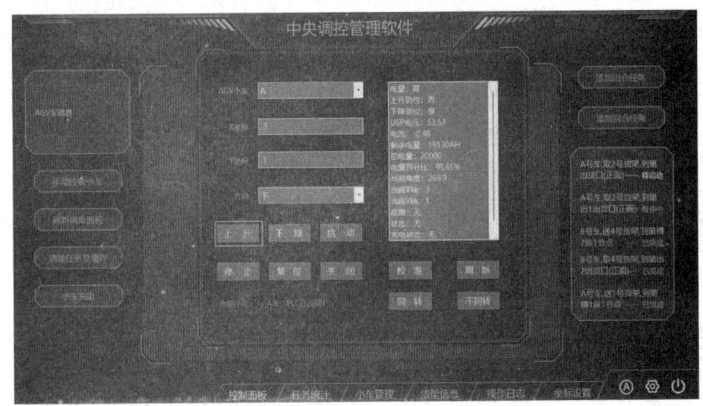

图 1-2-12 控制顶升盘升起

(3) 点击"下降"按钮,AGV 顶升盘降下,如下图所示:

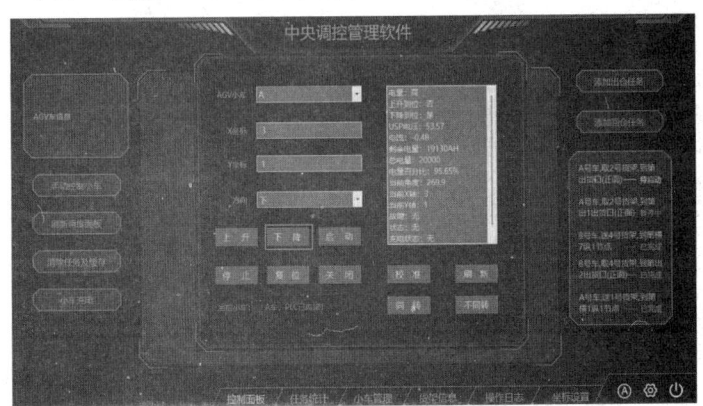

图 1-2-13 控制顶升盘降下

2. 控制设备行进

(1) 选择系统内可用的 AGV 小车,如下图所示:

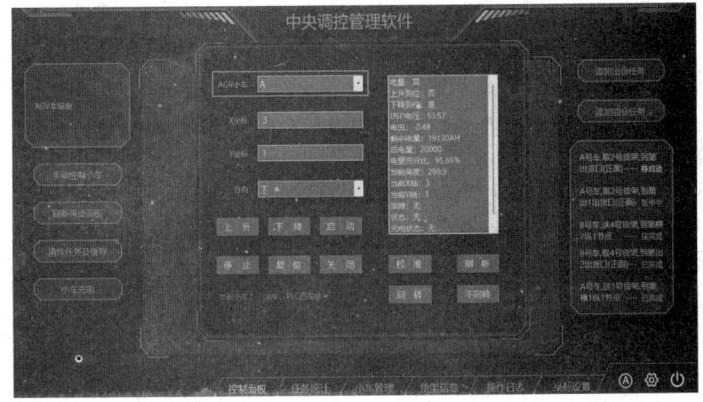

图 1-2-14 选择需要移动的 AGV

（2）输入目标点位坐标，如下图所示：

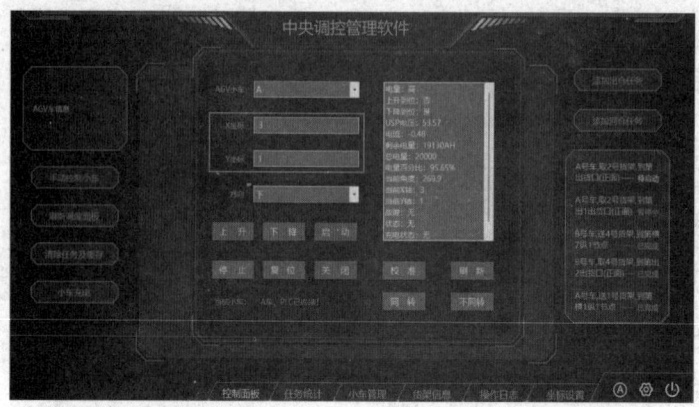

图 1-2-15　输入目标点位坐标

（3）输入行进方向，如下图所示：

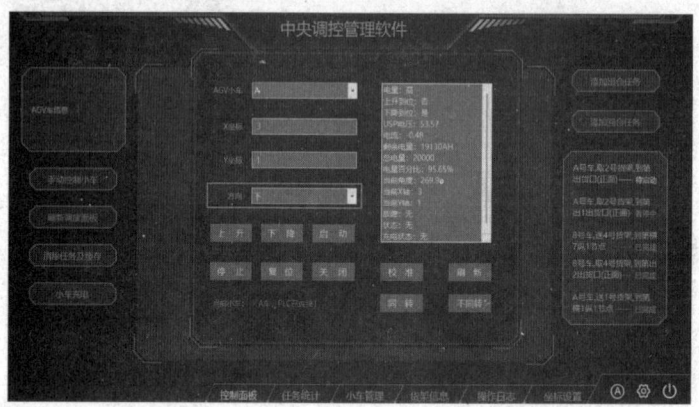

图 1-2-16　输入行进方向

（4）点击"启动"按钮，被选中的 AGV 将沿直线行进至目标点位，如下图所示：

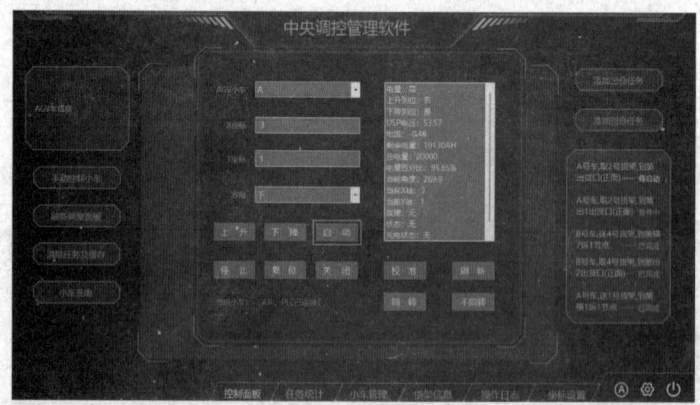

图 1-2-17　控制 AGV 行进

（四）反思小结

1. 在活动实施过程中，哪些步骤不够清晰或操作不够熟练？举例说明。

_____

_____

2. 点击下图所示的"复位"按钮，观察AGV如何动作，并在下列横线上写出动作过程。

_____

_____

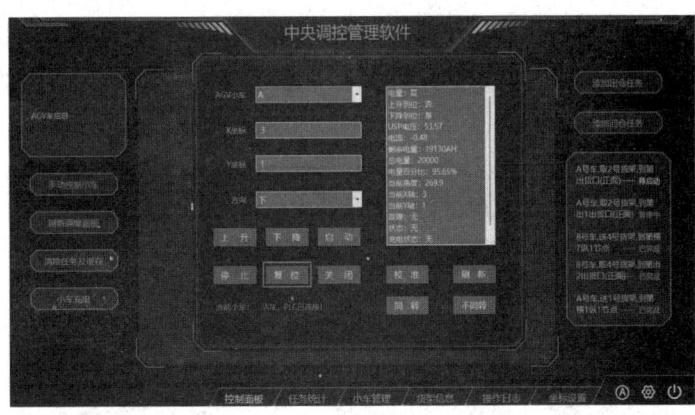

学习任务2.2 "货到人"系统作业流程

（一）知识链接

1. 常见的货物拣选作业流程

（1）传统的拣选作业流程：传统拣选作业流程大致可以分为以下几个关键阶段：接收订单、分配拣选任务、行走至货位、拣选商品、搬运至复核区、打包发货。这一过程高度依赖人工操作与基础管理系统的支持，流程见下图：

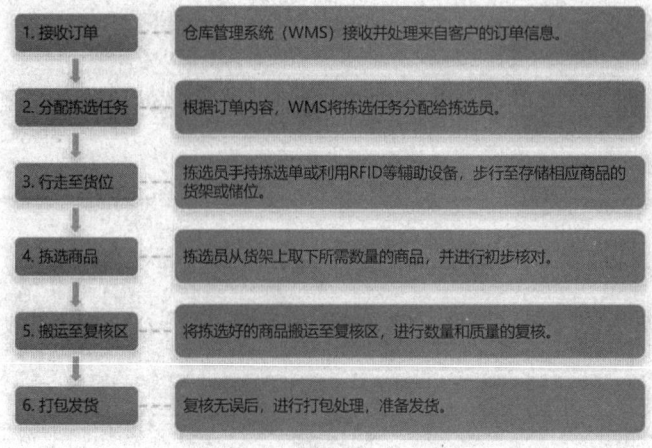

图 1-2-18 传统的拣选作业流程图

（2）智能化的"货到人"拣选作业流程：智能化的"货到人"拣选作业通过先进的自动化技术、物联网（IoT）、大数据分析及人工智能（AI）算法，实现货物自动输送至拣选员面前，极大地提高了拣选效率与准确性，流程见下图：

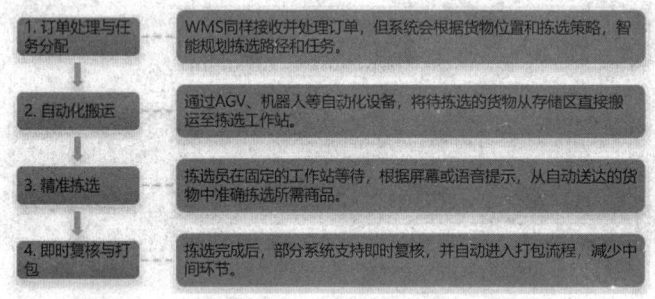

图 1-2-19 智能化的"货到人"拣选作业流程图

2."货到人"系统作业优势

（1）效率显著提升：

① 减少行走时间：在货到人系统中，作业人员无需在仓库内来回奔波寻找货物，货物被直接送到其工作站，极大地缩短了行走距离和时间，提高了单位时间内的作业量。

② 并行处理能力：系统能同时处理多个订单，实现并行作业，即便在高峰期也能保持高效运转，有效缓解订单激增带来的压力。

（2）降低错误率：

① 精准定位：利用先进的导航技术和机器视觉，系统能准确地将货物送达指定位置，减少人为错误，提升拣选准确率。

② 减少重复劳动：自动化处理减少了重复性和机械性的劳动，使员工能够专注于更高层次的任务，如订单复核和质量检查，进一步降低错误率。

（3）优化劳动力配置：

① 减少人员需求：由于自动化提高了作业效率，企业可以相应减少对人力的依赖，尤其是在体力劳动密集的拣选环节，从而降低成本。

② 提升员工满意度：减少繁重体力劳动，改善工作环境，有助于提高员工的工作满意度和忠诚度，降低人员流失率。

（4）灵活性与可扩展性：

① 灵活适应变化：货到人系统具有较高的灵活性，可根据业务需求轻松调整作业流程和布局，快速响应市场变化。

② 易于扩展：随着业务增长，系统可以方便地增加自动化设备，扩展作业区域，实现无缝升级，无需对现有系统进行大规模改造。

（5）数据驱动决策：

① 实时监控与数据分析：系统能够实时收集并分析作业数据，包括拣选效率、库存周转率、错误率等，为管理层提供决策支持。

② 持续优化：基于数据分析结果，企业可以不断优化作业流程，进一步提升效率和降低成本，实现智能化管理。

思政小案例

"货到人"系统：智慧赋能，提质增效

随着网络技术发展带来的便利，人们已经越来越依赖网上购物，网购使人们足不出户就可以买到称心如意、物美价廉的商品。伴随着网购的兴起，如何提高仓储运转效率和降低错误率，成为了每个电商企业关注的问题。京东物流作为国内物流行业的龙头企业，更需要一种高效的仓储运转模式，这就是京东"货到人"系统的作用所在——智慧赋能，提质增效。

京东"货到人"系统的核心价值

京东"货到人"系统的核心价值在于提升配送效率、减少人力成本、优化用户体验，通过自动化技术实现商品的快速、准确配送。

1. **提升配送效率**："货到人"系统通过智能调度和路径规划，使得拣选员无需在仓库内长时间行走寻找商品，而是由自动化设备将商品直接运送到拣选员面前，从而显著缩短了拣选时间，提高了整体配送效率。同时，系统能够处理大批量订单，实现高效并发处理，特别是在促销、双十一等高峰期，能够有效缓解订单压力，确保订单快速出库。

2. **减少人力成本**：自动化技术的应用降低了对人工拣选的依赖，减少了拣选员的工作强度和工作时间，有助于降低人力成本。同时，系统能够24小时不间断运行，无需考虑员工休息和换班问题，进一步提高了工作效率，并减少了因人为错误导致的成本增加。

3. **优化用户体验**："货到人"系统通过提高配送效率，缩短了用户等待时间，提升了用户的购物体验。同时，系统还能够根据用户的订单历史、购买偏好等信息，进行智能推荐和个性化服务，进一步增强了用户黏性。

京东"货到人"系统以其高效、智能、人性化的特点，为物流行业带来了深刻的变革和巨大的价值。

（二）任务准备

1. 查看出库通知单信息

出库通知单					
客户指令号：	CK210826102601060	客户名称：	上海巨匠百货有限公司	紧急程度：	紧急
库房：	智慧生活商城	出库类型：	正常出库	是否送货：	是
预计出库时间：	2024 年 8 月 5 日					

货品编码	货品名称	包装规格（mm）	单位	数量	生产批次	备注
6921734969637	水杯	150×80×80	个	2	20240730	

2. 准备货架并启动 AGV

图 1-2-20　货架和 AGV 就绪

3. 登录中央调控管理软件

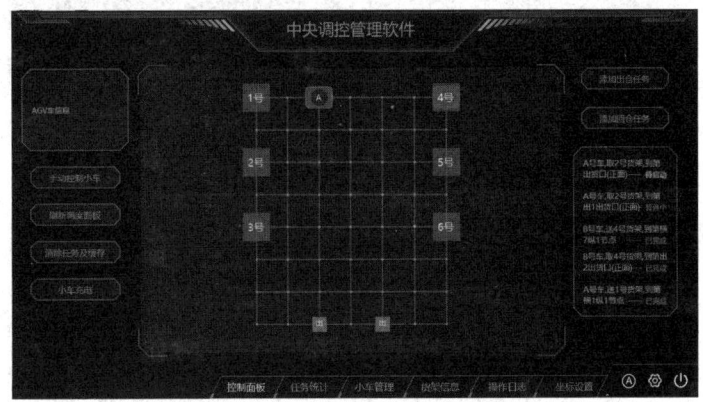

图 1-2-21　登录中央调控管理软件

（三）任务实施

使用 AGV 机器人，采用"货到人"系统完成出库货物拣选。

★ 步骤一：货架出仓

（1）点击右侧"添加出仓任务"按钮添加出仓任务，如下图所示：

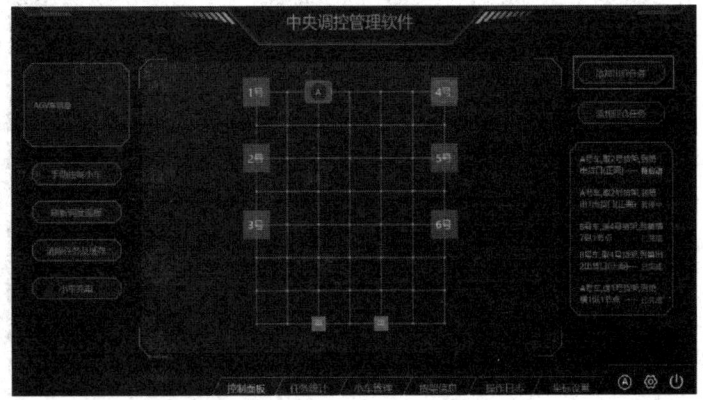

图 1-2-22　添加出仓任务

（2）在弹出的对话框中选择水杯所在的货架号，选择空闲的 AGV 机器人和出货口，然后点击"保存"按钮，如下图所示：

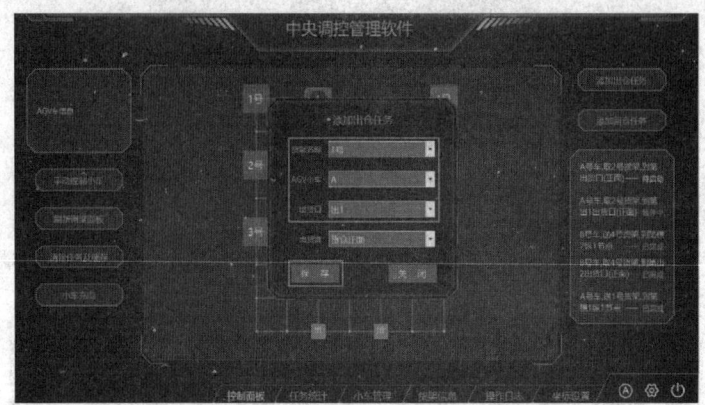

图 1-2-23　填选出仓参数

（3）在右侧的任务列表中出现了待启动的任务，如下图所示：

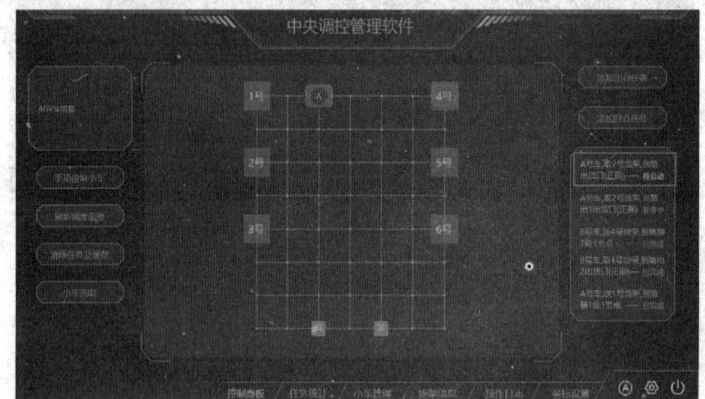

图 1-2-24　出仓任务添加完成

（4）鼠标右击待启动的任务，点击"启动"，如下图所示：

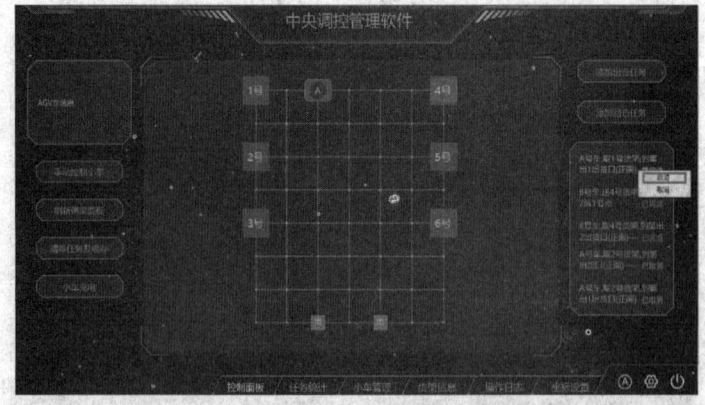

图 1-2-25　执行出仓任务

（5）AGV 托起货架移动至指定的拣选区，如下图所示：

图 1-2-26　出仓任务执行完毕

★ 步骤二：拣选两个水杯

图 1-2-27　拣选货物

图 1-2-28　完成货物拣选

★ 步骤三：货架回仓

（1）点击右侧"添加回仓任务"按钮添加回仓任务，如下图所示：

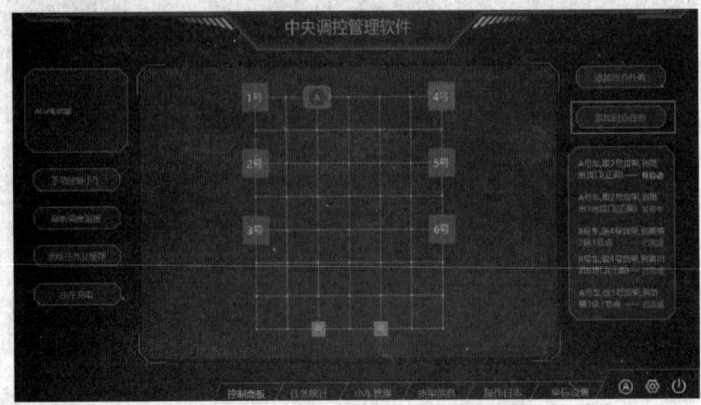

图 1-2-29　添加回仓任务

（2）在弹出的对话框中选择需要回仓的货架号，然后点击"保存"按钮，如下图所示：

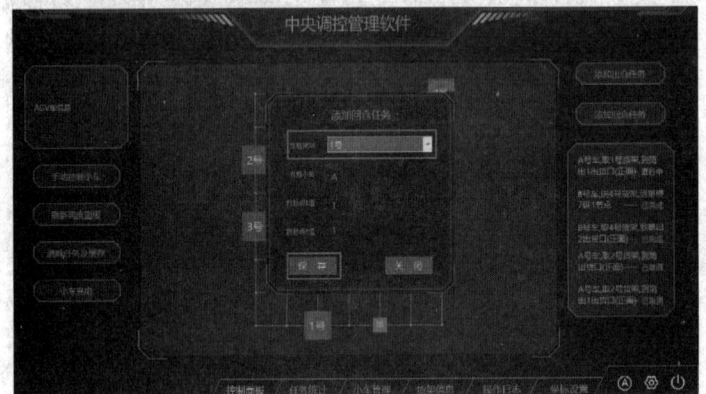

图 1-2-30　填选回仓参数

（3）在右侧的任务列表中出现了待启动的任务，如下图所示：

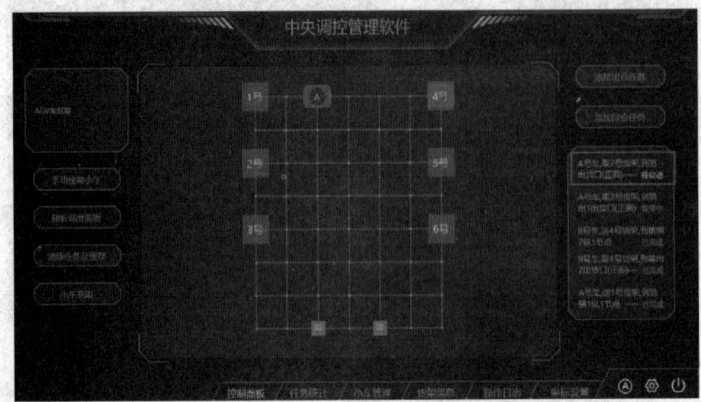

图 1-2-31　回仓任务添加完成

（4）鼠标右击待启动的任务，点击"启动"，如下图所示：

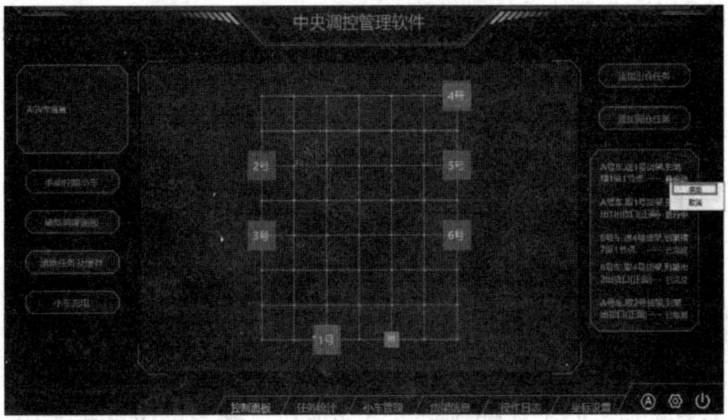

图 1-2-32　执行回仓任务

（5）AGV 带动货架移动至初始的货位，如下图所示：

图 1-2-33　回仓任务执行完毕

（四）反思小结

1. 在活动实施过程中，哪些步骤不够清晰或操作不够熟练？举例说明。

_____

_____

2. 查阅教材及相关资料，写出使用"货到人"系统进行货物上架作业的流程。

_____

_____

学习任务三　翻板机器人系统作业

情境导入

暑假工是大多数学生对于暑期自我提升的选择，其中快递分拣工作因为其辛苦程度极高被称为"暑假工刺客"，一度引发网络热议。随着经济的发展，传统人工分拣已逐渐只存在于网点，具有一定规模的物流中心和仓库都引进了翻板机器人来代替人工负责货物分拣作业。那么我们该如何正确操作这些机器人辅助分拣作业呢？

学习目标

知识目标	1. 熟悉分拣机器人的种类； 2. 掌握翻板机器人的基本构造和工作原理； 3. 能分析具体案例，熟悉翻板机器人分拣作业流程。
技能目标	1. 能通过学习翻板机器人系统操作流程，正确将机器人开机并调至等待作业状态； 2. 能正确利用翻板机器人完成货物分拣作业； 3. 在遇到机器人系统故障或问题时，能够迅速定位问题原因并采取有效措施进行解决。
素养目标	1. 通过实践操作，培养学生的动手能力和问题解决能力； 2. 引导学生树立终身学习的观念，关注科技前沿动态，不断更新自己的知识和技能储备，以适应快速发展的科技环境； 3. 培养学生具备高度的责任心和敬业精神。

问题导入

引导问题1：请运用网络查询分拣作业中常见的物流设备，列出设备名称。

> 引导问题 2：下面的四张图片中哪些属于分拣作业设备？（　　）

A　　　　　　　B　　　　　　　C　　　　　　　D

学习任务 3.1　翻板机器人系统构成与原理

（一）知识链接

1. 常见的分拣设备

分拣设备主要包括电子分拣机、滚筒式分拣机、输送线分拣机、气动分拣机等多种。

（1）电子分拣机：

电子分拣机是一种自动分拣设备，采用摄像机和软件技术，可以对不同的商品进行识别和分拣，具有较高的效率和准确率，可以实现高速自动化分拣货物，是最常用的分拣设备之一。主要分为翻板机器人、机械臂等，如图 1-3-1 所示。

电子分拣机的应用范围广泛，包括但不限于零售行业、物流仓储、农产品加工、食品饮料以及药品分拣等领域。在这些领域中，电子分拣机通过快速准确的分类，显著提高了企业的运营效率。此外，电子分拣机的发展趋势包括智能化和综合化，旨在实现更高程度的自动化和多功能一体化，以适应不断变化的物流需求。

图 1-3-1　电子分拣机

（2）滚筒式分拣机：

滚筒式分拣机是一种经济实用的分拣设备，采用传送带和滚筒的结构，可以实现高速分拣，适用于小批量商品的分拣，但分拣效率较低。如图 1-3-2 所示。

滚筒式分拣机的主要应用领域之一是快件分拣。电商、快递、仓储等物流行业中，特别是在快递包裹等小件物品分拣中表现出色。它能够有效地解决分拣效率低、误差率高等问题，提升了快递派送的时效性和准确性。在农业领域，滚筒式分拣机用于提高番茄等农产品的分拣效率，减少人力成本。它通过旋转的滚筒根据预设的参数和要求进行调整孔的大小，以适应不同种类和尺寸的农产品，实现了快速准确的对农产品进行分拣。

随着技术的发展和进步，滚筒式分拣机正朝着智能化、自动化的方向发展，以满足环境保护和资源化利用的需求。未来，随着社会对环境保护意识的提高，滚筒式分拣机作为重要的分类设备，将在更广泛的领域得到应用，并实现更精准的分类。

图 1-3-2　滚筒式分拣机

（3）输送线分拣机：

输送线分拣机是一种自动化分拣设备，采用输送带和分拣机的结构，可以实现高速分拣，适用于大批量商品的分拣，效率高。如图 1-3-3 所示。

这类设备通过预设的规则将货物自动分拣到相应的位置，大大提高了仓库内货物的处理效率和准确性。输送线的类型多样，包括皮带输送线、辊筒输送线、链式输送线等，每种类型都有其特定的应用场景和优势：

皮带输送线是一种常见的输送设备，由带状物料传送带组成，可以水平、倾斜或垂直传送物料，适用于小型零件、散装物料和包装箱等。

辊筒输送线使用辊子来支撑和传送物料，适用于重型物料和长距离传送。

链式输送线采用链条作为传动元件，适用于重型物料和高强度传送，如汽车制造业和矿山行业。

皮带输送线　　　　　　　辊筒输送线　　　　　　　链式输送线

图 1-3-3　输送线分拣机

（4）气动分拣机：

气动分拣机是一种特殊的自动化分拣设备，采用气动输送和分拣机的结构，可以实现高速分拣，适用于大批量商品的分拣，具有较高的效率和准确率。如图 1-3-4 所示。

气动分拣机具有多种类型，包括气动式智能分拣机、全自动气动分拣机、气动旋转斜轮分拣机等，适用于不同的分拣场景和需求：

气动式智能分拣机是由艾萨克自主研发的智能分拣设备，已投入电商、物流行业使用。它采用直线式布局，占地面积小，能够实现精准高效的包裹分拣。

全自动气动分拣机获得实用新型专利权，其特点包括通过流通管道相连通的转向输入机构和分拣输出机构。

气动旋转斜轮分拣机的特点包括自主动力传递、高强度齿轮传动、占地面积小等。它适用于快递配送中心、电子商务仓库、工厂仓库等场景，能够分类的产品包括大、小纸箱、周转箱、编织袋、软包装塑料带等。

图 1-3-4　气动分拣机

2. 翻板机器人

随着物联网、大数据、人工智能等技术的不断发展，智能物流将迎来更加广阔的发展空间。未来，智能物流将更加注重自动化、智能化和信息化水平的提高，实现物流过程的全面数字化和智能化。其中，翻板机器人在分拣作业中得到广泛应用，进一步提高物流效率和服务质量。翻板机器人的基本构成如图 1-3-5 所示：

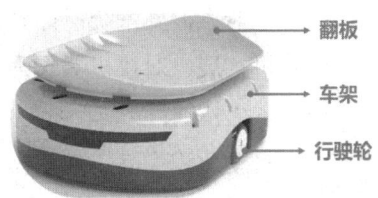

图 1-3-5　翻板机器人基本构成

翻板分拣机器人的车架底部设有多组行驶轮，每组行驶轮包括分别位于车架两侧且相互对齐的两个行驶轮。驱动电机固定在车架内，且驱动电机至少驱动一组行驶轮转动，实现机器人的移动。翻板与车架的侧壁铰接，翻板的下部设有翻板驱动机构，翻板驱动机构固定在车架内，且翻板驱动机构将翻板内侧顶起或放下，使得翻板可以倾斜或者水平，从而实现货物的分拣。电池固定在车架内，并为翻板驱动机构和驱动电机供电。这种设计使得翻板通过轴与车架铰接，更加牢固不易损坏，且两个驱动轮有两个独立驱动电机驱动，可以形成差速驱动，驱动方式更加灵活。

此外，翻板分拣机器人的设计还考虑了安装布局和走线的优化。例如，通过将翻板支架连接在翻板体的下表面沿与翻转轴线平行的长度方向的非居中位置，可以为安装翻板机构的设备中的其他部件避让出空间，从而有效地改善了安装翻板机构的设备内部布局，简化设备内部的走线。

3. 翻板机器人系统

翻板机器人采用快递分拨系统，通过以二维码导航翻板机器人行驶为主体，实现快递包裹的快速分拨投递，极大提升了快递分拨吞吐量。如图 1-3-6 所示。

图 1-3-6 翻板机器人实景

（1）系统构成：
- 分拣平台：含分拣台面、二维码地标、分拣笼。
- 信息化条码：条码、读码器
- 分拣机器人（核心）
- 机器人调度系统：计算机、数据库、调度系统软件、WMS 系统
- 可扩展：对接机器人码垛系统进行自动投放

（2）系统特征：
- 自动化程度高：由计算机、电控设备，激光反射板等控制。
- 充电自动化：当 AGV 小车的电量即将耗尽时，它会向系统发出请求指令，请求充电（一般技术人员会事先设置好一个值），在系统允许后自动到充电的地方"排队"充电。另外，AGV 小车的电池寿命和采用电池的类型与技术有关。使用锂电池，其充放电次数到达 500 次时仍然可以保持 80% 的电能存储。
- 美观，提高观赏度，从而提高企业的形象。

扫一扫

（二）任务准备

1. 开关机流程操作

（1）双击桌面图标"ApController.exe"软件，启动无线开机。

图 1-3-7 "ApController.exe"软件

双击桌面图标"LabzRobotServer.exe"软件，开启后桌面显示默认界面。

图 1-3-8 "LabzRobotServer.exe"软件

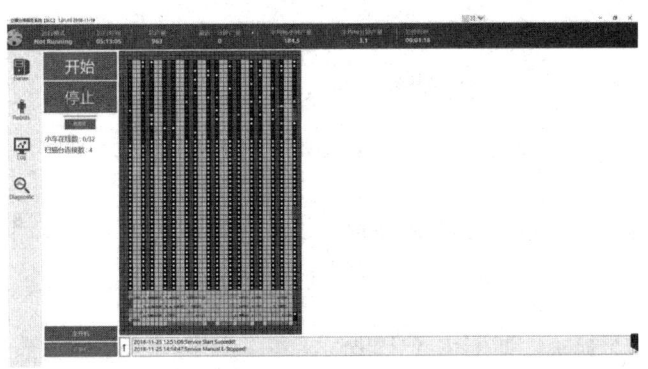

图 1-3-9 "LabzRobotServer.exe"软件启动界面

点击界面中"全开机"按钮。此过程请等待，等到所有小车都开启，如果场地中有机器人报警请先处理报警机器人，完成后此时左上角的"小车在线数"数量会从"0"变成与"/"后面的数字相同。最后再点击该软件左上角的"开始"按钮，此时机器人就开始工作，放件员即可放件。

（2）将鼠标切换到"LabzRobotServer.exe"软件界面，点击界面中的"全关机"按钮，小车会全部关机并且在地图上显示由绿点变成黄点，小车在线数量会变成0，然后关闭程序此时弹出对话框，请点击"是"。

2. 软件功能操作

（1）软件概述：

翻板机器人系统使用自动分拣系统服务器软件，用于实现自动分拣功能，包括机器人开关机功能，机器人调度和路径规划，场地监控，机器人管理，面单数据接收解析功能，日志生成等。包括以下软件模块：

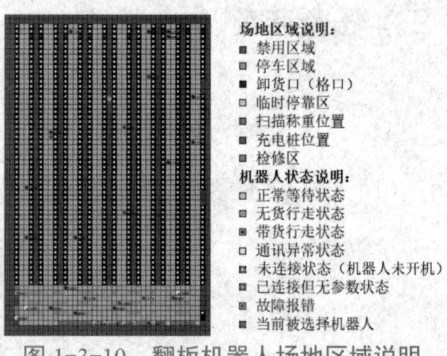

图 1-3-10　翻板机器人场地区域说明

- ApController.exe，实现机器人的开机功能。
- LabzRobotServer.exe，系统服务主软件。

（2）软件界面说明：

- 场地状态图形识别：该区域显示当前整个场地规划和机器人的运行状态，如图 1-3-10 所示。
- 机器人列表：QR Code 指显示小车所在位置的码，如图 1-3-11 所示。

图 1-3-11　机器人列表

- 日志和状态显示，如图 1-3-12 所示。

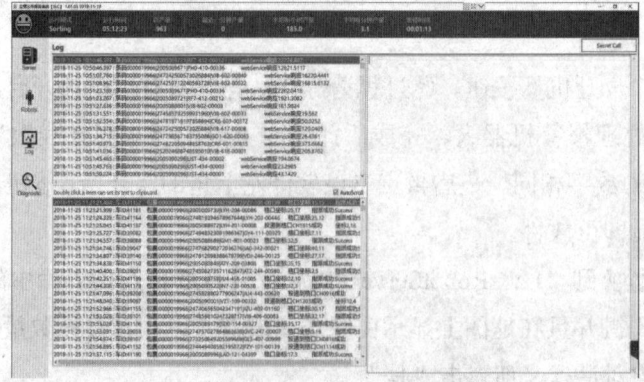

图 1-3-12　机器人日志和状态

（三）任务实施

使用翻板机器人，采用快递分拨系统完成货物分拣。

★ 步骤一：调试软件

1．双击软件"PackageScanner.exe"，打开后可以看到如图 1-3-13 所示界面（如果此界面已经打开，就无需操作此步骤）。

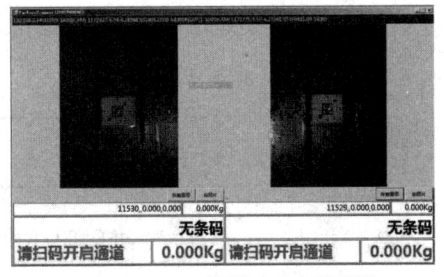

图 1-3-13　机器人翻板界面

★ 步骤二：开启分拣通道

1．界面中提示"请扫码开启通道"，请将拿起一个快递将其快递上条码放于镜头下，直到软件中显示该条码已经被扫到，软件中快递条码处显示绿色为扫描成功，如图 1-3-14 所示：

2．此时图中的右侧通道就被打开，机器人就位，同理另一个通道用上述同样方法打开，两个通道开启后界面显示，如图 1-3-15 所示：

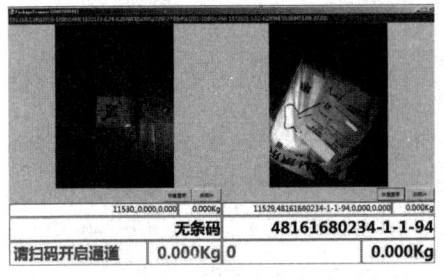

图 1-3-14　货物扫描成功

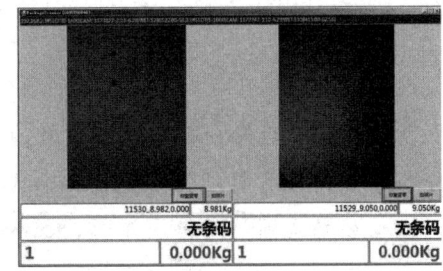

图 1-3-15　两个通道开启界面显示

★ 步骤三：货物分拣

1．机器人就位后，放件员用鼠标将软件中"称重置零"按钮点击一下，即可开始放件。

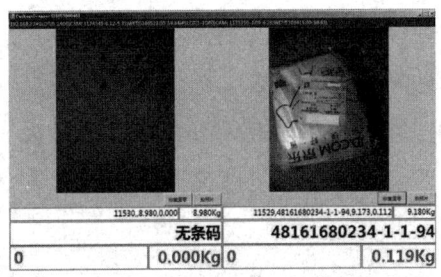

图 1-3-16　机器人准备就绪

2．将快递的条码正面朝上放于机器人托盘上，尽量将快递放于托盘的中心位置，以便于扫描，扫到条码后（软件中快递条码处显示绿色为扫描成功）机器人就会行驶至对应的格口卸货，扫不到条码机器人不行驶。

（四）反思小结

1. 在活动实施过程中，哪些步骤不够清晰或操作不够熟练？举例说明。

_____

_____

2. 找寻机器人的"二维码照相机"，并描述其位置。

_____

_____

_____

_____

别让"小故障"变成"大事故"

某快递公司的分拣中心位于城市郊区的一个工业园区内，占地面积较大，分拣中心内设有自动化分拣设备和大量工作人员。某天夜间，分拣中心的一台自动分拣机因故障停止工作，工作人员在修理过程中发现了故障设备附近的电线着火。由于地处郊区，火灾发生后，没有得到及时有效的救援，火势迅速蔓延，最终造成分拣中心的大面积财产损失和一名员工不幸身亡。

事故原因分析：

1. 电线老化：经过事故调查，发现起火的主要原因是故障设备附近的电线老化引发的短路。电线老化是常见的火灾隐患之一，在分拣中心这样的高负荷环境下，老化的电线更容易造成火灾。

2. 防火设施不足：事故发生之时，分拣中心的防火设施并没有得到有效的使用，如自动喷水灭火系统等，并且由于周边地处郊区，救援力量并没有得到及时的支援。

3. 人员逃生不及时：由于火势蔓延迅速，事故发生时在分拣中心内的员工没有得到有效的逃生指导，其中一名员工在事故中不幸身亡。

事故的教训：

1. 定期检查维护防火设施和设备：管理者应该定期对分拣中心内的电气设备和防火设施进行检查和维护，及时处理电线老化等隐患，确保设施设备的正常运行。

2. 增加火灾应急演练：定期组织火灾应急演练，培养员工的逃生和救援意识，提高应对火灾事故的能力。

3. 增加监控设备：在分拣中心内增加监控设备，可以实时监测设备的运行状态，及时发现潜在隐患，并加强对员工的监控，确保安全生产。

4. 加强对员工的安全教育：加强对员工的安全教育和培训，提高员工的安全意识和逃生自救能力。

学习任务3.2　翻板机器人作业流程

（一）知识链接

1. 常见的货物分拣方式

分拣是将物品按品种、出入库先后顺序进行分门别类地堆放的作业。分拣是完善送货、支持送货的准备性工作，是不同配送企业在送货时竞争和提高自身经济效益的必然延伸。所以，也可以说分拣是送货向高级形式发展的必然要求。

分拣的方式通常有传统手工分拣、人机协作分拣和机械自动分拣三种方式。

（1）传统手工分拣：这种方式是最传统也是最基础的分拣方式。分拣员根据订单要求，手动从仓库中取出商品，通过目测、比较和经验将商品分类，然后装入相应的包装箱或者托盘中。这种方式的优点是成本较低，适用于小规模的仓库和货物数量较少的情况。然而，手工分拣存在着人力成本高、效率低下等问题，无法满足大规模和高效率的物流需求。

图1-3-17　传统手工分拣

（2）人机协作分拣：这种方式是将人与机器进行合作，充分发挥各自的优势，实现分拣的高效率和高准确性。人机协作分拣方式通过智能化的分拣任务分配系统，将订单任务分配给分拣员和自动分拣设备。分拣员负责对复杂的订单进行处理和判断，难以完成被机器替代的任务，而自动分拣设备负责对大批量、重复性的任务进行处理。这种方式可以最大程度地提高分拣的效率和准确性，同时降低人力成本。然而，人机协作分拣方式需要有一定的

图 1-3-18　人机协作分拣

技术支持和人工智能算法，对管理系统和仓库布局也有一定的要求。

（3）机械自动分拣：随着科技的发展，智能机械设备逐渐应用于物流行业。自动分拣设备可以根据订单需求和仓库布局，通过翻板机器人、机械臂、传送带、输送线等机械装置将货物自动分拣到指定的位置。自动分拣设备可以根据不同的需求，采用不同的技术，比如RFID技术、激光扫描技术等，提高分拣的准确性和效率。然而，机械自动分拣设备的成本较高，

图 1-3-19　机械自动分拣

需要进行大规模的投资和设备维护。同时，设备运行需要专业的技术人员进行操作和维护，对人力资源有一定的要求。

2. 机械自动分拣作业优势

（1）效率提高：机械自动分拣作业能够显著提高工作效率，处理更大的货物量，相比人工分拣，机械自动分拣能够以很快的速度同时处理多个物体，大大提高了物流行业的处理能力，减少了人力资源的浪费。

（2）准确性提升：机械自动分拣通过计算机视觉和机器学习技术，能够准确地识别物体的特征，并根据设定的规则进行分类和分拣，避免了人为错误，确保物品被准确无误地分拣到指定的位置。

（3）成本降低：机械自动分拣能够替代大量人力资源，减少了人工成本和培训成本，同时减少了错误造成的损失，优化了工作流程，从而提高了整体利润。

（4）适应性强：机械自动分拣系统可以根据物品的种类、大小、重量等多种参数进行灵活的调整和优化，适应不同规模和需求的物流中心和仓库。

（5）扩大应用范围：机械自动分拣系统的应用范围广泛，包括邮政与快递、仓库和物流、制造业、农产品处理、废弃物处理、医药行业等多个领域，确保生产流程的连续性，提高整体的生产效率。

 企业案例

京东快递机器人就是这么"一路狂奔"为您分拣快递的

300个红色机器人驮着你的包裹在地上跑来跑去,还会互相礼让是一种什么样的感受?

这些"小红人"运行速度每秒3米,这是全世界分拣速度最快的机器人。高峰时期,有300个"小红人"同时工作,包裹处理能力达每小时18000件。"小红人"顶部的托盘可自动翻转,操作人员将包裹放在"小红人"的托盘上,智能扫码读取包裹目的地信息,经过大数据迅速分析后生成最优路线,"一溜烟就出发了"。

"小红人"在智能系统的调度下进行路线规划,无论多忙碌,都不会撞车、不会打架,要是遇上'堵车'的情况,会自动重新规划路线。当抵达目的地分拣口时,"小红人"自动翻转顶部托盘,将包裹投入分拣口中。当"小红人"没电时,它还会自动返回充电站充电,充电5分钟奔跑3小时。

目前"小红人"分拣精准率能够达到99.9%以上,相比人工分拣,更为高质高效,也降低了包裹破损率。

智能仓储作业实务

（二）任务准备

1. 操作台启动系统，检查系统是否能正常运行。
2. 货物准备。

图 1-3-20　操作台准备

图 1-3-21　货架和机器人就绪

（三）任务实施

使用翻板机器人完成货物分拣作业。

1. 检查机器人列表、日志和状态显示，判断机器人是否出现异常。

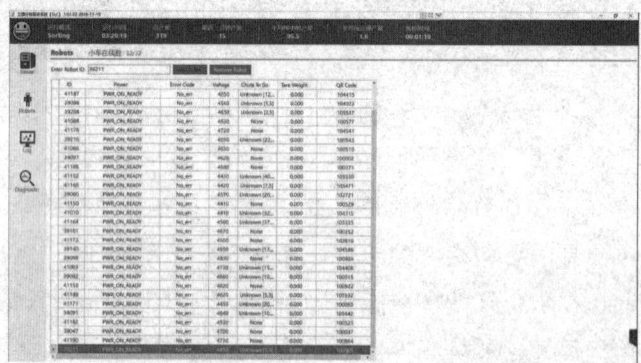
图 1-3-22　机器人列表

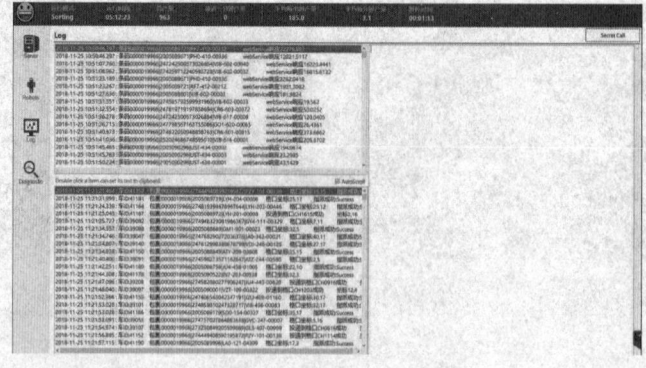
图 1-3-23　日志和状态显示

2. 打开软件"PackageScanner.exe",检查扫描枪相机功能是否正常。

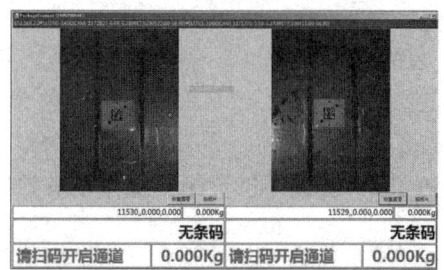

图 1-3-24　扫描枪相机界面

3. 拿起一个快递将其快递上条码放于镜头下,通过观察快递条码是否变绿,判断扫描枪扫码功能是否正常。

图 1-3-25　扫描枪扫码功能判定

4. 开启两个分拣通道,使翻板机器人就位。

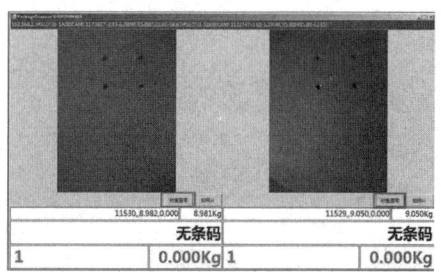

图 1-3-26　开启两个分拣通道界面

5. 使用扫描枪对快递条码进行扫描,机器人开始分拣作业。

图 1-3-27　开始分拣作业

55

6. 所有快递扫描完毕，分拣作业结束，在系统中关闭分拣通道，翻板机器人自动归位，关闭系统。

（四）反思小结

1. 在活动实施过程中，哪些步骤不够清晰或操作不够熟练？举例说明。

_____

_____

2. 使用翻板机器人进行分拣作业比起人工分拣有什么变化？你更喜欢哪一种？

_____

_____

学习任务四　自动化立体库系统作业

情境导入

在华源集团中，随着企业规模的扩大和市场竞争的加剧，传统仓库已经难以满足高效、准确、快速的仓储需求。自动化立体仓库作为现代物流技术的高端形态，凭借其空间高效利用、自动化作业、信息化管理等优势，在多个行业领域内展现出了广泛的应用潜力和显著的效益提升。在自动化立体仓库中，各类物品被精准地存储在高层货架上，巷道堆垛起重机根据指令快速穿梭于货架之间，准确完成物品的存取作业。同时，仓库管理系统实时监控库存情况，确保仓库内的货物供应充足且及时。小陈作为仓库管理员，要如何正确运用自动化立体仓库系统的功能和应用，才能提高仓库的运作效率和准确率呢？

学习目标

知识目标	1. 了解自动化立体库系统的基本概念与分类； 2. 熟悉自动化立体库系统的构成； 3. 熟悉自动化立体库系统的运行原理。
技能目标	1. 掌握常见的自动化立体库故障的诊断和排除方法，能够快速解决设备运行中的问题； 2. 能够安全规范操作自动化立体库计算机系统，进行货物的入库、出库、移库等作业。
素养目标	1. 在自动化立体库操作过程中树立安全至上的仓储工作意识和细心严谨的职业规范； 2. 学习如何对自动化立体仓库的作业流程进行优化，以提高仓库的运行效率和降低成本，养成分析问题、解决问题的能力。

问题导入

💬 **引导问题 1**：自动化立体仓库实现高效存储的核心设备之一是？（　　）

　　A. 叉车　　　　　　　　　　B. 巷道堆垛起重机（AS/RS）

　　C. 输送带　　　　　　　　　D. 人工搬运车

💬 **引导问题 2**：查阅资料，说说自动化立体仓库如何实现高效的货物存取与库存管理？

_____

_____

💬 **引导问题 3**：查阅资料，结合具体的企业应用，探讨自动化立体仓库在应对未来物流挑战中扮演什么角色？

_____

学习任务 4.1　自动化立体库系统构成与原理

（一）知识链接

1. 自动化立体库系统的定义

全自动立体仓库管理系统通过构建高层货架、自动化存取设备（如巷道堆垛机）、出入库输送系统、信息识别系统等基础设施，结合仓储管理软件（WMS）和控制软件（WCS），实现对仓库内货物的自动化存取、库存管理、订单处理、任务调度等功能。该系统能够显著提高仓库的存储能力、作业效率和管理水平，降低人力成本和错误率，如图 1-4-1 所示。

图 1-4-1　自动化立体库系统

2. 自动化立体库系统的构成

自动化立体仓库的构成是一个复杂的系统，主要包括以下几个核心部分：

（1）货架：货架是自动化立体仓库的主体结构，用于存储货物。它通常采用钢结构或钢筋混凝土结构，能够承载大量的货物并保持稳定。货架内部划分成标准尺寸的货位空间，以便高效存储和管理货物。货架的形式多样，包括焊接式货架和组合式货架等。

（2）托盘（货箱）：托盘或货箱是用于承载货物的器具，也被称为工位器具。它们被放置在货架上，用于存放和运输货物。托盘的设计需要考虑货物的尺寸、重量和搬运方式，以确保货物的安全和稳定。

（3）巷道堆垛机：巷道堆垛机是自动化立体仓库中最重要的设备之一，它负责在货架之间的巷道中自动存取货物。巷道堆垛机能够在三维空间上进行移动（行走、升降、两侧向伸缩），以完成对集装单元或拣选货物的出入库作业。按结构形式，巷道堆垛机可分为单立柱和双立柱两种；按服务方式，则可分为直道、弯道和转移车三种。

（4）输送机系统：输送机系统是自动化立体仓库的主要外围设备，负责将货物运送到堆垛机或从堆垛机将货物移走。输送机种类繁多，包括辊道输送机、链条输送机、升降台、分配车、提升机、皮带机等。这些设备协同工作，确保货物在仓库内的快速、准确移动。

（5）自动控制系统：自动控制系统是驱动自动化立体仓库各设备运作的核心。它采用先进的控制技术和算法，对仓库内的各种设备进行实时监控和调度，确保整个仓库系统的高效、稳定运行。常见的自动控制系统包括 WCS（仓库控制系统）和 WMS（仓储管理系统）等。

（6）信息管理系统：信息管理系统是自动化立体仓库的大脑，负责处理和管理仓库内的各种信息。它采用计算机技术、数据库技术和网络通信技术，对货物的存储、移动、盘点等操作进行记录和跟踪，为仓库的管理和决策提供数据支持。WMS（仓储管理系统）是其中的核心组成部分，可以与其他系统（如 ERP 系统等）联网或集成，实现信息的共享和协同。

此外，自动化立体仓库还可能包括其他辅助设备，如 AGV（自动导向小车）、尺寸检测条码阅读系统、通信系统、电线电缆桥架配电柜、调节平台、钢结构平台等。这些设备共同构成了一个高效、智能的自动化立体仓库系统。

综上所述，自动化立体仓库的构成是一

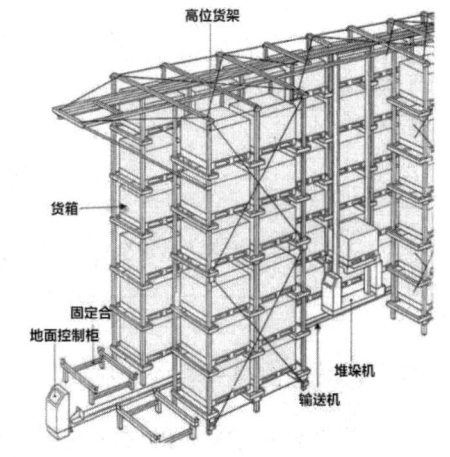

图 1-4-2　自动化立体库系统的构成

个多层次的复杂系统,包括货架、托盘、巷道堆垛机、输送机系统、自动控制系统和信息管理系统等核心部分。这些部分相互协作,共同实现了仓库的高效、自动化管理,如图1-4-2所示。

3. 自动化立体库的类型

分类标准	类　型	特　点
1. 货架高度	低层立体仓库	建筑高度小于5米,一般通过旧仓库进行改造。
	中层立体仓库	建筑高度在5米至15米之间。该仓库对仓储设备要求不高,成本合理,深受用户青睐。
	高层立体仓库	建筑高度在5米至15米之间。该仓库对仓储设备要求不高,成本合理,深受用户青睐。
2. 货架结构形式	货格式立体仓库	每层货架由相同尺寸的货物格栅组成,开口面向货架通道,便于堆垛车行驶和存取货物。
	贯通式立体仓库	货架之间没有间隔和通道,整个货架组合是一个整体,利用穿梭车在货架轨道中直行堆物,实现密集存储。
	自动化柜式立体仓库	主要适用于小型仓储,可移动,封闭性、智能化和保密性较强。
3. 仓库功能	储存式立体化仓库	以储存功能为主,采用密集型货架,货物种类较少,数量大,储存期长。
	拣货式立体仓库	以拣货为主,货物种类多,配送量小,结合自动拣选系统提高拣货效率和准确性。
4. 具体设备和技术	自动堆垛式仓库	采用自动堆垛机械设备,通过堆垛机、垂直升降机等设备在垂直方向上对货物进行存储和检索。
	自动载运车仓库	利用自动导航小车(AGV)进行货物的运输和搬运,提高仓库作业效率和灵活性。
	自动拣选系统	结合自动堆垛机和自动拣选设备,实现货物的高密度存储和自动化拣选。
	立体仓储系统	以垂直方向为主的自动化存储解决方案,通过垂直提升机构和货物存储设备将货物存储在垂直空间中。

4. 自动化立体库系统的原理

自动化立体仓库系统的原理主要基于先进的技术和自动化设备,通过计算机控制系

统实现对仓库内货物的自动化存取、库存管理和作业调度。自动化立体仓库系统的工作原理概括为以下几个步骤:

(1)入库作业:当货物到达入库站台时,首先通过信息识别系统对货物进行识别和登记。然后,计算机控制系统根据货物的属性、数量和存储要求,自动分配货位并生成入库指令。巷道堆垛机或穿梭车接收指令后,将货物从入库站台输送到指定货位进行存储。

(2)库存管理:在货物存储过程中,计算机控制系统会实时更新库存信息,包括货物的数量、位置、批次、有效期等。这些信息通过图形界面展示给仓库管理人员,帮助他们了解库存状况并进行有效的库存控制。

(3)出库作业:当有出库需求时,计算机控制系统根据订单信息自动生成出库指令。巷道堆垛机或穿梭车接收指令后,将指定货物从货位取出并输送到出库站台。在出库过程中,信息识别系统会再次对货物进行识别和校验,确保出库货物的准确性和完整性。

(4)作业调度:计算机控制系统会根据仓库的实际情况和作业需求,自动调度和优化各种设备和人员的作业任务。通过合理的作业调度,可以提高仓库的整体作业效率并降低运营成本。

扫一扫

(二)任务准备

1. 双击打开智能仓储管理系统,进入软件主界面。

图 1-4-3 WMS 存储管理系统登录页面

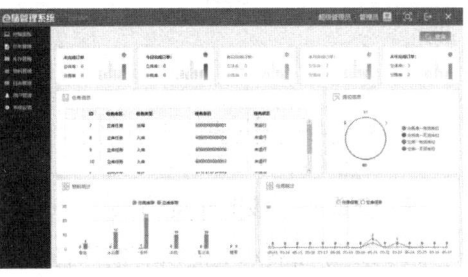

图 1-4-4 存储管理系统页面

(三)任务实施

1. 任务管理模块,在立库任务界面中添加任务

★ 步骤一:生成任务信息

(1)界面左上角,点击添加任务按钮,根据提示信息录入相关的任务信息,点击保存,即可生成对应的任务信息。

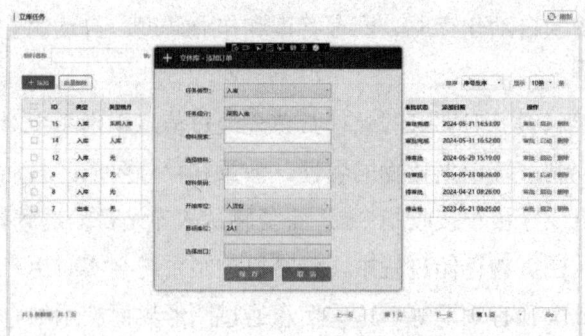

图 1-4-5　生成任务信息

（2）添加完成任务后，操作栏下方有三个功能按钮，审批是审批当前的任务订单，审批后才可以启动订单，未审批的订单启动不了；启动订单就是下发任务，堆垛机执行出入库的操作；删除按钮就是删除当前的订单。

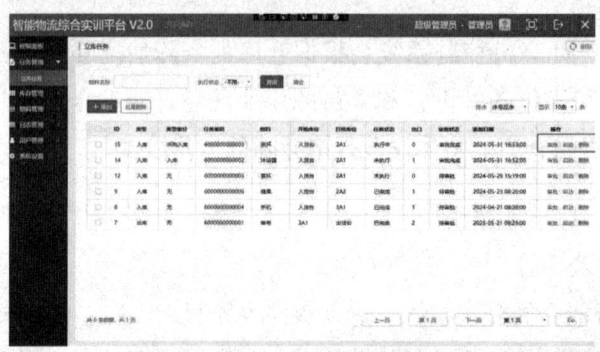

图 1-4-6　添加完成任务

2. 库存管理模块，在立体库存界面中核实信息

★ 步骤一：核实库位信息

（1）该界面展示立库所有的库位信息，灰色为空的库位，绿色为有货物的库位，黄色为当前选中的库位。

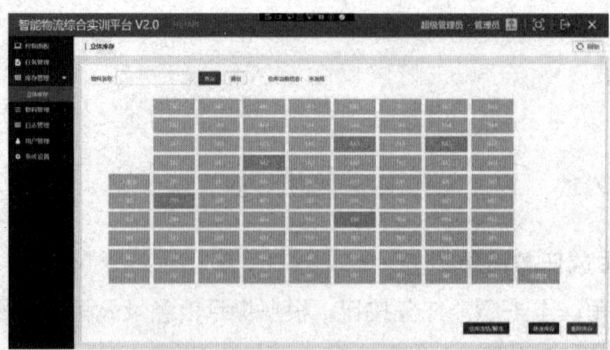

图 1-4-7　核实库位信息

★ 步骤二：仓库冻结／解冻

（1）该按钮用于冻结仓库，冻结后任务将无法下发至堆垛机执行，冻结过程中盘点堆垛机的库存，与实际的库存进行比对，比对完成后，再次点击该按钮，解冻仓库，即可正常执行任务。

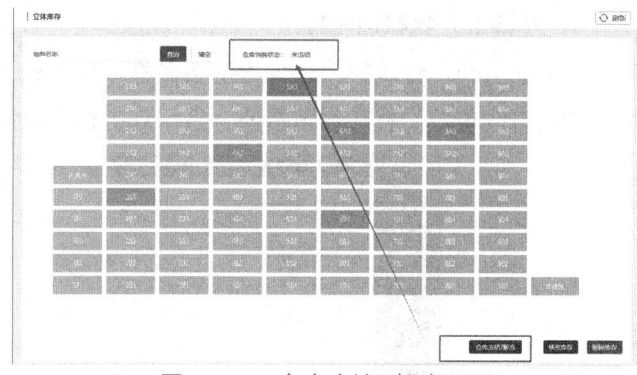

图 1-4-8　仓库冻结／解冻页面

★ 步骤三：修改库存

（1）左击选中想要修改的库位，颜色变成黄色后，点击右下角修改库存按钮，弹出库存修改界面，录入需要修改的信息，点击保存后即会更新该库位的库存信息。

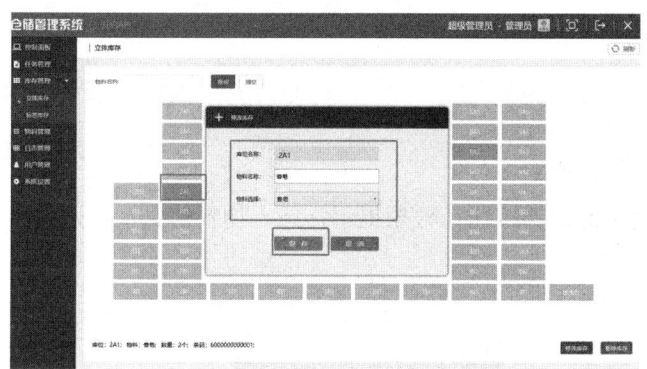

图 1-4-9　修改库存

★ 步骤四：删除库存

（1）同样的左击选中需要删除的库位信息，库位颜色变成黄色后，点击右下角的删除库存按钮，即可删除该库位的库存信息。

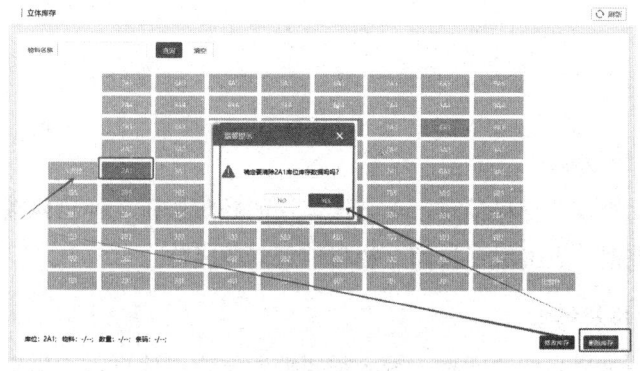

图 1-4-10　删除库存

★ 步骤五：物料信息检索

（1）左上角，输入需要查找的物料名称，点击查询按钮，页面会展示当前搜索物料所在的所有仓位。物料名称删除清空后，点击查询按钮，就是查询所有的库位信息。

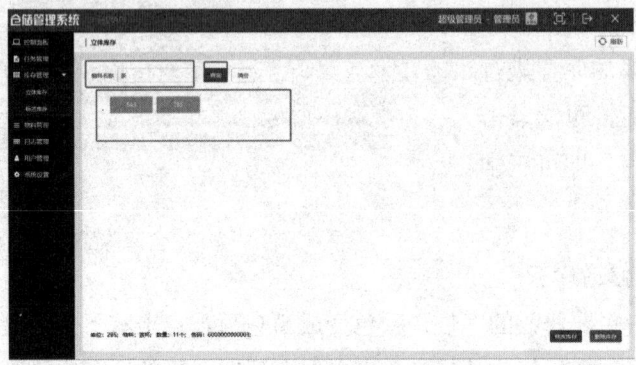

图 1-4-11　物料信息检索

3. 物料管理模块，物料信息界面，核实当前录入的所有物料信息

★ 步骤一：添加物料

（1）点击左上角的添加按钮，根据提示，录入物料信息，点击保存按钮，生成对应的物料。

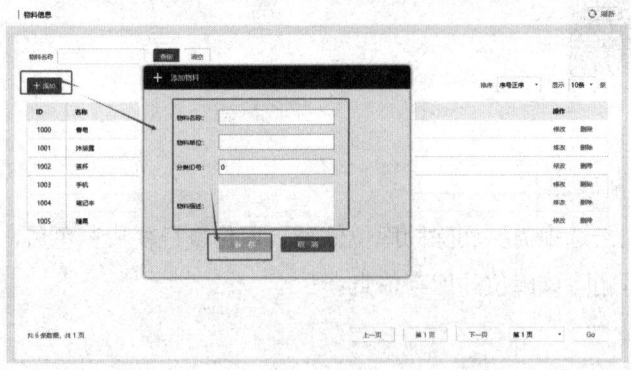

图 1-4-12　添加物料

★ 步骤二：修改物料。

（1）选择需要修改的物料信息，点击操作栏的修改按钮，弹出修改界面，根据提示信息修改物料的数据，点击保存按钮，物料信息修改成功。

★ 步骤三：物料检索。

（1）左上方的物料名称搜索栏，输入需要搜索的物料信息，点击查询按钮，即可查询到符合条件的所有物料，输入框清空后，点击查询按钮，查询所有的物料。

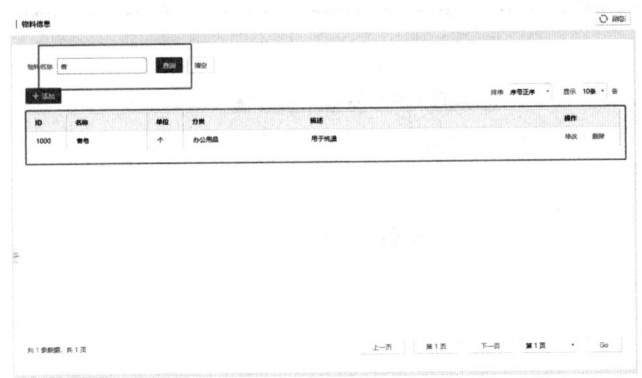

图 1-4-13　物料检索及修改

4．物料分类界面

该界面展示了物料的所有分类信息，方便对物料进行分类管理。

★ 步骤一：添加分类。

（1）点击左上角的添加按钮，弹出分类添加界面，根据提示录入需要添加的分类信息。分类 id 属性：如果当前是一级分类，则 id 为 0，如果当前分类是某一分类的子分类，id 填写主分类的 id 即可。

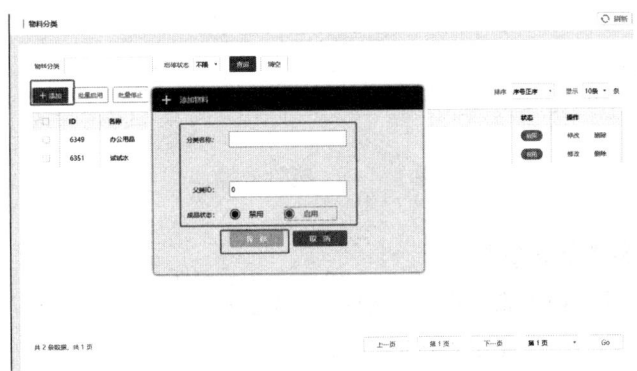

图 1-4-14　添加分类

★ 步骤二：批量启用，批量停止。

（1）表单前面的多选框，勾选分类，点击批量启用和批量停止按钮，可以启用 / 禁用当前选中的物料。

★ 步骤三：修改分类

（1）选择需要修改的分类信息，点击操作栏目下的修改按钮，弹出修改页面，修改对应的参数信息，点击保存按钮。成功修改物料对应的信息。

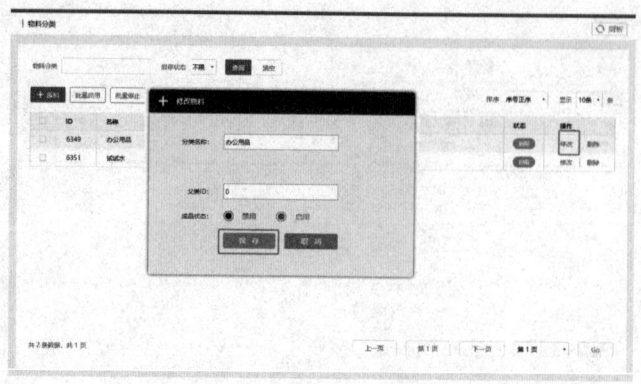

图 1-4-15 修改分类

★ 步骤四：删除分类

（1）选择需要删除的分类信息，点击删除按钮，成功删除该分类信息。

图 1-4 16 删除分类

★ 步骤五：分类信息检索

（1）左上角搜索栏输入想要查询的物料分类名称，点击查询按钮，筛选出符合条件的物料分类，搜索栏清空，表示查询所有的分类。

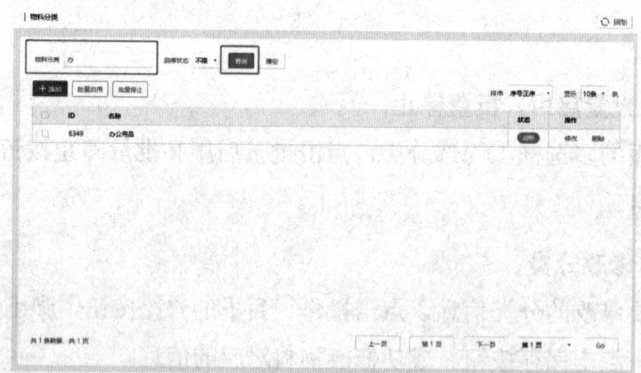

图 1-4-17 分类信息检索

5. 托盘条码管理界面，条码管理界面展示所有物料已经绑定的条码信息。

★ 步骤一：添加条码。

（1）点击左上角的添加按钮，弹出添加条码界面，依据提示信息，录入条码相关信息，点击保存按钮，成功录入条码信息。（每个物料必须绑定条码信息，不然会对物料的出入库造成影响；设定数量为堆垛机出入库时一个打包纸箱里面的物料数量）

图 1-4-18　添加条码

★ 步骤二：修改条码

（1）选中需要修改的条码信息，点击操作栏的修改按钮，弹出修改界面，修改对应的信息，点击保存，条码信息保存成功。

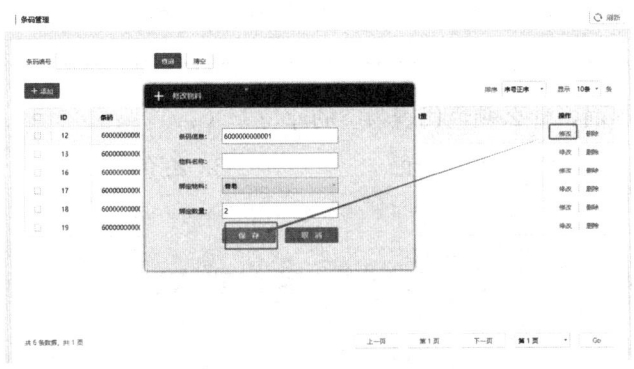

图 1-4-19　修改条码

★ 步骤三：删除条码。

（1）选中需要删除的条码，在操作栏点击删除按钮，删除对应的条码。

★ 步骤四：条码拣选。

（1）左上角搜索栏中录入条码信息，点击查询按钮，查找符合条件的条码信息，搜索栏清空后，点击查询，表示查询所有的条码信息。

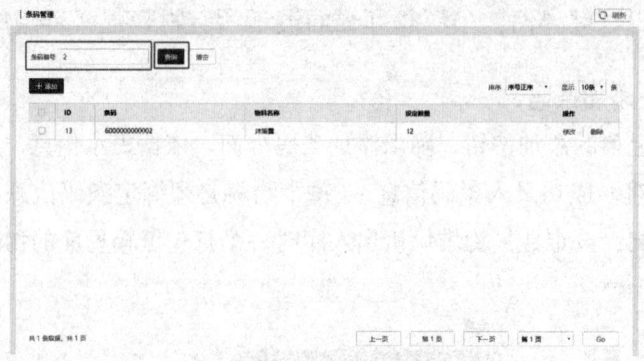

图 1-4-20 条码拣选

（四）反思小结

1. 在活动实施过程中，哪些步骤不够清晰或操作不够熟练？举例说明。

_____

_____

2. 库存管理模块中怎么修改库存？

_____

_____

3. 立体库存界面，什么颜色代表为空的库位？（　　）

  A. 灰色   B. 绿色   C. 红色   D. 黄色

学习任务 4.2　自动化立体库系统作业流程

（一）知识链接

1. 自动化立体库系统入库作业流程

自动化立体仓库系统的入库作业流程是一个高度自动化和精确控制的过程，它确保了货物能够快速、准确地被存储到仓库中。以下是该流程的详细步骤：

（1）入库准备与货物接收：

①接收入库指令：仓库管理系统（WMS）首先会接收到来自上游系统（如 ERP 系统）

的入库指令。这些指令包含了货物的种类、数量、预计到达时间等关键信息。

② 规划货位：根据入库指令中的货物信息，WMS 会提前规划好货位，确保有足够的空间接收新货物。这一步骤通常基于货物的属性（如大小、重量、存储要求等）以及仓库的存储策略（如先进先出、均匀分布等）来进行。

③ 货物接收：当货物到达仓库时，仓库管理人员会进行初步的货物接收工作。这包括检查货物的数量、外观是否有损坏等。

（2）自动识别与核对：

① 自动识别技术：货物接收后，会通过条形码、RFID 标签或二维码等自动识别技术进行身份确认与数量核对。这些技术能够快速、准确地读取货物信息，并与入库指令中的数据进行比对。条形码或 RFID 标签一般包含托盘号、货号、批次号和数量等关键信息，这些信息由扫描器读入后，经过译码器解译，再通过串行口接口传入计算机。

② 核对与确认：扫描完成后，WMS 会自动核对扫描的货物信息与入库指令是否一致。如果一致，则继续后续作业；如果不一致，则会发出报警信号，提示管理人员进行人工干预。

（3）自动化入库作业：

① 货物放置与输送：核对无误的货物会被放置在输送带上，送往入库口。在输送过程中，货物可能还需要经过称重、扫描等必要环节。

② 自动化设备作业：在 WMS 的调度下，堆垛机、穿梭车等自动化设备会开始作业。这些设备能够自动完成货物的搬运与存储。具体来说，堆垛机会根据 WMS 的指令，精准地移动到指定货位上方，通过升降、平移等动作，将货物安全、准确地放置到货架上。

③ 信息更新与反馈：货物入库后，WMS 会自动更新库存信息，包括货物位置、数量、状态等。同时，堆垛机会向控制系统返回作业完成信息，等待接收下一个作业指令。

（4）拼盘与并箱（可选）：

对于小尺寸的货物或零件，为了提高存储效率和空间利用率，通常需要进行拼盘并箱作业。即将多个同种货物或零件放于一个托盘或货箱中。拼盘并箱作业完成后，再次进行条形码扫描输入，以更新货物的存储信息。

（5）异常处理与报警：

在整个入库作业过程中，WMS 和控制系统会实时监控设备的运行状态和作业情况。一旦发现异常情况（如设备故障、作业冲突、货物破损等），会立即发出报警信号，并启动相应的应急处理机制。

综上所述，自动化立体仓库系统的入库作业流程是一个高度自动化、精确控制的过程。通过自动识别技术、自动化设备和智能管理系统的协同作业，确保了货物能够快速、准确地被存储到仓库中。

 **思政小案例**

健民集团叶开泰国药（随州）有限公司自动化立体仓库

健民集团叶开泰国药（随州）有限公司是一家中药制药企业，为了提升仓储管理效率和智能化水平，采用了德力"堆垛机立体库＋料箱四向穿梭立体库"的解决方案。

1. 基于数字孪生、三维建模等先进技术，实现了仓储管理、输送分拣的全面数据化运营。

2. 德力三维可视化中央控制系统，使得场内作业全局可视，极大提升了管理效率。

3. 该项目核心智慧系统及智能装备均由德力全栈自研自产，展现了企业在智能化转型方面的深厚实力。

整体方案规划中包含AS/RS立体库、链条输送机、皮带输送线系统、托盘提升机、AGV、智芯四向穿梭车等现代化的仓储设备。项目运行后，加工生产后的袋装净药材在中药材前处理楼三楼完成人工码垛后，由AGV小车运输至穿层托盘提升机接驳口，由提升机自动提升至4F净药材密集库区域；四楼的智芯托盘四向穿梭车在提升机、立库、输送线等智能设备的配合下，仓储空间产能得到大力提升，同时，托盘四向穿梭车也可实现90°换向、自举升装卸，通过机器替代人，从而降低企业生产、经营成本。

通过逐步的改造升级，健民叶开泰随州公司将应用新技术、新工艺、新设备，实现智能化生产和管理，实现从人工制造向智能制造转变，成为国内一流、自动化程度高、各项工艺参数可控的医药企业，也标志着健民集团中药生产标准化与智能化达到国内先进水平，将引领传统中药产业技术升级换代，开创中药智能化先进制造时代。

"9000货位的自动化高架立体仓库可存放成品10万余件，1200货位的自动化净药材密集库可一次性存放净药材400吨，药材和成品的采购入库、领投料均实现标准化、信息化和智能化控制，并与集团ERP系统全程对接，中药生产标准化与智能化达到国内先进水平，将引领传统中药产业技术升级换代，开创中药智能化先进制造时代。"此案例展示了AI技术在自动化立体仓库中的革新应用，为中药制药行业树立了智能化升级的标杆。

（二）任务准备

1. 机械回原

进行出入库操作之前，请先确保堆垛机已经回原点了，堆垛机每次断电然后再上电之后，需要点击软件上面的堆垛机回原点按钮，进行初始化硬件设施的操作，之后可以连续进行出入库的操作。

2. 打开软件

打开 WCS 仓储控制系统，点击通信连接，通信连接成功后，会在界面下方展示通信的结果，以及当前的模式，如果当前模式不是自动模式，请点击页面左下角的自动模式按钮，将堆垛机的运行模式改为自动模式。

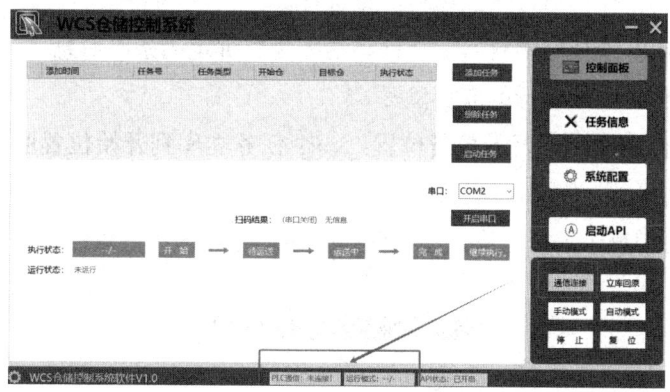

图 1-4-21　点击通信连接及自动模式

3. 打开 API 服务

点击启动 API 按钮，弹出 API 服务界面，点击开启服务按钮，打开 API 服务，用于接收 WMS 发送过来的任务。

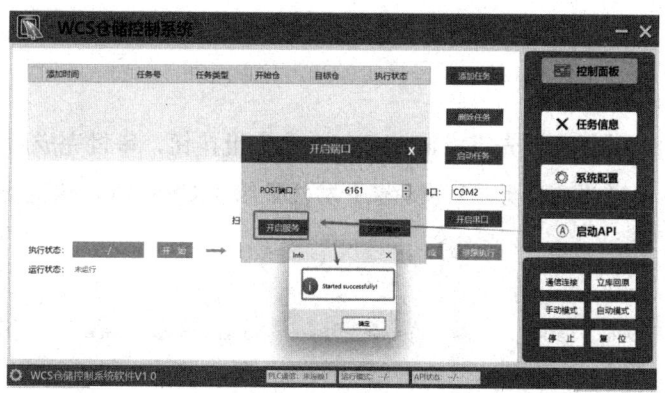

图 1-4-22　打开 API 服务

智能仓储作业实务

（三）任务实施

按照入库计划单信息，小组合作运用自动化立体库系统完成货物入库。

入库计划单

序 号	入库单号	入库货品名称	数 量	客户名称	计划入库日期
1	CK210903155628424	茶杯	8 箱	上海巨匠百货有限公司	2024-06-17

★ 步骤一：添加入库计划

（1）进入立库任务界面，点击添加任务按钮，进入添加任务界面：

① 物料搜索：用于物料录入过多，查找选择物料使用。

② 选择物料：操作出入库的物料信息选择。

③ 物料条码：选择好物料后，会自动匹配物料绑定的条码信息。

④ 开始库位：立库运行的取货位置。

⑤ 目标库位：立库运行的放货位置，一个任务立库到开始位置取货，放货到目标位置。

（2）对应的信息录入好之后，点击保存按钮，生成任务订单：

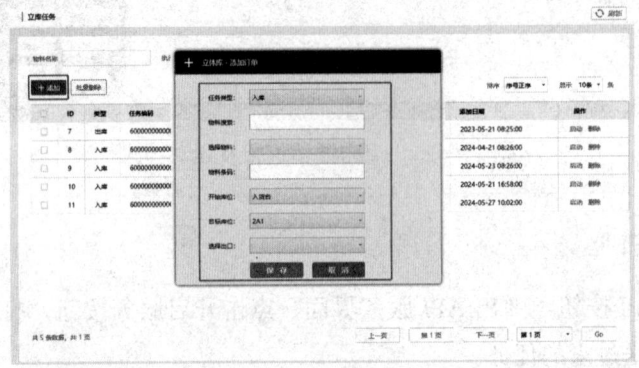

图 1-4-23　添加入库计划

★ 步骤二：启动任务

选择想要启动的任务，先审批该订单，点击审批按钮，审批完成后，在操作栏界面点击启动按钮，启动当前任务，WMS 将下发任务给 WCS 系统，执行任务。

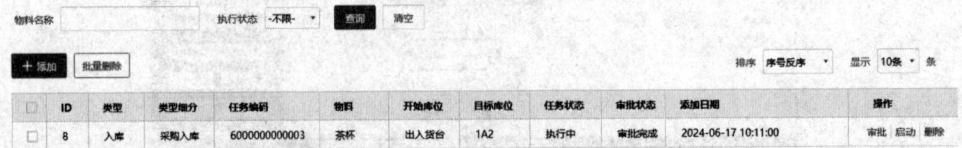

图 1-4 24　审批、启动任务

★ 步骤三：故障处理

1. 立库任务故障

（1）运行之前的故障：如果点击启动任务之后，立库没有任何反应。

① 立库软件是否正常打开，通信是否连接成功，运行模式是否为自动模式，API接口是否已经开启。

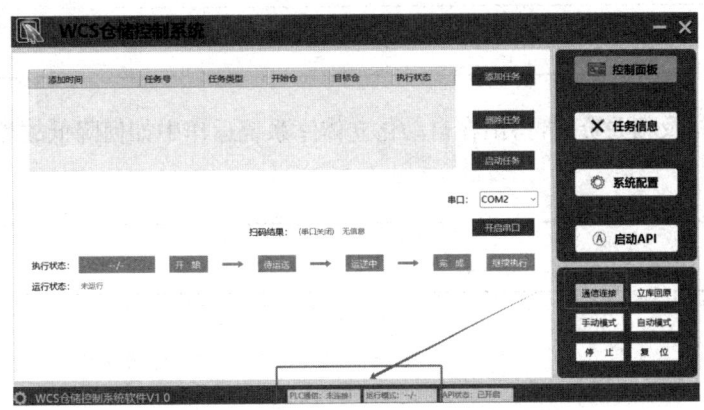

图 1-4 25　立库任务运行之前故障检查

② 堆垛机是否已经回原过，如果堆垛机设备刚上电，没有回原的话，是运行不了的。

③ 通信问题，查看各路由器是否已经开机，也有可能因为设备没有全部开机，导致某个设备连接不上，所以不动。

（2）运行过程中出现的故障。

① 堆垛机运行过程中报警的话，打开WCS仓储控制系统，依据报警信息，解除故障，点击软件中的复位按钮后，报警提示音解除，故障复位，再点击页面中间的继续运行按钮，继续执行当前任务。

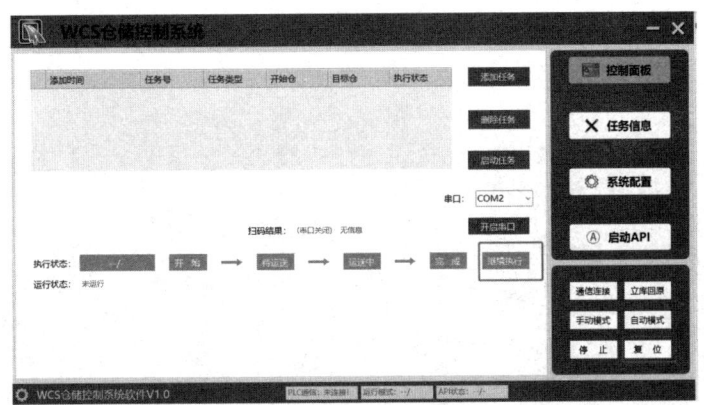

图 1-4-26　立库任务运行过程故障检查

② 如果继续执行还是报警，则需要手动控制堆垛机复位，并且立库控制系统里面

的任务删除掉，重新点击 WMS 里面的启动任务按钮，重新下发。

（四）反思小结

1. 在任务实施过程中，哪些步骤不够清晰或操作不够熟练？举例说明。

_____

_____

2. 查阅教材及相关资料，写出在自动化立体库系统运作中如何降低故障发生的几率。

_____

_____

技能训练

广西华源集团有限公司（以下简称：华源集团）是一家集仓储、配送于一体的专业物流公司，在广西设有区域最大的智能仓，可为客户提供快捷、优质的物流服务。

1. 2024年7月25日，华源集团物流中心收到一票入库通知单，预计货物会于次日下午4点左右到达仓库，小王作为订单处理员，需要运用WMS系统，录入订单生成入库单，并运用自动化立体库系统完成入库作业。

2. 2024年8月5日上午，华源集团物流中心收到一票出库通知单，预计货物会于当日下午3点左右发出，由于发货时间紧、数量多，所以必须要在中午之前完成货物出库准备工作。仓管员需要熟练操作AGV设备和翻板机器人设备，顺利完成本批货物的拣选作业和分拣作业。

货物信息如下所示：

入库通知单							
客户指令号：	RK210826102601060	客户名称：	上海巨匠百货有限公司		紧急程度：	紧急	
库房：	华源集团物流中心	入库类型：	正常入库		是否取货：	否	
预计入库时间： || 2024年7月26日						
货品编码	货品名称	包装规格（mm）	单位	数量	生产批次	备注
6921734969637	毛巾	190×370×270	箱	20	20240730	限高两层
6925303751392	牙刷	190×370×270	箱	30	20240730	限高两层
6925126340587	康师傅冰红茶	400×230×200	箱	25	20240430	限高两层

续表

入库通知单							
货品编码	货品名称	包装规格（mm）	单位	数量	生产批次	备注	
6925126340587	康师傅冰绿茶	400×230×200	箱	30	20240430	限高两层	
6927201849302	上好佳鲜虾片	330×220×200	箱	30	20240515	限高两层	
6927201849303	波力海苔袋装	330×260×200	箱	15	20240510	限高两层	

出库通知单					
客户指令号：	RCK20240425	客户名称：	百汇日用品市场	紧急程度：	紧急
库房：	广西华源集团物流中心	入库类型：	正常出库	是否取货：	否
预计入库时间：	2024 年 8 月 5 日				
货品编码	货品名称	包装规格（mm）	单位	数量	生产批次	备注
6921734969637	牙刷	200×50×50	袋	20	20240430	
6925303751392	拖把	1200×600×600	个	30	20240430	
6901285991218	垃圾袋	800×600×600	袋	30	20240515	
6902083890682	雨伞	1200×600×600	把	50	20240510	
6925222121556	洗衣液	800×600×600	瓶	15	20240214	

考核评价

一、理论模拟练习

（一）单选题

1. WMS 是（　）系统。
   A. 配送中心管理系统　　　　　　　　B. 物流管理系统
   C. 仓库管理系统　　　　　　　　　　D. 进销存管理系统
2. WMS 系统如何帮助企业提升客户满意度？（　）
   A. 通过缩短订单处理时间，确保货物及时送达
   B. 降低员工工资以减少成本
   C. 忽略客户需求以简化流程
   D. 减少库存量以降低风险
3. 当智能小车红色指示灯亮起时代表处于什么状态？（　）
   A. 运行　　　　　　　　　　　　　　B. 等待
   C. 故障　　　　　　　　　　　　　　D. 停止
4. AGV 机器人主要通过哪些方式实现自主导航？（　）
   A. 机器视觉、磁导航、RFID 引导
   B. GPS 定位、视觉导航、超声波导航
   C. 红外线传感器、陀螺仪、加速度计
   D. 人工智能、深度学习、自然语言处理
5. 翻板分拣机器人采用哪种方式进行导航？（　）
   A. 激光导航　　　　　　　　　　　　B. 视觉导航
   C. 二维码导航　　　　　　　　　　　D. 超声波导航
6. 翻板分拣机器人分拣包裹时，主要依靠哪个部件完成分拣动作？（　）
   A. 机械臂　　　　　　　　　　　　　B. 翻板

  C. 传送带   D. 抓手

7. 自动化立体仓库系统中，负责将货物从地面输送到高层货架的主要设备是（ ）。

  A. 穿梭车   B. 堆垛机

  C. 输送带   D. 叉车

8. 在自动化立体仓库中，哪种技术常用于实现货物的自动识别与跟踪？（ ）

  A. 蓝牙技术   B. RFID 技术

  C. GPS 技术   D. 红外线技术

（二）多选题

1. WMS 系统通过哪些方式提高仓库运营效率？（ ）

  A. 自动化货物处理（如自动分拣、自动搬运）

  B. 实时库存跟踪与监控

  C. 优化仓库布局与空间利用

  D. 简化手动操作流程

  E. 集成订单管理系统以实现快速响应

2. WMS 系统如何帮助减少库存成本？（ ）

  A. 通过精确的库存控制减少过剩库存

  B. 优化存储位置以减少搬运时间和成本

  C. 自动生成补货建议以维持最佳库存水平

  D. 提供详细的库存成本分析报告

  E. 直接降低员工工资

3. "货到人"系统拣选作业的应用场景包括哪些？（ ）

  A. 商品种类众多，分散在仓库的货架中，寻找难度大，出错率高的场景。

  B. 只适合于没有拣选通道的密集型存储系统的仓库拣选作业。

  C. 拣选人员需要在仓库大量行走去找寻商品的场景。

  D. 订单的波次包含的订单数量较少，波次中商品的复拣率比较低的场景。

4. 关于"货到人"模式，以下哪些描述是正确的？（ ）

  A. 货到人模式通过自动化手段将货物直接运送到需要的工作人员处。

  B. 它减少了人工在仓库中的行走距离，提高了工作效率。

  C. 货到人模式主要依赖于传统的人力推车进行货物搬运。

  D. 该模式有助于减少货物搬运过程中的错误和损坏。

5. 翻板分拣机器人的主要技术特点有哪些？（ ）

  A. 高效自动化   B. 精准定位

  C. 灵活适应不同环境   D. 高成本

6. 翻板分拣机器人分拣系统通常包括哪些组成部分？（　　）
　　A．控制系统　　　　　　　　　　B．翻板机构
　　C．识别系统　　　　　　　　　　D．传送系统
7. 自动化立体仓库系统通常包括哪些核心组成部分？（　　）
　　A．堆垛机　　　　　　　　　　　B．仓库管理系统（WMS）
　　C．输送系统　　　　　　　　　　D．人工搬运团队
　　E．RFID 识别技术
8. RFID 技术在自动化立体仓库中的主要应用包括哪些？（　　）
　　A．货物自动识别　　　　　　　　B．库存实时监控
　　C．货物追踪与追溯　　　　　　　D．设备故障诊断
　　E．温湿度控制

（三）判断题

1. AGV 机器人一般是用来搬运货物的。（　　）
2. "货到人"作业模式是由人工找寻货架完成拣选。（　　）
3. 翻板分拣机器人通过翻板机构将包裹从传送带上准确分拣到指定位置。（　　）
4. 翻板分拣机器人必须依赖人工操作才能完成分拣任务。（　　）

（四）简答题

1. 请描述 WMS 系统中处理盘点的一般流程。
2. 简述自动化立体库系统的构成。
3. 简述自动化立体库系统的基本工作原理。

二、操作技能评价

操作技能评价表

小组：_____

序号	操作技能评分点	分值	得分	备注
1	能够正确阐述所涉及系统及设备的运行原理。	10		
2	是否按正确流程操作 WMS 系统处理出库业务。	15		
3	是否按正确流程操作货到人系统处理货物拣选业务。	15		

续表

序 号	操作技能评分点	分 值	得 分	备 注
4	是否按正确流程操作翻板机器人系统完成货物分拣作业。	15		
5	是否按正确流程操作自动化立体库系统处理入库业务。	15		
6	是否能查阅教材和相关材料，正确操作系统和设备处理业务。	10		
7	是否注重团队合作意识，注重沟通，能自主学习及相互协作。	10		
8	是否遵守安全操作规程，正确使用设备，操作现场整洁。	10		
	合计	100		

根据考核评价表，你认为哪个小组应该被评为明星组？

本次任务你对自己的表现满意吗？

☐满意 ☐一般 ☐不满意

02

智慧仓储入库作业

岗位描述

岗位工作职责

1．进行入库订单受理，并做好入库作业准备；
2．对待入库货物进行验收；
3．对验收合格的货物进行理货；
4．准确完成货物的入库上架工作。

主要涉及岗位

1．仓库管理员；
2．仓库信息员；
3．仓库操作员。

学习任务描述

广西华源集团物流中心（以下简称：华源集团）是一家集仓储、配送于一体的专业物流公司，仓库设有普货仓库和冷库，可为客户提供快捷、优质的物流服务。

2024年5月29日，华源集团的仓库管理员老马收到一票入库通知单，预计货物会于次日上午10点左右到达仓库，货物到达后务必当天完成卸货作业。老马需要安排好人员及设备，顺利完成本批货物的入库作业。货物信息如下：

入库通知单					
客户指令号：	RK20240529	客户名称：	美多惠超市	紧急程度：	一般
库房：	华源集团物流中心	入库类型：	正常入库	是否取货：	否

续表

入库通知单					
预计入库时间：	2024年5月30日				
货品编码	货品名称	包装规格(mm)	单位	数量	生产批次	备注
6921734969638	娃哈哈矿泉水	190×370×270	箱	50	20240430	限高两层
6925303751395	统一冰红茶	190×370×270	箱	20	20240430	限高两层
6901285991219	怡宝矿泉水	190×370×270	箱	50	20240515	限高两层
6902083890681	娃哈哈AD钙奶	190×370×270	箱	30	20240510	限高两层
6925222121555	打火机	190×370×270	箱	15	20240214	/

2023年出库数据如下：

货品条码	货品名称	年出库总量（箱）	全年实际工作天数	库存周转天数
6921734969638	娃哈哈矿泉水	576	360	25
6925303751395	统一冰红茶	840	360	18
6901285991219	怡宝矿泉水	324	360	40
6902083890681	娃哈哈AD钙奶	945	360	16

仓库内的货架及货盘规格信息如下：

名称	规格
货架	货位限重500kg：1000mm*1100mm*1110mm
托盘	重15kg：1200mm*1000mm*160mm
作业净空要求	大于等于160mm

知识获取

学习任务一　入库订单受理

情境导入

在现代智能仓储作业中,入库订单受理是仓储作业流程的第一步,也是至关重要的一环。当客户或供应商发出入库通知单后,仓库管理团队需要迅速响应,对入库订单进行细致、准确的受理工作。本次入库通知单显示货物将于次日上午 10 点左右抵达仓库,且需要当天完成卸货作业。因此老马团队深知这是一份紧急的任务,必须立即行动起来,做好充分的准备工作,完成入库订单的受理。

学习目标

知识目标	1. 了解入库通知单的标准内容; 2. 掌握入库作业的操作流程以及操作要点; 3. 熟悉入库接运与卸货常见的作业设备及注意事项。
技能目标	1. 能正确分析、审核入库通知单; 2. 能在物流综合作业系统中完成订单信息录入与审核工作; 3. 能为不同到库货物做好入库准备工作。
素养目标	1. 培养对入库各类凭证的信息敏感度; 2. 树立规范作业的意识,培养制订计划的工作习惯。

智能仓储作业实务

问题导入

💬 **引导问题 1**：请分析入库接运与卸货流程，完成下列工作内容的排序。

| 货物卸车搬运 |
| 签字交接 |
| 接货验收准备 |
| 接运方式确定，单据核对 |
| 货物验收 |

_____

_____

_____

💬 **引导问题 2**：你认为接运验收准备具体需要做哪些工作？

_____

_____

💬 **引导问题 3**：针对本任务中的这批货物，请选择恰当的接运工具（　　）

A. 叉车　　　　　　B. 搬运机器人　　　　　　C. 堆高车
D. 手持终端　　　　E. 手动液压搬运车

学习任务 1.1　入库接运与卸货

（一）知识链接

1. 货物接运概述

（1）接运的概念：货物到达仓库，除了一小部分由供货单位直接运到仓库交货外，大部分需要经过铁路、公路、水运、空运等运输方式转运。凡经过运输部门转运的货物，均需经过仓库接运后，才能进行入库验收。因此，货物的接运是货物入库业务流程的第一道作业环节，也是货物仓库直接与外部发生的经济联系。

（2）接运的作用：货物接运的主要任务是及时而准确地向交通运输部门提取入库货物，要求手续清楚，责任分明，为仓库验收工作创造有利条件。接运工作是仓库业务活动的开始，它能有效防止把在运输过程中或运输之前已经发生的商品损害和各种差错带入仓库，减少或避免经济损失，为验收和保管保养创造良好的条件。

2. 货物接运的方式与注意事项

常见的货物接运方式与注意事项如下表所示。

表 2-1-1　货物接运方式及注意事项

接运方式	含　义	注意事项
到车站、码头提货	仓储企业受存货人委托或合同约束到车站、码头接运货物到储存地。	• 提货人员对所提取的物品应全面了解 • 提货时应根据运单以及有关资料详细核对货物 • 在短途运输中，要做到不混不乱，避免碰坏损失 • 物品到库后提货员应与保管员密切配合
铁路专用线到货接运	仓储企业在本企业的专用线上接货。	• 接到专用线到货通知后，应立即确定卸货货位，做好卸车准备 • 车皮到达后，检查车皮，核对货物是否受损、受潮或存在其他损坏现象。 • 卸车时要注意为物品验收和入库保管提供便利条件。 • 编制卸车记录，办好内部交接手续。 • 在检查中若发现问题，则应请铁路部门派人员复查，做好记录，记录事项要与实际情况相符。
到货主单位提取货物	仓储企业直接到存货委托人指定的企业接货。	• 仓库应根据提货通知，了解所提货物的名称、性能、数量、规格，准备好提货所需要的工具设备及人员，配备保管人员。 • 在供应方处当场检验质量，清点数量，做好验收记录，接货与验收合并一次完成。

续表

接运方式	含义	注意事项
托运单位送货到库接货 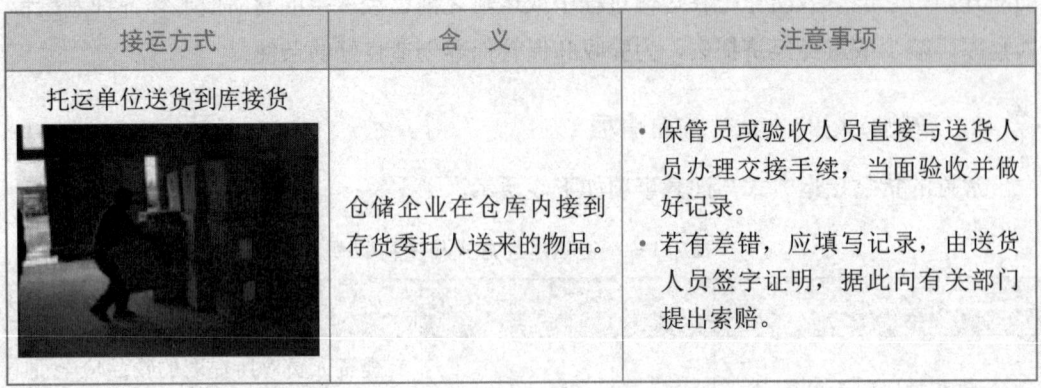	仓储企业在仓库内接到存货委托人送来的物品。	• 保管员或验收人员直接与送货人员办理交接手续，当面验收并做好记录。 • 若有差错，应填写记录，由送货人员签字证明，据此向有关部门提出索赔。

3. 货物接运的准备工作

（1）设备的准备：仓库理货人员根据物品情况和仓储管理制度，确定验收方案，准备验收所需要的计件、开箱、检斤、测试、装箱、丈量、移动、照明等器具。同时，要根据到达货物品的特性、货位、设备条件、人员等情况，科学合理地制定卸车搬运工艺，备好相关装卸搬运作业设备，安排好卸货站台或场地，保证装卸搬运作业效率。

（2）人员的准备：根据作业量的大小和专业化程度的高低，安排数量相符、技能娴熟的搬运、堆码、检验等相关作业人员及时到位，安全高效率地完成入库工作。

（3）货位准备：仓库部门要根据入库货物的特性、体积、质量、数量和到货时间等信息，结合仓库分区分类要求，核算货位的大小，根据先进先出的原则，妥善安排货位、验收场地，做好确定堆码方法。同时，要彻底清理货位、清除残留物、清理排水管道（沟），必要时安排消毒除虫、铺地，详细检查照明，通风等设备，发现损坏及时报修。

（4）苫垫用品的准备：确定好货位后，还要做好防雨、防潮、防尘、防晒准备，即准备相应的苫盖衬垫材料。苫盖材料主要用于物品免受风吹、雨打、日晒、冰冻的侵蚀，苫盖材料主要包括塑料布、席子、油毡、铁皮、苫布等。

（5）单证的准备：仓库管理人员要根据入库计划将入库作业工作中所需的入库记录单、验收单、货卡等各种单据、凭证、报表事先准备好以备使用。

4. 常见装卸搬运设备

（1）装卸搬运设备的种类：装卸搬运设备包括起重设备和搬运设备，如下表所示。

表2-1-2　常见装卸搬运设备

设备种类	常见设备
起重设备	叉车、桥式类起重机、臂架类起重机、汽车起重机、巷道堆机等
搬运设备	叉车、输送机械、液压托盘搬运车、人力小车、自动导引车等

① 叉车：叉车又名铲车、装卸车，具有装卸和搬运双重功能，适用性强，机动灵活，效率高，是仓库装卸搬运机械中应用最广泛的一种设备。可配合托盘使用，对成件托盘货物进行装卸、堆垛和短距离运输。叉车由自行的轮胎底盘和能垂直升降、前后倾斜的货叉、门架等组成。它不仅可以将货物叉起进行水平运输，还可以将货物提升进行垂直堆码。叉车可分为手动叉车和电动叉车，目前，仓库一般都使用电动叉车。如图 2-1-1 叉车所示：

图 2-1-1 叉车

② 起重机：起重机用来垂直升降货物或兼作货物的水平移动。一般以装卸为主要功能，搬运功能较差，多数起重机体移动困难。主要应用于港口、车站、仓库、物流中心等场所。常见的起重机有轻小型起重机、桥式类起重机、臂架类起重机、堆垛类起重机等。可以根据装卸搬运的场所、货物种类、作业性质选择用哪种类型的起重机。工作场所为仓库、车间，则主要选择桥式起重机。工作场所为货场、车站等露天场所选择门式起重机。

图 2-1-2 起重机

③ 连续输送机械：常用的连续输送机械有辊道式输送机、皮带输送机、链式输送机、悬挂输送机等。具体类型及其特点如下表所示。

图 2-1-3 输送机

表 2-1-3 常见连续输送机械及特点

连续输送机械	特 点
辊道输送机	用于输送成件货物（箱装、袋装、桶装、盒装）或托盘货物，可组成出入库流水线和自动分拣线
皮带输送机	主要用于在水平和倾斜（倾角不大）方向输送大量散粒物料或中小型成件物品，可组成出入库流水线、自动分拣线和装卸系统
悬挂输送机	具有协调生产的暂存缓冲功能，物料可以在悬挂输送系统上暂时存放一段时间，直到生产或装运为止
链式输送机	几乎可以输送所有类型的物品，如散料、小件物品（电子元器件、机械零件、罐装等）、大件货物（整件家电等）、各种箱装件货等

④ 人力搬运车：在仓库，近距离、轻型物品的搬运使用人力作业占有一定比重。常用的设备有人力搬运小车和手动液压托盘搬运车。如手推车是一种以人力为主、在路面上水平运输物料的搬运车。其特点是轻巧灵活、易操作、回转半径小。它广泛应用于工厂、车间、仓库、站台、货场等处，是短距离输送轻型货物的一种方便而经济的输送工具。如图2-1-4手推车所示。

图 2-1-4　手推车

⑤ 自动导引车（AGV）：AGV 的全称是 Automated Guided Vehicle，意为自动导引车。是一种能够沿规划好的路径行驶，以电池为动力，无人驾驶的自动化搬运车辆。AGV 目前在物流业中已经得到大规模应用，极大地提升物流效率，比如，在汽车装配、大型货物装卸等方面，运用 AGV 能明显降低工人的劳动强度，减少用工数量，降低企业用工成本，与此同时，也能提高货物搬运的自动化程度。如图2-1-5自动导引车所示。

图 2-1-5　自动导引车

5. 货物接运的步骤

（1）核对凭证：物品运抵仓库后，仓库收货人员首先要检验物品入库凭证，然后按物品入库凭证所列的收货单位、货物名称、规格数量等具体内容与物品的各项标志核对。如发现有错误，应当做好记录，退回或另行存放，待联系后处理。经复核无误后可进行下一道工序。

（2）检查包装：对每件物品的包装和标志要进行认真的查看。检查包装是否完整、牢固，有无破损、受潮、水渍、油污等异状。物品包装的异状往往是物品受到损害的一种外在现象。如果发现异状包装，必须单独存放，并打开包装，详细检查内部物品有无短缺、破损和变质，确保入库储存安全。

（3）大数点收：大数点收是按照物品的大件包装（即运输包装）进行数量清点。点收的方法有两种，一是逐件点数汇总，二是集中堆码点数。大数点收应注意以下事项。

① 件数不符。接货大数点收中，如件数与通知单据所列不符，经复点确认后，应立即在送货单各联上批注清楚，应按实际数字签收，由收货人员和承运人共同签章。经验收核对确实，由保管人员将查明短少物品的品名、规格和数量通知运输部门、发货单位和货主。

② 包装异状。收货中如发现物品包装有异状时，收货人员应会同送货人员开箱、

拆包检查，查明确有残损或细数短少情况，由送货人员出具入库物品异状记录，或在送货单据上注明。同时，要通知保管人员另行存放，不要与同类物品混杂在一起。如入库物品包装损毁严重，仓库不能修复，且因此无法保证储存物品的安全，应联系货主或供货单位派人协助整理。

③ 物品串库。在点收本地入库物品时，如发现货与单不符，有部分物品错送来库的情况（俗称串库），收货人员应将这部分与单不符的物品另行堆放，交由送货人负责带回，并在签收时如数减除。

④ 物品异状损失。接货时发现物品异状或损失的，经双方共同清点，情况属实，应按章索赔。同时要妥善保管有关凭证。

（4）接运记录：在完成物品接运过程的同时，每一步骤应有详细的记录。接运记录要详细列明接运物品到达、接运、交接等各个环节的情况，分清责任，追踪有关资料，促进验收、索赔、交涉等工作的顺利进行；有利于清理在途物品。

接运工作全部完成后，所有的接运资料，如接运记录、运单、运输普通记录、货运记录、损耗报告单、交接证、索赔单、提货通知单及其他有关文件资料应分类输入计算机系统，以备复查，同时要保管好原始资料。表所示为接运记录单。

（5）办理交接手续：入库物品经过上述工序，就可以与接货人员办理物品交接手续。交接手续通常由仓库收货人员在送货单上签名盖章表示物品收讫。如果上述程序发现差错、破损等情况，必须在送货单上详细注明或由接货人员出具差错、异状记录，详细写明差错的数量、破损情况等，以便与运输部门分清责任，并作为查询处理的依据。

6．卸车检查

（1）卸车前的检查工作：通过检查可以防止误卸和分清物资运输事故的责任。若发现问题，应及时与车站联系，进行相应处理。卸车前检查的主要内容如下：

① 核对车号；

② 检查门、车窗有无异状，货封是否脱落、破损，或印纹不清、不符等；

③ 核对物资名称、箱件数，与物资运单上填写的名称、箱件数是否相符；

④ 盖有篷布的敞车，应检查覆盖状况是否严密完好，尤其应该查看有无雨水渗漏的痕迹和破损、散捆等。

（2）卸车中应注意的问题：

① 必须按照车号、品名、规格分别堆码。做到层次分明，便于清点，并标明车号及卸车日期。

② 注意外包装的指示标志，要正确钩挂、铲兜、升起、轻放，防止包装和物资损坏。

③ 妥善处理苫盖，防止受潮和污损。

④ 对品名不符、包装破损、受潮或损坏的物资，应另外堆放，写明标志，并会同

承运部门进行检查,编制记录。

⑤ 力求与保管人员共同监卸,争取做到卸车和物资件数一次点清。

⑥ 卸后货垛之间留有通道,并要与电杆、消防栓保持一定的距离;要与专用线铁轨外侧距离 1.5 米以上。

⑦ 正确使用装卸机具、工具和安全防护用具,确保人身和物资安全。

7. 货物接运与卸货注意事项

(1)在开柜前,拍摄柜门整体照、封铅号近照等照片并上传。开柜过程中,如发现货物倾斜等异常情况,也应立即拍照留证记录,并反馈给发货方。

(2)卸货时应遵循从上到下、从外到内的原则,避免货物倒塌伤人。对于易碎品和贵重品,应轻拿轻放,避免碰撞和挤压。

(3)卸货完成后,清理现场,确保工作区域整洁有序。

8. 装卸搬运的合理化原则

装卸搬运合理化的基本原则具体表现在以下几个方面。

(1)尽量减少装卸搬运次数。库场应通过良好的组织和妥善的安排,使货物被装卸和搬运的次数最少,消除无效装卸和搬运。

(2)装卸搬运移动距离最短。在装卸和搬运作业中,清理作业现场,妥善调度车辆等运输工具,务必使装卸搬运距离最短。尽可能使运载车辆、搬运工具接近货物存放的位置,或装卸作业设备能直接进行作业的位置。尽可能消除完全采用人力的水平搬运。

(3)装卸搬运作业衔接流畅。搬运和装卸是伴随进行的,如果搬运和装卸脱节,会使作业量大幅增加。例如,搬运到装车场地的货物,先要卸下搬运设备,在地面堆放。再从地面装上车辆,这就意味着增加了一次落地和离地的作业。而直接从车辆、船舶卸到搬运设备上,运到堆场堆垛,装卸搬运作业量就会减小。

(4)机械化作业。装卸搬运是高强度、大负荷的作业,采用人力作业不仅效率低下,而且容易产生差损。库场装卸搬运作业应尽可能采用机械作业,降低劳动强度,提高装卸搬运效率。机械化作业不仅有复杂的机械作业,还有简单机械,如人力吊机、手推车等。

(5)托盘化、集成化等成组作业。这主要是应用活性理论,将货物直接堆放在托盘上进行必要的固定,连同托盘一起进行搬运、装卸和堆垛的作业方式。成组化作业不仅能提高效率,还可以减少货物在作业中的耗损和散失。在成组作业时要注意使用标准化的成组设备。

(6)省力化作业。装卸搬运作业还不能实现完全的无人化作业,需要适当使用人工作业。为了降低作业的劳动强度,省力化的作业设计和组织极为必要。省力化作业的方法主要如下:充分利用重力,如采用滑板、自上向下作业等;避免重物提升,如重货放在货架下层的齐腰高度，建造与车厢同样高度的车辆作业平台；若有可能，则采用滚动作业等。

（7）系统化。装卸搬运作业是与进货作业、仓储作业、拣货作业、送货作业等其他作业紧密相连的。因此，必须通过系统化、全局化的组织和协调，实现装卸搬运的合理化。

扫一扫

自研技术助力智能仓储——菜鸟托盘四向穿梭车

具有自主知识产权的数字科技对于菜鸟发展智能仓储起到了非常重要的作用。其中，托盘四向穿梭车是一款用于托盘类货物搬运的自动化设备，可在仓库内实现纵横四向行走，自动将货物移动到货架任意位置，是托盘类密集存储解决方案的新一代智能搬运设备。

菜鸟托盘四向穿梭车硬件设计最高负载1500千克，使用了机械式顶举机构，可连续使用20万次。同时具备快速充电续航能力，充电12分钟工作4小时；系统方面支持同层多车、换层协同、车辆全场通达。菜鸟物流科技全新的托盘四向穿梭车产品可以被广泛应用于物流自动化仓与制造业线边库；可以灵活地部署在楼库、异形库中，降低托盘立体库的投资门槛；多车协同，多深位存储，叠加菜鸟自有的算法调度能力，能有效提升密集存储解决方案的吞吐效率；同时结合AGV产品，可实现"上存下拣"，开创托盘"存拣一体"的仓储自动化新模式。

菜鸟托盘四向穿梭车的核心价值：

托盘四向穿梭车技术的成功应用，是科技创新与产业升级的生动体现。它彰显了我国在智能物流领域的技术实力，也为其他行业树立了科技兴企、创新驱动的典范。在这个过程中，技术人员们不畏艰难、勇于创新的精神，正是新时代工匠精神的具体表现，他们以实际行动诠释了"爱岗敬业、精益求精、专注创新"的深刻内涵。

（二）任务准备

根据教材和资料获取的知识，小组合作对入库订单进行处理，做好入库作业准备，小组成员需要进行以下的角色分工。

角色	任务
仓库管理员	评估入库可行性； 制订入库计划； 调配人员及设备。
仓库信息员	入库订单信息处理； 单证的收集、核查及整理。
仓库操作员	设备的检查及维护； 货物的装卸、搬运及码垛上架作业实施。

（三）任务实施

★ 步骤一：入库资源准备

老马团队预先安排好了装卸搬运、检验、堆码、信息采集等工作的人员分工。此外，根据入库单上货物的到货信息，由于货物数量、体积较小，老马团队决定采用人工卸货，配备电动叉车、手动液压搬运车、标准托盘（1000mm×1200mm）及必要的加固薄膜等用品来完成货品入库作业的物力准备，之后在卸货区等待接运货物。

	设备材料清单
1	电动叉车
2	手动液压搬运车
3	托盘

★ 步骤二：入库接运与卸货

（1）在车辆到达后，首先司机将随车携带的货物运输交接单、运单等相关单据交给仓管员老马，仓管员老马持货物运输交接单等单据查验收件人、件数、品名信息。

（2）检验无误后仓管员老马开始检查车辆：核对车号、检查车门、车窗有无异状。

（3）车门封闭完好的情况下，老马打开车门查看货物外观质量和包装捆扎情况，有无进水、受潮、污染、弯曲等损坏现象；核对物资名称、箱件数，与物资运单上填写的名称、箱件数是否相符；

（4）在做完所有的检查并保证一切完好后，操作员操作电动叉车进行卸货作业，并将货物堆放在托盘上，之后运用手动液压搬运车将货物放置在了指定收货月台。

（四）反思小结

1. 在活动实施过程中，哪些步骤不够清晰或操作不够熟练？举例说明。

___

2. 装卸搬运的合理化原则包括哪些？

___

___

学习任务 1.2　入库订单处理

（一）知识链接

1. 入库订单处理

（1）入库通知单

虽然每个仓库的入库通知单格式不尽相同，但是核心内容基本一致，一般包括：编号、日期、订单号、客户名称、货品条码、货品名称、货品属性、货品件数、货品包装、货品重量、生产批次及预计入库时间等。入库通知单示例如下图所示：

表 2-1-4　入库通知单示例

入库通知单					
ASN 编码	ASN202206001	客户指令号	RK20220601	客户名称	联华超市
库房	华源集团上海物流中心	紧急程度	一般	是否取货	否
入库类型：	2024 年 5 月 30 日	预计入库时间		2022 年 7 月 18 日
货品编码	货品名称	包装规格（mm）	单位	数量	生产日期	备注
6925126340182	水杯	190×370×270	箱	30	202205	/

仓库管理员收到客户发送的入库通知单后，要根据货物信息以及本企业的接、卸货

95

能力、存储空间、温湿度控制能力进行分析评估，如本企业难以承担此业务，要及时与发货人进行协商，如协商难以达成一致，则可拒绝此项业务。如此业务和本企业业务范畴匹配，仓库就要根据入库通知单制订入库作业计划。

2. 入库准备

充分的入库准备工作，可以保证入库过程的顺利进行。入库准备工作主要包含以下内容：

（1）熟悉入库货物：仓库管理人员应认真查阅入库货物资料，掌握入库货物的品种、规格、数量。包装状态、单件体积、到库确切时间、货物的物理化学特性以及保管要求等，根据上述信息妥善做好库场安排和准备。

（2）掌握仓库库场情况：仓库管理人员要了解货物的入库时间、保管期间仓库的库容、设备和人员的变动情况以便安排工作。必要时对仓库进行清查、清理归位，以便腾出仓容。如果有必须使用重型设备操作的货物，一定要保证该货位可进行重型设备的作业。

（3）制订货物入库计划：仓库作业部门根据货品情况、仓库情况、设备情况，制订入库计划，并将任务下达到各相应作业的管理部门。

（4）设备的准备：仓库理货人员根据物品情况和仓储管理制度，确定验收方案，准备验收所需要的计件、开箱、检斤、测试、装箱、丈量、移动、照明等器具。

同时，要根据到达货物品的特性、货位、设备条件、人员等情况，科学合理地制定卸车搬运工艺，备好相关装卸搬运作业设备，安排好卸货站台或场地，保证装卸搬运作业效率。

（5）人员的准备：根据作业量的大小和专业化程度的高低，安排数量相符、技能娴熟的搬运、堆码、检验等相关作业人员及时到位，安全高效率地完成入库工作。

（6）货位准备：仓库部门要根据入库货物的特性、体积、质量、数量和到货时间等信息，结合仓库分区分类要求，核算货位的大小，根据先进先出的原则，妥善安排货位、验收场地，做好确定堆码方法。同时，要彻底清理货位、清除残留物、清理排水管道（沟），必要时安排消毒除虫、铺地，详细检查照明，通风等设备，发现损坏及时报修。

（7）苫垫用品的准备：确定好货位后，还要做好防雨、防潮、防尘、防晒准备，即准备相应的苫盖衬垫材料。苫盖材料主要用于物品免受风吹、雨打、日晒、冰冻的侵蚀，苫盖材料主要包括塑料布、席子、油毡、铁皮、苫布等。

（8）单证的准备：仓库管理人员要根据入库计划将入库作业工作中所需的入库记录单、验收单、货卡等各种单据、凭证、报表事先准备好以备使用。

3. 货物允收期

为确保货品重量,提高服务水平,设定的货品允收期,货物允收期是指货品允许收货的期限,也就是货品生产日期距收货验收时间之差,未超过此期限,方可收货。

以下是几类商品的允收期:

① 保质期 16 天以上的,允收期为保质期的 50%;

② 保质期 8 天以上 15 天以下,允收期为生产日期后 3 至 4 天;

③ 保质期少于 7 天的,允收期为生产日期后 2 至 3 天。

④ 蔬菜、水果、鲜肉等无明确保质期的初级农产品由食品经营者按照保持品质的原则自行确定保质期,并依照前款规定确定允收期。

4. 智能装卸、搬运设备

确认车辆相关信息无误后,操作员需根据货物属性选择合适的装卸搬运设备将货物装卸搬运到指定位置暂存,为货物入库验收做准备。

装卸搬运设备是进行装卸搬运活动的物质技术基础,是提高装卸搬运技术水平的重要保证。仓库常用的装卸搬运设备主要有叉车、手推车、无人搬运车和搬运机器人。

(1) 叉车:叉车又名铲车、装卸车,是一种用来装卸、搬运和堆码单元货物的车辆,是仓库装卸搬运机械中应用最广泛的一种设备。具有适用性强,机动灵活,效率高的优点。叉车由自行的轮胎底盘和能垂直升降、前后倾斜的货叉、门架等组成。它不仅可以将货物叉起进行水平运输,还可以将货物提升进行垂直堆码。叉车可分为手动叉车和电动叉车,目前,仓库一般都使用电动叉车。

(2) 手推车:手推车是一种以人力为主、在路面上水平运输物料的搬运车。其特点是轻巧灵活、易操作、回转半径小。它广泛应用于工厂、车间、仓库、站台、货场等处,是短距离输送轻型货物的一种方便而经济的输送工具。

(3) 托盘:托盘是指用于集装、堆放、搬运和运输的放置作为单元负荷的货物和制品的水平平台装置。作为与集装箱类似的一种集装设备,托盘现已广泛应用于生产、运输、仓储和流通等领域,被认为是 20 世纪物流产业中两大关键性创新之一。托盘作为物流运作过程中重要的装卸、储存和运输设备,与叉车配套使用在现代物流中发挥着巨大的作用。

(4) 搬运机器人(AGV):

AGV 的全称是 Automated Guided Vehicle,意为搬运机器人,又称为 AGV 小车,主要功能通过特殊导航,可自动将物品运输至指定地点,能完成自动搬运。

AGV 在物流业中已经得到大规模应用,极大地提升物流效率,比如,在汽车装配、大型货物装卸等方面,运用 AGV 机器人能明显降低工人的劳动强度,减少用工数量,降低企业用工成本，与此同时，也能提高货物搬运的自动化程度。

（二）任务准备

根据教材和资料获取的知识，小组合作对任务单中的货物进行入库订单处理，并安排入库准备工作。

1. 角色分工

角色	任务
仓库管理员	评估入库可行性； 制订入库计划； 调配人员及设备。
仓库信息员	入库订单信息处理； 单证的打印及整理。
仓库操作员	设备的检查及维护； 货物的验收、装卸、搬运及码垛上架作业。

2. 工具准备

设备材料清单	
1	电动叉车
2	托盘
3	搬运机器人

（三）任务实施

根据计划中角色分配，分工合作，完成货物的入库订单处理及入库准备工作。

★ 步骤一：订单分析

老马收到入库通知单后，主要从入库日期、货品名称、货物属性、件数、批次号、库房名称等方面进行分析。

其他货物的入库时间、货品种类、数量、库房名称等信息均无误，可正常受理。但货品编码为6925222121555的打火机属于危险品，而华源集团并没有设立危险品仓库，故打火机无法入库。老马立即联系发货人说明此事，发货人同意将打火机退回。

★ 步骤二：入库资源准备

根据仓储现有的资源条件考虑入库货品的包装、尺寸、重量、数量以及存储在托盘货架区等因素，需要分别从人员、设备、工具三个方面准备入库资源。

（1）人员：物流中心的仓管员老马根据入库通知单上的信息，预先安排好装卸搬运、检验、堆码、信息采集等几名工作人员来完成工作。

（2）设备：根据入库单上货物的到货信息，老马预先确定了搬运、检验、计量的方法，并安排操作员准备好相关设备，以及必要的防护用品用具。已知货物包装规格均为 190×370×270（mm），计划入库 150 箱。托盘尺寸为 1200*1000（mm），如图 2-1-6 托盘尺寸所示，采用正反交错式堆码，一层可以摆放 15 箱，可摆放两层，一共需要 5 个托盘。

由于货物数量、体积较小，马依依对本次接运任务采用人工卸货，配备电动叉车、和标准托盘（1000mm×1200mm）及必要的加固薄膜等用品来完成货品入库作业的准备工作。

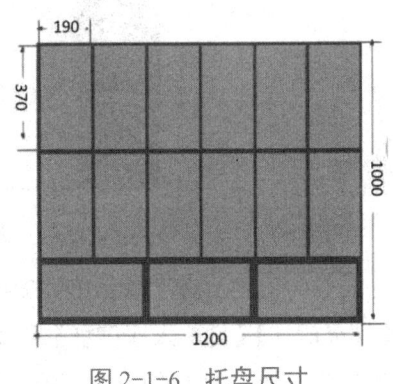

图 2-1-6　托盘尺寸

（3）工具：

客户的货物到达仓库后，需要先把货物从运输车上搬运下来，还要进行验收、上架等作业，需要用到的工具主要有缠绕膜、胶带、小刀、笔、称重计量工具、照相机、手持终端等。

★ 步骤三：订单录入与审核

信息确认无误后，需要完成入库通知单在物流综合作业系统中的录入工作。操作流程如下：

（1）仓库信息员进入现代物流综合作业系统，点击【数据初始化】，在系统主页面点击【入库预报】。进行入库订单录入。如图 2-1-7 数据初始化所示：

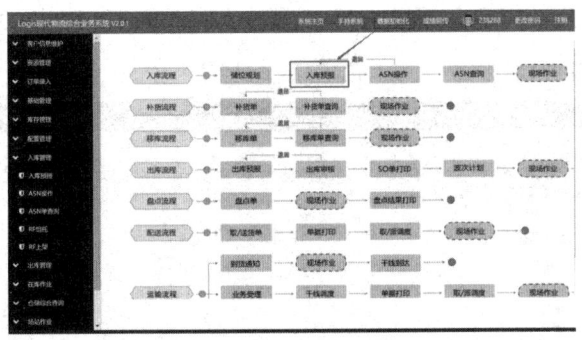

图 2-1-7　数据初始化

(2)信息员在【入库预报】中点击【新增】按钮，新增入库订单，根据实训任务中入库通知单的信息，录入订单内容。如图2-1-8新增入库订单所示：

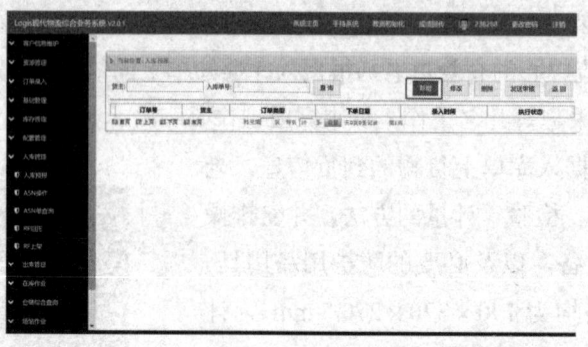

图2-1-8 新增入库订单

(3)信息员在入库订单维护界面录入订单信息，根据《入库通知单》内容依次完成【订单信息】【订单入库信息】和【订单货品】的录入。在【订单信息】页面将客户名称、客户指令号、ASN编号、订单来源、紧急程度、下达时间等信息录入系统，其中，"*"为必填选项。如图2-1-9录入订单信息所示：

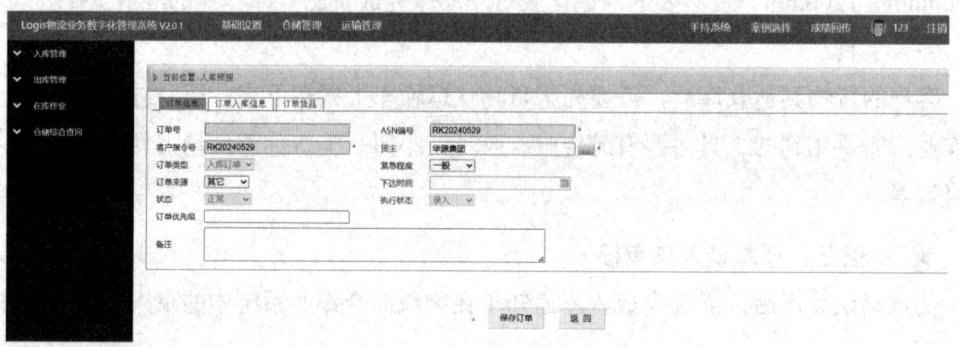

图2-1-9 录入订单信息

(4)信息员在【订单入库信息】页面选择库房（华源库房）、入库类型（正常入库）、是否取货（该批货物是送货到库，因此选否）、预计入库时间等订单相关信息。如图2-1-10录入订单入库信息所示：

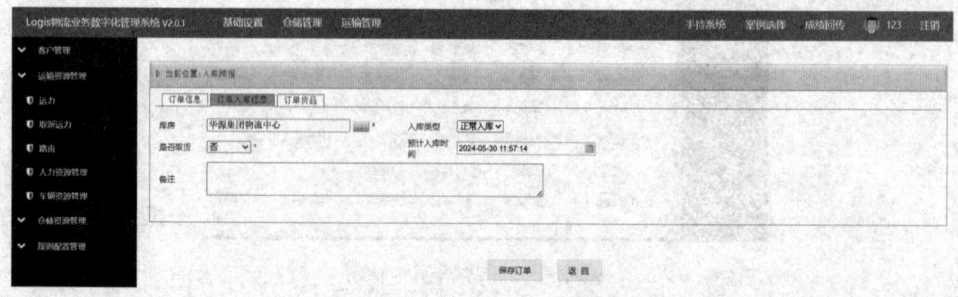

图2-1-10 录入订单入库信息

（5）在【订单货品】界面，点击【添加货品】，在货品列表中选择"怡宝矿泉水"，添加到货品列表中，填写入库通知单中要求的批次、数量等信息，信息确认无误后，点击【保存订单】按钮，提交订单。如图 2-1-11 录入货品信息所示：

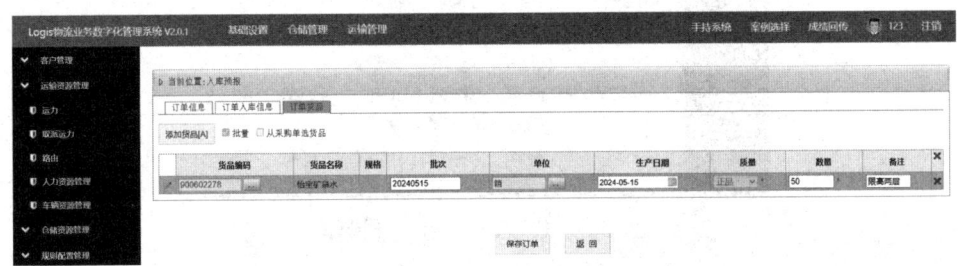

图 2-1-11　录入货品信息

（6）入库订单保存完毕后，返回到订单列表中，勾选新增订单，点击【发送审核】。如图 2-1-12 发送审核所示：

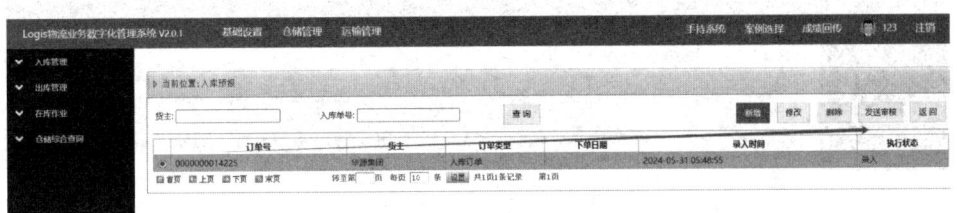

图 2-1-12　发送审核

（7）核对订单信息是否准确，确认无误后，点击【确认审核】，即完成入库订单的录入工作。如图 2-1-13 确认审核所示：

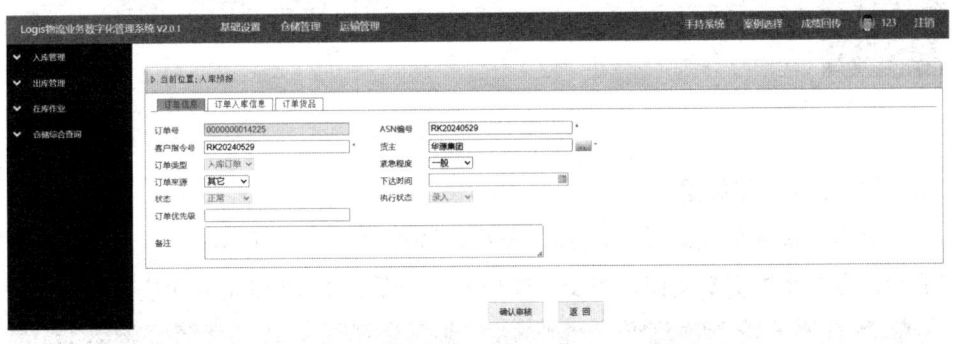

图 2-1-13　确认审核

★ 步骤四：月台分配

（1）在系统主页面选择【ASN 操作】，进行入库月台分配操作，为当前入库作业选择恰当的月台。如图 2-1-14 入库月台分配操作所示：

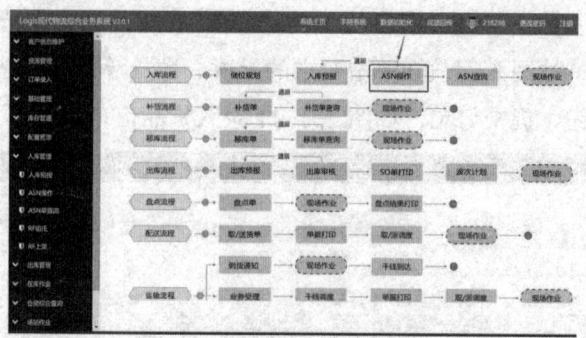

图 2-1-14　入库月台分配操作

（2）进入【ASN操作】后，选中待处理的订单信息，点击【月台计划】，进入"月台管理"页面，在当前页面选中待处理信息，点击【确认按钮】，完成月台分配作业。如图 2-1-15 和 2-1-16 所示：

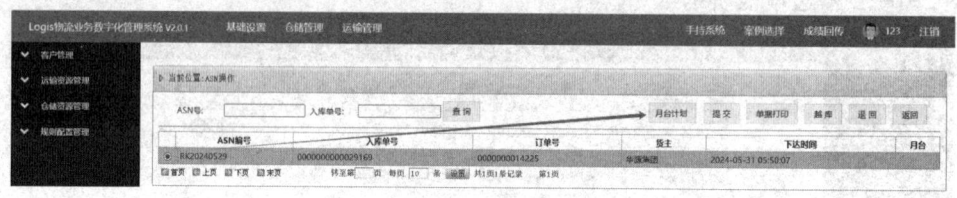

图 2-1-15　月台计划

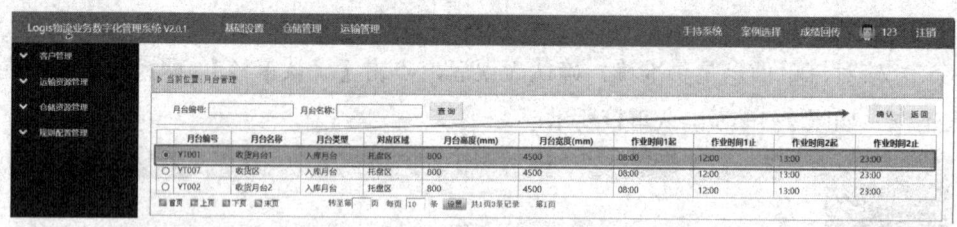

图 2-1-16　月台分配

★ 步骤五：打印单据

（1）点击系统主页面的【ASN操作】后，选择要打印的订单后，点击【打印】，打印完成后，点击【提交】按钮，提交入库任务。如图 2-1-17 提交入库任务所示：

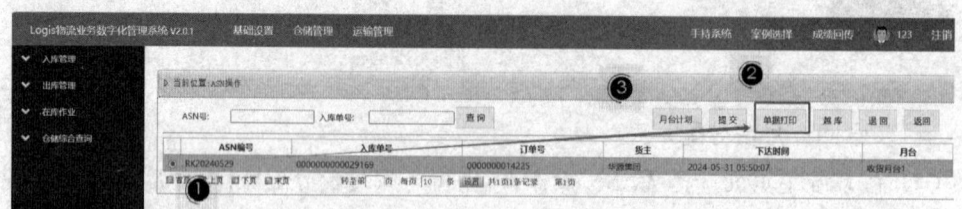

图 2-1-17　提交入库任务

（2）完成纸质版入库单的打印工作。打印完成的入库单如图 2-1-18 所示：

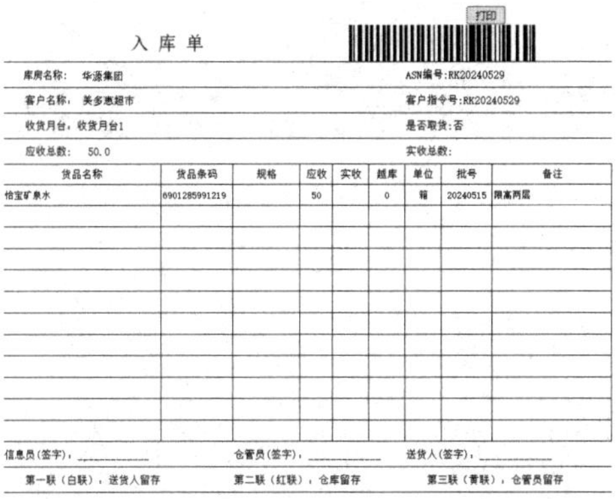

打印

入 库 单

库房名称：华源集团	ASN编号:RK20240529
客户名称：美多惠超市	客户指令号:RK20240529
收货月台：收货月台1	是否取货:否
应收总数：50.0	实收总数:

货品名称	货品条码	规格	应收	实收	越库	单位	批号	备注
怡宝矿泉水	6901285991219		50		0	箱	20240515	限高两层

信息员(签字)：____________　　仓管员(签字)：____________　　送货人(签字)：____________

第一联（白联），送货人留存　　第二联（红联），仓库留存　　第三联（黄联），仓管员留存

图 2-1-18　完成入库单打印

（3）信息员在《入库单》上【信息员签字】处签上自己的名字，仓管员拿到入库单后才可以进行组托作业。

（4）信息员按照以上步骤逐一添加货品并打印入库单。

（四）反思小结

1．在任务实施过程中，哪些步骤不够清晰或操作不够熟练？举例说明。

____

____

2．查阅教材及相关资料，写出在 WMS 系统中入库订单受理的流程。

____

____

学习任务二 入库验收

情境导入

在办完入库订单受理后,仓库对入库商品还要做进一步的验收工作。入库验收要求在规定的时间内,以严肃认真的态度,合理组织调配人员与设备,以经济有效的手段对商品的数量、质量、包装进行准确细致的验收,这是做到存储商品准确无误和确保商品质量的重要措施。因此老马团队迅速集结,他们手持入库通知单,准备仔细核验每一件到货的货物,确保每一批货物的数量准确无误且质量合格。在这个过程中,任何发现的异常情况都需要被记录下来,并采取相应的措施处理。整个验收过程必须高效且准确,以确保货物能够顺利入库。

学习目标

知识目标	1. 了解常见的货物验收异常情况; 2. 掌握货物验收的详细流程; 3. 了解常见的货物组托要求以及组托方式的计算步骤。
能力目标	1. 能全面进行货物的数量检验、重量检验和质量检验,且能识别并妥善处理货物检验异常情况; 2. 能准确绘制货物组托示意图。
素养目标	1. 培养对入库验收作业的操作规范能力; 2. 培养对货物信息的分析能力,能根据货物信息合理的安排组托方式。

> **问题导入**

💬 **引导问题 1**：请完成下列常见货物验收方法的归类连线。

<table>
<tr><td>理化检验</td><td>检尺求积</td></tr>
<tr><td></td><td>抄码复衡抽验</td></tr>
<tr><td></td><td>计件检验</td></tr>
<tr><td>重量检验</td><td>尺寸检验</td></tr>
<tr><td></td><td>整车复衡</td></tr>
<tr><td>质量检验</td><td>检斤验收</td></tr>
<tr><td></td><td>外观检验</td></tr>
</table>

💬 **引导问题 2**：结合已知信息，梳理出本批货物组托的基本信息，完成下表的填制。

货品名称	包装规格	重量	数量	托盘规格	货架规格

学习任务 2.1 货物验收

（一）知识链接

常见的入库货物验收的方法有数量检验、重量检验以及质量检验。

1. 数量检验

（1）计件检验法：仓管员在进行货品的数量清点时可以采用逐件清点法、集中堆码点数法。

① 逐件清点法：对于计件商品，仓管员要对货品的数量进行清点，采取的检验方法是点件法，即逐件清点法，此方法适合于散装或非定量包装的货品。

② 集中堆码点数法：集中堆码点数法是将货品按照每行、每层件数一致的原则，堆成固定的垛形，然后通过计算得出总数。这种方法适用于花色品种单一、包装大小一

致、数量大或体积小的货品。数量检验时可以针对计件商品进行全检，也可以采用抽验法，即按一定比例开箱点件的验收方法，适用于批量大、包装标准的物资。

（2）检尺求积：检尺求积是对以体积为计量单位的商品，先检尺，后求体积所做的数量验收。如木材、竹材、砂石等，先检尺后求体积所做的数量验收。

2. 重量检验

（1）检斤验收法：指对非定量包装的、无码单的物资进行打捆、编号、过磅和填制码单的验收方法。金属货品、某些化工产品多半是检斤验收。对于进口商品，原则上应全部检斤，但如果订货合同规定按理论换算重量交货，则按合同规定办理。所有检斤的商品，都应填写磅码单。

（2）抄码复衡抽验法：指对定量包装的、附有码单的物资，按合同规定的比例抽取一定数量的物资过磅的验收方法。

（3）整车复衡法：适合散装的块状、粒状或粉状的商品，也同样适于用煤炭商品。对大宗散装进库物资，如煤、工业盐、砂等，验收时将车辆引入地中衡复重，减去车辆的皮重，则可求得物资净重。

3. 质量检验

（1）外观检验：外观检验是指通过人的感觉器官，检验商品的包装外形或装饰有无缺陷；检查商品包装的牢固程度；检查商品有无损伤等。凡经过外观检验的商品，都应该填写"检验记录单"。

（2）尺寸检验：商品的尺寸检验由仓库的技术管理职能机构组织进行。进行尺寸精度检验的商品，主要是金属货品中的型材、部分机电产品和少数建筑货品。

（3）理化检验：理化检验是对商品内在质量和物理化学性质所进行的检验。一般主要是对进口商品进行理化检验。对商品内在质量的检验要求一定的技术知识和检验手段，目前仓库多不具备这些条件，所以一般由专门的技术检验部门进行。

在收货检验过程中，一般采取感官检验方法，即看、闻、听、摇、拍、摸等。检验范围是货品的外包装。对于个别有争议的检验结果，质检部门在征得退货商的同意后在实验室利用各种仪器、器具和试剂等工具，对退回货品作进一步的品质检验。

① 视觉检验：利用视力观察货品的状态、颜色、结构等表面状态检查有无变形、破损、脱落、变色、结块等损害情况，以判断质量。

② 听觉检验：通过摇动、搬运操作、轻度敲击，听取声音，判断质量。

③ 嗅觉检验：通过货品所特有气味、滋味来判断质量。

④ 触觉检验：用手触摸物资的含水量程度，或有无黏结、潮湿、干硬、结块和老化等异状。

⑤ 运行检验：对货品进行运行操作，检验其运行的功能是否正常。

4. 货物异常情况处理

商品验收中，可能会发现数量不符、规格不符、质量问题、包装问题、单货不符或单证不齐等问题，应区别不同情况，及时处理。凡验收中发现问题等待处理的商品，均应单独存放，妥善保管，防止混杂、丢失、损坏。

（1）数量不符：如果经验收后发现商品的实际数量与凭证上所列的数量不一致，若数量短少在规定误差范围内，则可按原数入库；若数量短少超过误差范围，经复核确认后，应由收货人会同有关人员当场在送货单上详细做好记录，交接双方应在记录上签字，仓库按实际数量签收，并及时通知送货人和发货方。如果实际数量多于凭证上所列数量，可由相关业务部门退回多发数量，或补发货款。如果在入库验收过程中发现商品数量不符，原因可能是发货方在发货过程中出现差错，误发了商品，或在运输环节出现漏装或丢失商品等情况。

（2）规格不符：商品规格不符或错发时，应先将规格正确的予以入库，规格不符的做好验收记录，并通知相关业务部门办理换货。

（3）质量问题：在与铁路、交通运输部门初步验收时发现质量问题，应会同承运方清查点验，并由承运方编制商务记录或出具证明书，作为索赔的依据。如果确认责任不在承运方，也应做出记录，由承运人签字，以便作为向供货方联系处理的依据。在拆包进一步验收时发现的质量问题，应将有问题的商品单独堆放，并在入库单上分别签收，同时通知供货方，以分清责任，质量不合格的，应及时向供货单位办理退货、换货，或征得供货单位同意代为修理，或在不影响使用的前提下降价处理。

（4）包装问题：在清点大件时发现包装有水渍、沾污、损坏、变形等情况时，应进一步检查内部数量和质量，并由送货人开具包装异状记录或在送货单上注明，同时，将其单独存放，以便处理。如果物品包装损坏十分严重，仓库不能修复，加上由此而无法保证存储安全时，应联系供应单位派遣人员协助整理，然后再接收。未办理正式入库手续的商品，仓库要另行存储。

（5）单货不符或单证不齐问题：这类问题包括商品串库、有货无单、有单无货和货未到齐等问题。商品串库是指应该送往甲库的商品误送到乙库。当初步检查时发现串库现象，应立即拒收；在验收细数中发现串库商品，应及时通知进货人办理退货手续，同时更正单据。有货无单是指商品先到达而有关凭证还未到达。对此应暂时安排场所存放，及时联系，待单证到齐后再验收入库。有单无货是指存货单位先将单证提前送到了仓库，但经过一段时间后，仓库仍未见到商品。对此应及时查明原因，将单证退回并注销。货未到齐的情况是指往往由于运输方式，同一批商品不能同时到达，对此应分单签收。

5. 完成验收

检验完成后填写《入库验收单》，若存在货物验收异常情况，仓管员还需填写《货物异常报告单》，最后由相关人员签署收货单据。后续即可对所有入库货物进行组托作业，并按照规定的位置和方式进行合理堆码，完成所有入库验收手续。

入库验收单

货物名称			规格/型号	
供方			进货日期	
进货数量			验收数量	
验证方式				
验证项目	标准要求		验证结果	是否合格
检验结论	□合格		□不合格	
复检记录				
检验主管			检验员	日期
不合格品处置方法	□拒收　　□让步接收　　□全检			
	批准			日期
备注				

图 2-2-1　入库验收单

序号		日期		
货物编号	品名	规格	数量	异常情况

送货人：　　　　　　　　　　　检验人：

图 2-2-2　货物异常报告

扫一扫

漳州市级储备粮轮换验收：责任担当下的严谨协同行动

为加强漳州市储备粮管理，切实保障粮食安全，2024年漳州市发改委牵头联合市财政局、农发行漳州市分行组成联合验收组，对福建漳州岱山国家粮食储备库进行了2024年度市级储备粮轮换入库验收工作。此次验收工作主要针对7800吨小麦的轮换任务，涉及两个仓库。

验收组通过实地丈量、测算、查阅粮食入库过磅单等多种方式，对小麦的轮换过程进行了全面、细致的检查。验收过程中，验收组发现岱山粮库能够严格按照市粮食轮换定价联席会议的要求规范操作，轮换过程清晰、手续完备。入库的小麦数量真实、储存安全、管理规范，达到了预期的目标。

漳州市级储备粮轮换入库验收的核心价值：

责任与担当：漳州市发改委及联合验收组通过此次入库验收工作，展现了政府部门在保障粮食安全方面的责任与担当。他们通过严格把关、细致检查，确保了储备粮的质量和安全，为全市的粮食安全奠定了坚实基础。

严谨与规范：验收组通过实地丈量、测算等多种方式，对小麦的数量和质量进行了全面检查，体现了对工作的认真态度和高度负责的精神。

合作与协同：此次入库验收工作涉及多个部门和单位的协同合作。漳州市发改委、市财政局、农发行漳州市分行等部门密切配合、通力协作，共同完成了验收任务。这种合作与协同的精神对于提高工作效率、确保工作质量具有重要意义。

（二）任务准备

根据教材和资料获取的知识，小组合作完成入库验收工作，小组成员需要进行以下的角色分工。

角 色	任 务
仓库管理员	核对相关单证； 调配人员及设备； 监督入库验收过程，处理入库过程中出现的异常情况。
仓库信息员	协助仓库管理员获取并核对入库通知单及相关凭证； 入库订单信息处理； 更新库存数据。
仓库操作员	协助进行货物数量检验、重量检验及质量检验； 整理并搬运货物到指定储位。

（三）任务实施

★ **步骤一：数量检验**

货物接收后，老马开始组织仓库操作员对本批货物采用逐件清点法进行数量检验，经检验数量与入库通知单一致。

★ **步骤二：质量检验**

仓库操作员接着检查每箱货物的外包装以及箱内货品是否完好，有无挤压变形、破损、污染、渗漏现象。老马在一旁监督，并负责对发现的每项损坏或异常情况进行记录。经检验，本批货物质量检验合格。

★ **步骤三：重量检验**

确认货物外观无异常后，老马指导仓库操作员使用电子秤等工具对每箱货物进行了称重，确保重量符合标准，并验证了重量与装箱单信息的一致性。

★ **步骤四：验收完成**

验收完成后老马填写了验收记录单，包括验收时间、验收人员、货物信息、验收结果等。最后将入库通知单、验收记录单等相关资料进行了整理归档。

（四）反思小结

1. 在活动实施过程中，哪些步骤不够清晰或操作不够熟练？举例说明。

_____

_____

2. 以下各种检验中，直接通过人的感觉器官进行检验的是（ ）。

  A. 数量检验   B. 商品外观检验

  C. 商品尺寸检验   D. 理化检验

学习任务 2.2　货物组托作业

（一）知识链接

1. 货物组托作业概述

组托是为了提高托盘利用率和仓库空间利用率，并方便库内装卸搬运，以托盘为载体把单件商品成组化（单元化）的过程。

（1）货物组托前的要求：

① 商品的名称、规格、数量、质量已全查清；

② 商品已根据物流的需要进行编码；

③ 商品外包装完好、清洁、标志清楚；

④ 部分受潮、锈蚀以及发生质量变化的不合格商品，已加工恢复或已剔除；

⑤ 为便于机械化作业，准备堆码的商品已进行集装单元化。

（2）组托操作中的要求：

① 堆码整齐，货物堆码后四个角成一条直线；

② 货物品种不混堆，规格型号不混堆、生产厂家不混堆、批号不混堆；

③ 堆码合理性、牢固性。要求奇偶压缝、旋转交错、缺口留中，整齐牢固；

④ 不能超出货架规定的高度；

⑤ 货物不允许出现倒置的情况；

⑥ 托盘码放时，货物包装物边缘不允许超出托盘边缘 20mm；

⑦ 整托码放时每层货物摆放数量一致；散托码放时需注意最后一层货物的摆放方式。

2. 货物组托方式计算

（1）计算托盘每层最多摆放数量、每托最多码放层数。

$$托盘每层最多摆放数量 = MAX \begin{cases} [(托盘长÷包装长)向下取整] \times [(托盘宽÷包装宽)向下取整] \\ [(托盘长÷包装宽)向下取整] \times [(托盘宽÷包装长)向下取整] \\ [(托盘面积÷包装面积)向下取整] \end{cases}$$

$$每托最多码放层数 = MIN \begin{cases} (托盘安全堆码高度÷包装箱高度)向下取整 \\ (托盘承压能力÷托盘每层可放置箱数总重量)向下取整 \end{cases}$$

（2）计算托盘每托最多码放数量。

$$每托最多码放数量 = 每层最多摆放数量 \times 每托最多码放层数$$

（3）计算所需托盘数量。

$$所需托盘数量 = 向上取整（货物总箱数÷每个托盘可放货物箱数）$$

计算出的结果仅作为参考，实际数量要根据货物组托要求和组托方式来决定。

3. 货物组托示意图绘制

（1）货物组托示意图的绘制步骤：

步骤一：根据货物组托方式的计算结果，选择具体的货物托盘组托方式，并确定每层货物的摆放方式；

步骤二：用文档工具或专业绘图工具绘制示意图，具体画出托盘码放的主视图、顶层俯视图、奇数层和偶数层俯视图；

步骤三：为示意图配上合适的文字说明。

（2）货物组托示意图的绘制要求：

① 用文字说明堆码后的层数及此商品所需托盘个数；

② 将托盘以浅灰色填涂；

③ 在图上标出托盘的长、宽尺寸（以 mm 为单位）；

④ 托盘尺寸和货物尺寸按比例绘制，并在图中标识。

请扫描右侧二维码，观看文档，学习托盘组托作业。

扫一扫

（二）任务准备

根据教材和资料获取的知识，小组合作完成货物的组托作业，小组成员需要进行以下的角色分工。

角色	任务
仓库管理员	确定组托方式，引导操作员进行货物组托作业。
仓库操作员	合理使用搬运器具，完成货物组托作业。

（三）任务实施

★ 步骤一：托盘组托方式计算

已知共 150 箱货物，所有货物的包装箱规格均为 190×370×270（mm），每箱货物重 14kg。标准托盘尺寸为 1200*1000*160（mm），称重 1500kg。

（1）计算托盘每层最多摆放数量、每托最多码放层数。

① 已知：

$$\text{托盘每层最多摆放数量} = MAX \begin{cases} [(1200 \div \text{包装长})\text{向下取整}] \times [(\text{托盘宽} \div \text{包装宽})\text{向下取整}], \\ [(\text{托盘长} \div \text{包装宽})\text{向下取整}] \times [(\text{托盘宽} \div \text{包装长})\text{向下取整}], \\ [(\text{托盘面积} \div \text{包装面积})\text{向下取整}] \end{cases}$$

带入相关数据可得

$$\text{托盘每层最多摆放数量} = MAX \begin{cases} [(1200 \div 190)\text{向下取整}] \times [(1000 \div 370)\text{向下取整}], \\ [(1200 \div 370)\text{向下取整}] \times [(1000 \div 190)\text{向下取整}], \\ [(1200 \times 1000 \div 190 \div 370)\text{向下取整}], \end{cases}$$

$$= MAX(12,15,17)$$

$$= 17 \text{箱}$$

但经过实际模拟摆放发现，托盘每层无法放 17 箱货物，最多只可放 15 箱。

② 已知：

$$\text{每托最多码放层数} = MIN \begin{cases} (\text{托盘安全堆码高度} \div \text{包装箱高度})\text{向下取整} \\ (\text{托盘承压能力} \div \text{托盘每层可放置箱数总重量})\text{向下取整}, \\ \text{货物限高} \end{cases}$$

带入相关数据可得

$$\text{每托最多码放层数} = MIN \begin{cases} [(1110-160-160) \div 270]\text{向下取整}, \\ [(1000 \div (15 \times 14))\text{向下取整}], \\ 2 \end{cases}$$

$$= MIN(2, 4, 2)$$

$$= 2 \text{层}$$

（2）计算托盘每托最多码放数量。

已知，

$$每托最多码放数量 = 每层最多摆放数量 \times 每托最多码放层数$$

带入相关数据可得：

$$每托最多码放数量 = 15 \times 2 = 30 箱$$

（3）计算所需托盘数量。

已知，

$$所需托盘数量 = \left(\frac{货物总箱数}{每个托盘可放货物箱数}\right) 向上取整$$

带入相关数据可得：

娃哈哈矿泉水所需托盘数量 = (50÷30)向上取整 = 2个

统一冰红茶所需托盘数量 = (20÷30)向上取整 = 1个

怡宝矿泉水所需托盘数量 = (50÷30)向上取整 = 2个

娃哈哈AD钙奶所需托盘数量 = (30÷30)向上取整 = 1个

综上所述，托盘一层最多可以摆放15箱货物，最多可摆放两层。本次入库任务一共需要6个托盘。其中娃哈哈矿泉水与怡宝矿泉水均50箱，因此各需两个托盘，一个托盘放30箱，另一个放20箱；统一冰红茶20箱，需一个托盘；娃哈哈AD钙奶30箱，需一个托盘。

★ 步骤二：货物组托示意图绘制

常见的货物托盘组托方式通常有重叠式、旋转式和压缝式组托三种，本任务决定采用使货体稳定性较高的压缝式组托方式，即同一层不同列货物为90°垂直码放，相邻两层货物码放形成旋转180°。

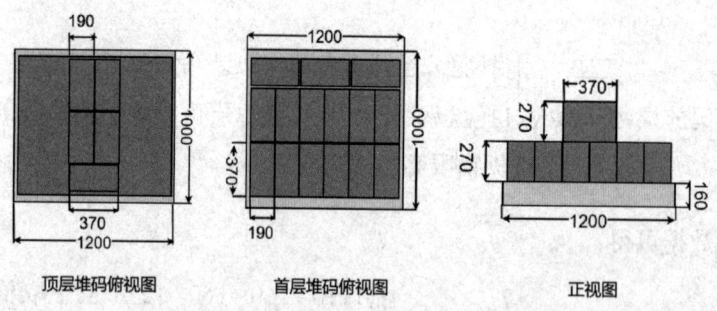

图2-2-3　20箱货物托盘组托方式示意图

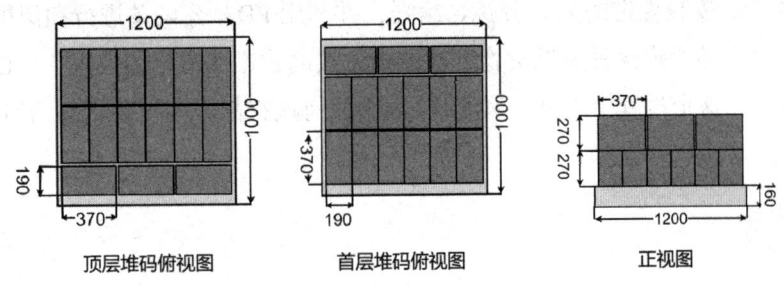

图 2-2-4　30 箱货物托盘组托方式示意图

结论：根据计算结果以及示意图可知，该批货物共需要 6 个托盘，每个托盘按压缝式组托方式码放 2 层。托盘摆放 30 箱时每层均摆放 15 箱；托盘摆放 20 箱时第一层摆放 15 箱，第二层居中摆放 5 箱。

（四）反思小结

1. 在活动实施过程中，哪些步骤不够清晰或操作不够熟练？举例说明。

_____

_____

2. 在进行货物组托前，哪一项不是必须完成的要求？（　　）

　　A．商品外包装完好、清洁、标志清楚

　　B．商品已进行集装单元化，便于机械化作业

　　C．货物已经过质量检查，不合格商品已剔除

　　D．货物必须按颜色分类摆放

学习任务三　入库理货

情境导入

经过验收，货物已经确认合格，现在进入了入库理货阶段。仓库管理员老马和他的

团队需要将货物按照规定的方式分拣、组托，并利用 PDA 等设备进行扫码绑定，完成理货作业。他们必须确保每一批货物都被准确无误地放置在指定的位置上，以便于后续的管理和出库。这个过程要求细心和专注，因为任何疏忽都可能导致货物的错放或丢失。

学习目标

知识目标	1. 了解货物堆码原则以及常见的堆码方式； 2. 能熟练掌握 PDA 等手持终端的使用方法。
能力目标	1. 能对货物进行重叠式、正反交错式、纵横交错式以及旋转交错式堆码； 2. 能通过 PDA 设备在系统中将货物条码与托盘标签信息进行绑定。
素养目标	1. 树立规范作业的意识； 2. 培养制订计划的工作习惯。

问题导入

💬 **引导问题 1**：入库理货的一般流程如图所示，那么常见的堆码方法有哪些呢？

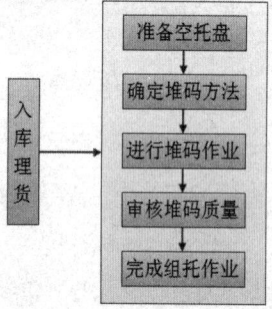

_____

_____

_____

_____

💬 **引导问题 2**：你认为本批货物采取何种堆码方法较为合适？为什么？

_____

_____

💬 **引导问题 3**：使用 PDA 进行理货操作具体需要哪些步骤。

_____

_____

学习任务 3.1　货物堆码

（一）知识链接

1. 货物堆码的原则

（1）面向通道进行保管。为使货物出入库方便，容易在仓库内移动，货物堆码的基本原则就是将货物面向通道。

（2）尽可能向高处码放，提高仓储效率；同时，为了防止破损，保证安全，应尽可能利用货架等设备。

（3）重下轻上原则。当货物重叠堆码时，应将重的货物放在下面，轻的放在上面。

（4）根据出库频率选定位置。出货和进货频率高的货物应放在靠近出入口、易于作业的位置；流动性差的货物放在距离出入口稍远的位置；季节性货物则依其季节特性来选定放置位置。

（5）同一品种在同一地方保管原则。

（6）便于识别原则。将不同颜色、标记、分类、规格、样式的货物分别存放。

（7）便于点数原则。每垛货物按一定的数量存放，如按"五五"堆码法堆垛。"五五"堆码法就是以5为基本计算单位，堆码成各种总数为5的倍数的货垛，以5或5的倍数在固定区域内堆放，使货物"五五成行、五五成方、五五成包、五五成堆、五五成层"，堆放整齐，上下垂直，过目知数。

（8）依据形状安排堆码方法。

2. 货物堆码的要求

货物堆码要结合仓储条件做好准备工作，在分析货物的数量、包装、属性的基础上，遵循合理、牢固、定量、整齐、节约、方便等方面的要求，进行堆码。

（1）合理。搬运活性合理，分垛合理，垛型合理，重量合理，间距合理，顺序合理。

（2）牢固。适当选择垛底面积、堆垛高度和衬垫材料，提高货垛稳定性，保证堆码的牢固、安全，不偏不歪，不倚不靠和货物不受损害。

（3）定量。为便于检查和盘点，能使保管人员过目成数，在货物堆码时，垛、行、层、包等数量力求整数，每垛应有固定数量，通常采用"五五"堆码法。某些过磅称重货物不能成整数时，必须明确地标出重量，分层堆码，或成捆堆码，定量存放。

（4）整齐。货垛应按一定的规格、尺寸叠放，排列整齐、规范。货垛横成行、纵成列，货物包装标志应一律朝外，便于查找。

（5）节约。坚持一次堆垛，减少重复作业；爱护苫垫物，节约备品用料，降低消耗；科学堆码，节省货位，提高仓容利用率。

（6）方便。货物堆码应便于装卸搬运，便于日常维修保养，便于检查点数，便于灭火消防，便于货物保管和安全。

3. 货物堆码的方式

（1）散堆法。散堆法是一种将无包装的散货直接堆成货垛的货物存放方式。它特别适合于露天存放的没有包装的大宗货物，如煤炭、矿石、散粮等。这种堆码方式简便，便于采用现代化的大型机械设备，节约包装成本，提高仓容利用率。

（2）垛堆法。垛堆法是指对包装货物或长、大件货物进行堆垛。堆垛应以增加堆高、提高仓容利用率、有利于保护货物质量为原则。具体方式有：重叠式、压缝式、纵横交错式、通风式、栽柱式、俯仰相间式等。

（3）货架法。货架法即直接使用通用或专用的货架进行货物堆码。这种方法适用于存放不宜堆高，需要特殊保管的小件、高值、包装脆弱或易损的货物，如小百货、小五金、医药品等。

（4）成组堆码法。成组堆码法即采取货板、托盘、网格等成组工具使货物的堆存单元扩大，一般以密集、稳固、多装为原则，同类货物组合单元应高低一致。具体方式有以下四种：

① 重叠式：即各层码放方式相同，上下对应。这种方式的优点是，工作操作速度快，包装货物的四个角和边重叠垂直，承载能力大；缺点是各层之间缺少咬合作用，容易发生塌垛。在货物底面积较大的情况下，采用这种方式具有足够的稳定性，如果再配上相应的紧固方式，则不但能保持稳定，还可以保留装卸操作省力的优点。

图 2-3-1　重叠式堆码

② 正反交错式：同一层中不同列的以 90 度垂直码放，相邻两层的码放形式是另一层旋转 180 度的形式。这种方式类似于建筑上的砌砖方式，不同层间咬合强度较高，相邻层之间不重缝，因而码放后稳定性较高，但操作较为麻烦，且包装体之间不是垂直面相互承受载荷。

③ 纵横交错式：相邻摆放旋转 90 度，一层横向放置，另一层纵向放置。这种堆码方式的每层间有一定的咬合效果，但咬合强度不高。

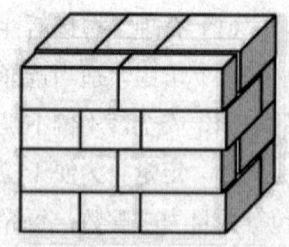

图 2-3-2　正反交错式堆码

④ 旋转交错式：第一层相邻的两个包装体互为 90 度，两层间码放又相差 180 度，这样相邻两层之间互相咬合交叉，活体的稳定性较高，不易塌垛，其缺点是，码放的难

度较大，且中间形成空穴，降低托盘的利用效率。

图 2-3-3 纵横交错式堆码　　　　图 2-3-4 旋转交错式堆码

4. 不合理托盘堆码情况

在对货物进行堆码时，要尽量避免常出现的不合理托盘堆码情况，如图 2-3-5 所示：

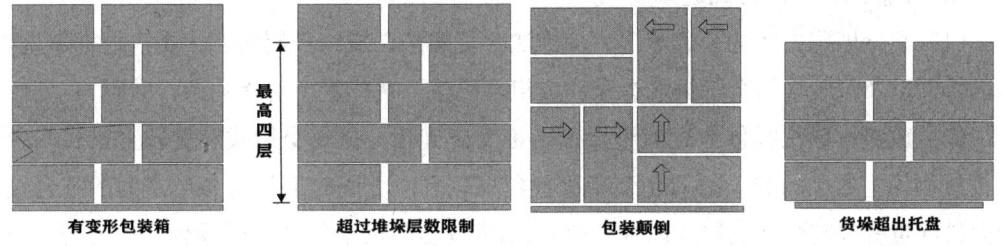

图 2-3-5 不合理托盘堆码

请扫描右侧二维码，观看动画，学习正反交错式堆码。

扫一扫

（二）任务准备

根据教材和资料获取的知识，小组合作完成货物堆码，小组成员需要进行以下的角色分工。

角色	任务
仓库管理员	确定货物堆码方式，监督货物堆码流程。
仓库操作员	设备的检查及维护； 完成货物的搬运及堆码作业。

（三）任务实施

★ 步骤一：准备堆码

操作员从设备暂存区取出手动液压搬运车，将空托盘拉至入库理货区，放在货物旁的合适位置。之后根据统一 190mm×370mm×270mm 包装箱尺寸对本批货物在托盘上进行堆码。

设备材料清单	
1	手动液压搬运车
2	托盘

★ 步骤二：堆码方式选择

（1）常见堆码方式分为散堆法、垛堆法、货架法、成组堆码法四大类，根据本批货物的特性以及包装规格仓管员选择采取成组堆码法，在托盘上对货物进行堆码。

（2）成组堆码法具体方式有重叠式、正反交错式、纵横交错式和旋转交错式四种。本批货物均为瓶装饮料，故对包装稳固性要求较高，堆码时需注重各层之间的咬合性。因此排除重叠式与纵横交错式两种堆码方式，其次因旋转交错式堆码操作起来较为复杂，且托盘空间利用率较低，故仓管员最终采取正反交错式堆码。

★ 步骤三：堆码作业

操作员首先对 30 箱娃哈哈 AD 钙奶进行堆码，拿出一个空托盘后，共堆码两层，每层摆放 15 箱，具体摆放方式如图所示，堆放整齐，且所有包装标志一律整齐朝外。

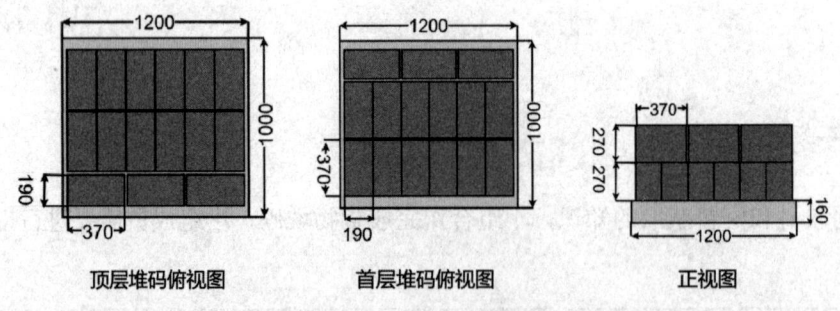

图 2-3-6　30 箱货物堆码方式

接着对 20 箱统一冰红茶进行堆码，拿出一个空托盘后，同样堆码两层，第一层摆放 15 箱，第二层居中摆放 5 箱，具体摆放方式如图所示，同样，堆放整齐，且所有包装标志一律整齐朝外。

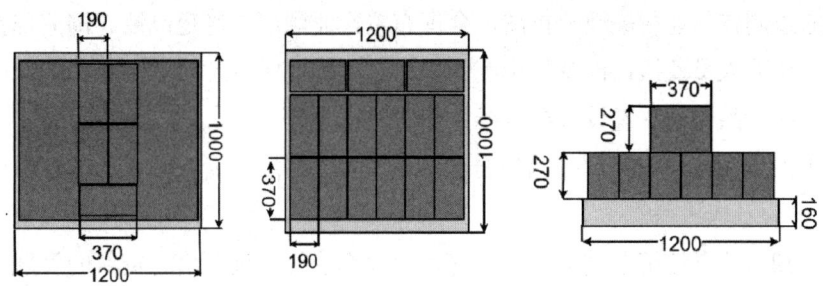

图 2-3-7　20 箱货物堆码方式

之后对 50 箱娃哈哈矿泉水进行堆码，拿出两个空托盘，首先第一个托盘共摆放 30 箱，每层均摆放 15 箱，具体摆放方式同娃哈哈 AD 钙奶摆放方式一样。第二个托盘共摆放 20 箱，第一层摆放 15 箱，第二层摆放 5 箱，具体摆放方式同统一冰红茶摆放方式一样。

最后对 50 箱怡宝矿泉水进行堆码，拿出两个空托盘，每个托盘具体摆放方式同娃哈哈矿泉水摆放方式一样。至此所有的货物堆码工作完成。

（四）反思小结

1. 在活动实施过程中，哪些步骤不够清晰或操作不够熟练？举例说明。

_____

_____

2. 在堆码货物时，遵循（　　）原则，可使货物出入库更容易，方便在仓库内移动。

　　A. 重下轻上　　　　　　　　　B. 尽可能地向高处堆码

　　C. 面向通道进行保管　　　　　 D. 依据形状安排保管方法

学习任务 3.2　PDA 理货作业

（一）知识链接

理货是指仓库在接收入库货物时，根据入仓单、运输单据、仓储合同等信息，对货物进行清点数量、检查外表质量、分类分拣、数量接收的工作。

1. 入库理货作业原则

（1）尽量使进货地点靠近货品存放点，避免货品进库过程的交叉、倒流；

（2）尽量将卸货、分类、标识、验货等作业环节集中在一个场所完成；

（3）通过制作作业相关性分析图，合理布置作业顺序，避免倒装、倒流现象；

（4）对作业人员及搬运设备的调度安排与进货作业的日常活动分布相配合；

（5）入库货品流动尽量设计成直线；

（6）小件货品或可以使用托盘集合包装的货品，尽量固定在可流通的容器中进行搬运或存储；

（7）详细、认真地记录进货信息，以备后续作业的查询及信息资料的管理。

2．理货的内容

（1）清点货物件数。对于件装货物，包括有包装的货物、裸装货物、捆扎货物，根据合同约定的记数方法，点算完整货物的件数。如果合同没有约定，则仅点算运输包装件数（又称大数点收）。对入库开箱的集装箱，则要在理货时开箱点数。

（2）查验货物单重、尺寸。货物单重是指每一运输包装的货物重量。单重确定了包装内货物的含量，分为净重和毛重。需要拆除包装的货物应核定净重。货物单重一般通过过秤的方法核定。对以长度或者面积、体积交易的货物，入库时要对货物的尺寸进行丈量，以确定入库货物的数量。同时，货物丈量也是区分大多数货物规格的方法，如管材、木材的直径，钢材的厚度等。

（3）查验货物重量。查验货物重量是指对入库货物的整体重量进行查验。根据约定或具体情况确定是衡量毛重还是净重。对设有连续法定计量工具的仓库，可以直接用该设备进行自动衡重，连续计量设备主要有轨道衡、胶带衡、定量灌包器、流量计等。此外，对一些液体货物，还可以通过测量液体的体积和密度来计算其重量。

（4）检验货物表面状态。理货时，应对每一件货物进行外表感官检验，查验货物外表状态，接收外表状态良好的货物。外表检验是仓库的基本质量检验要求，确定货物有无包装破损、内容外泄、变质、油污、散落、标志不当、结块、变形等不良质量状况。

（5）剔除残损。在理货时发现货物外表状况不良，或者怀疑内容损坏，应将不良货物剔除，单独存放，避免与其他正常货物混淆。待理货工作结束后进行质量鉴定，确定内容有无受损及受损程度。对不良货物可以采取退货、修理、重新包装等措施，或者制作残损单证，以便划分责任。

（6）货物分拣。仓库原则上采取分货种、分规格、分批次的方式储存货物，以保证仓储质量。对于同时入库的多品种、多规格货物，仓库有义务进行分拣、分类、分储。理货工作就是要进行货物确认和分拣作业。对于客户委托的特殊分拣作业，如对外表的分颜色、分尺码等，也应在理货时进行，以便分存。

（7）处理现场事故。对于在理货中发现的货物残损，不能退回的，仓库只能接收，但要制作残损记录，并由送货人、承运人签字确认。对作业中发生的工损事故，也应制作事故报告，由事故责任人签字。

3. 入库理货异常情况处理

在理货过程中，如果发现货物数量不符、包装破损、条码无法识别等异常情况，管理员需要及时与相关部门沟通，并采取相应的处理措施。例如，对于数量不符的货物，需要核实订单信息并重新盘点；对于条码无法识别的货物，需要重新打印条码并绑定到相应的托盘上。

 思政小案例

全球首套机器视觉批量入库系统——"秒收"

京东物流凭借其创新的技术实力，在智能仓储领域再次迈出坚实步伐，自主研发并上线了全球首套机器视觉批量入库系统——"秒收"。该系统不仅解决了传统人工扫描条码效率低、易出错的问题，更在提升物流作业效率上实现了质的飞跃，作业效率提升了10倍以上。

"秒收"系统操作非常简单高效，一位员工即可在十秒钟内完成近2000件商品的信息采集，通过摄像头对排列整齐的商品条码墙进行旋转式扫描，操作方式如同用微信扫描二维码，四面条码墙依次扫描完成后即可实现整托盘商品的入库。这种高效、精准的入库方式，不仅大幅减降低了员工的劳动强度，还提高了整体物流作业的效率，有效缓解了物流作业中的"瓶口效应"。

"秒收"系统的核心价值：

"体验为本，效率制胜"的核心战略："秒收"系统的成功应用，是京东物流在智能技术领域持续创新的又一成果，彰显了京东物流以"体验为本，效率制胜"的核心战略目标的坚定决心。

"创新驱动发展"的时代精神："秒收"系统不仅展示了科技赋能物流的强大力量，更体现了创新驱动发展的时代精神。作为新时代的青年，我们应当积极学习和借鉴京东物流的创新精神，勇于探索未知领域，敢于挑战传统模式，为推动社会进步和经济发展贡献自己的力量。

（二）任务准备

根据教材和资料获取的知识，小组合作完成理货作业，小组成员需要进行以下的角色分工。

角色	任务
仓库管理员	调配人员及设备；在系统中完成理货作业。

（三）任务实施

（1）在对所有托盘上的货物已经完成组托作业后，仓管员对货物再次进行了数量清点、质量检查，完成了货物分拣。之后操作手持终端登录进入手持操作系统，选择【仓储作业】，如图2-3-8所示：

（2）点击【入库作业】按钮进入入库作业界面，完成系统中理货作业的信息处理，如图2-3-9所示：

图2-3-8　进入仓储业务手持系统

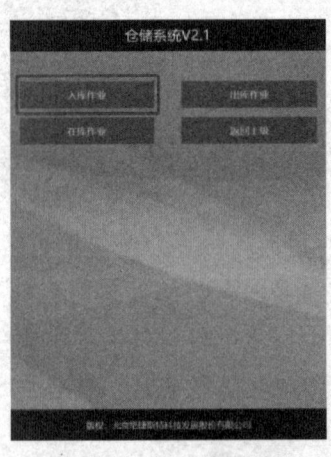
图2-3-9　入库作业

（3）仓管员点击【入库理货】按钮，进入理货界面，如图2-3-10所示：

（4）勾选待理货的作业单号，点击【理货】，如图2-3-11所示：

（5）仓管员利用手持终端依次扫描每件货品条码及托盘标签，进行绑定货品及托盘信息的操作（货品条码和托盘标签在输入后需分别按回车键）。接着输入"货品数量"（每次输入的托盘数量不能超出单位托盘货品量，本任务限量为30箱），最后点击【确认】按钮，如图2-3-12所示：

（6）当手持操作界面"已理货"处显示信息且"待理货"处没有信息时，即表示货品与托盘信息绑定完成，入库理货操作完毕，如图2-3-13所示：

图 2-3-10　入库理货界面

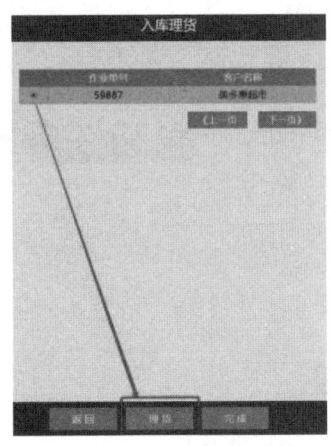

图 2-3-11　入库理货作业

图 2-3-12　理货

图 2-3-13　理货完成

（四）反思小结

1. 在活动实施过程中，哪些步骤不够清晰或操作不够熟练？举例说明。

_____

_____

2. 针对超出单位托盘货品量的货品是如何进行理货的呢？

_____

_____

学习任务四　入库上架

情境导入

理货顺利完成，老马团队现在需要根据货物的编码和分类信息，仓库的实际情况以及货架布局，将这些货物从理货区搬运至指定的存储位置。这一任务的完成，不仅能够提高仓库的存储效率和货物周转率，更会为后续的出库作业和库存控制提供有力的保障。

学习目标

知识目标	1. 能查阅相关资料，了解常见的储位分配方式以及分配策略； 2. 能掌握商品 ABC 分类法。
能力目标	1. 能够对货品进行 ABC 分类，从而合理进行储位分配； 2. 能根据货品储位规划表在系统中完成货物储位信息的录入。
素养目标	1. 树立规范作业的意识，养成科学严谨的数学思维习惯； 2. 提高对信息化技术以及电子设备的应用能力。

问题导入

引导问题 1：进行入库货物储位分配时你认为该遵循哪些原则呢？至少写三个。

_____

_____

引导问题 2：在使用 PDA 进行货物上架时，完成上架确认的最后一步是（　　）

A. 扫描货物标签

B．输入托盘标签信息

C．点击【入库作业—上架】界面的【确认】按钮

D．点击【入库理货】界面的【完成】按钮

学习任务 4.1　储位分配

（一）知识链接

储位分配是指在存储空间、存储设备、存储策略、储位编码等一系列前期工作准备就绪之后，用什么方法把货品分配到最佳的货位上。储位分配包含两种：一是为了出入库的物品分配最佳储位（因为可能同时存在多个空闲货位），即入库货位分配；二是要选择待出库物品的储位（同种物品可能同时存放在多个货位）。

1. 储位分配的原则

存储策略必须与货位分配原则有机结合起来才能决定物资存储作业模式。为了科学合理地进行物资的存储作业，在进行物资货位分配时需要遵循以下原则：

（1）货架受力情况良好。较重物品存于货架底层，较轻物品存放在高处的货位，使货架受力稳定。分散存放，物品分散存放在仓库的不同位置，避免因集中存放造成货架受力不均匀。

（2）加快周转，先进先出。同种物品出库时，应先进先出。以加快物品周转，避免因物品长期积压产生锈蚀、变形、变质及其他损坏造成的损失。按照商品在仓库的周转率来安排储位。商品按照周转率进行排序，然后将其分为若干段，同时储位也根据周转效率分为若干段，将不同区间段周转率的商品指派到固定周转效率段的储位，该法则一般与定位存储策略、分类（随机）存储策略配合使用。

（3）提高可靠性，分巷道存放。仓库有多个巷道时，同种物品分散在不同的巷道进行存放，以防止因巷道堵塞影响某种物品的出库，造成生产中断。

（4）提高效率，就近出入库。为快速响应出库请求，一般将物品就近放置在出库台附近，即将入库的商品指派到离出库口最近的空储位上。该储位指派法则一般与随机存储策略、共同存储策略配合使用。

（5）相关性法则。将商品相关性高的商品尽量存放在相邻位置，商品的相关性是指被同时订购的频次高低。该策略一般与分类（随机）存储策略配合使用，并且该方法一般适用于商品的拣选作业区。

（6）同一性法则。它是指把同一种商品存储在同一个保管位置的法则。这种方法有

利于商品的管理和盘点，适用于商品种类少的仓库。

（7）互补性法则。将具有互补性的商品放于邻近的位置，以便缺货情况下另一种商品能够快速替代。

（8）尺寸特性法则。在仓库布置时需要考虑商品尺寸和形态，根据商品的存储数量和尺寸对商品安排合理的储位，可以有效地减少搬运时间。

2．储位分配的要素

储位分配时要考虑的基本要素包括供应商、商品特性、进货规定、数量、品种、储位空间，以及存储、搬运设备等。

（1）商品的供应渠道，是本公司生产还是外购，有无行业特性及影响等。

（2）商品的体积、重量、单位、包装、周转快慢、季节性分布、自然属性、温湿度要求及气味的影响等。

（3）进货规定中的采购提前期、采购作业特殊要求等。

3．储位分配的方式

（1）人工分配。以人工分配货位，所凭借的是管理者的知识和经验，其效率会因人而异。要求仓管人员必须熟记储位分配原则，并能灵活应用；仓管人员必须按分配单证将商品放在指定储位上，并做好详细记录；实施动态管理，因补货或拣货作业时，仓管人员必须做好登记消除工作，保证账物相符。人工分配货位需要其他设备，费用较少，但人工分配效率较低，出错率高，且需要大量人力。

（2）计算机辅助分配。这种货位分配方式是利用图形监控系统，收集货位信息并显示货位的使用情况，提供给货位分配者实时查询，为货位分配提供参考，最终还是由人工下达货位分配指示。

（3）计算机自动分配。利用图形监控储位管理系统和各种现代化信息技术（条码扫描器、无线通信设备、网络技术、计算机系统等），收集货位有关信息，通过计算机分析后直接完成货位分配工作，整个作业过程不需要人工分配作业。

4．储位分配的策略——ABC分类法

（1）ABC分类法概述：

商品ABC分类管理目前是订单管理中最常用的一种分类方法，根据GB/T18354—2021《物流术语》，ABC分类法的定义为：将库存物品按照设定的分类标准和要求分为特别重要的库存（A类）、一般重要的库存（B类）和不重要的库存（C类）三个等级，然后针对不同等级分别进行控制的管理方法。这样的分类管理法可以发挥的作用有：压缩库存总量，释放占压资金，库存合理化与节约管理投入等。

在物流领域中，订单商品 ABC 分类更多是基于出入库数量(或频次)的排序与分类进行的，占据出入库数量最高的物料应当得到更多的关注，占据出入库数量少的物料可以得到较少的关注。出入库量的大小表明商品的流通速度，出入库量高的 A 类商品，流通速度最快；B 类商品次之；C 类商品最慢。

（2）ABC 分类法步骤：

简单来说，ABC 分类法的步骤可分为五步，具体如下：

步骤一：统计或推算各种库存物资需求量（或上一年度的实际出库量）。

步骤二：对收集的数据进行加工计算。

平均库存量 (箱)=[（周转天数出库总量（箱）]÷全年实际工作天数

平均库容量 = 平均库存量 ×2

所需储位数量 = 托盘数量 = 平均库容量 ÷ 单位托盘货品量

库存周转率 = 全年实际工作天数 ÷ 库存周转天数

步骤三：根据结果对库存物资进行排序，编制 ABC 分类表。根据 ABC 分类标准，若 x= 库存周转率累计百分比，当 x≤30% 时为 A 类，当 30%<x<60% 时为 B 类，当 60%<x≤100% 时为 C 类，可得出 ABC 分类表。ABC 分类表格式如表所示：

表 2-4-1　ABC 分类表

序　号	品　名	库存周转率	所占比率（%）	累计比率（%）	分　类
总计					

步骤四：结合货品 ABC 分类及储位规划要求，参考货架布局图为货品规划储位，编制储位规划表，如表所示。

表 2-4-2　储位规划表

品　名	托盘货品量	ABC 分类	所需储位数量	起始储位	结束储位

（3）ABC 分类法管理策略：

货品类型	管理方法
A	重点管理。应严格控制其库存储备量，订货数量、订货时间。在保证需求的前提下，尽可能减少库存，节约流动资金。现场管理更加严格，应放在更安全的地方，为了保持库存记录的准备，要经常进行检查和盘点；预测时间更加精细。
B	次重点管理。现场管理不必投入比 A 类更多的精力；库存检查和盘点周期可以比 A 类长一些。
C	一般管理。现场管理可以更粗放一些；但由于品种多，差错出现的可能性比较大，因此，也必须定期进行库存检查和盘点，周期可以比 B 类长一些。

请扫描右侧二维码，观看文档，学习商品 ABC 分类步骤

扫一扫

（二）任务准备

根据教材和资料获取的知识，小组合作完成储位分配任务，小组成员需要进行以下的角色分工。

角色	任务
仓库管理员	指定储位分配计划，系统中录入货品储位信息。

（三）任务实施

★ 步骤一：统计货品上一年度的实际出库量等信息

表 2-4-3　上一年度实际出库量

货品条码	货品名称	年出库总量（箱）	全年实际工作天数	库存周转天数
6921734969638	娃哈哈矿泉水	576	360	25
6925303751395	统一冰红茶	840	360	21
6901285991219	怡宝矿泉水	324	360	30
6902083890681	娃哈哈 AD 钙奶	936	360	20

★ **步骤二：对收集的数据进行加工计算**

（1）由平均库存量（箱）= 周转天数 × 年出库总量（箱）÷ 全年实际工作天数，可得：

娃哈哈矿泉水平均库存量 =25×576÷360=40 箱

统一冰红茶平均库存量 =21×84÷360=49 箱

怡宝矿泉水平均库存量 =30×324÷360=27 箱

娃哈哈 AD 钙奶平均库存量 =20×936÷360=52 箱

（2）由平均库容量 = 平均库存量 ×2 可得：

娃哈哈矿泉水平均库容量 =40×2=80 箱

统一冰红茶平均库容量 =49×2=98 箱

怡宝矿泉水平均库容量 =27×2=54 箱

娃哈哈 AD 钙奶平均库容量 =52×2=104 箱

（3）由所需储位数量 = 托盘数量可得：

娃哈哈矿泉水所需储位数量 =2 个

统一冰红茶所需储位数量 =1 个

怡宝矿泉水所需储位数量 =2 个

娃哈哈 AD 钙奶所需储位数量 =1 个

（4）已知库存周转率 = 全年实际工作天数÷库存周转天数可得：

娃哈哈矿泉水库存周转率 =360÷25=14.4

统一冰红茶库存周转率 =360÷21≈17.1

怡宝矿泉水库存周转率 =360÷30=12

娃哈哈 AD 钙奶库存周转率 =360÷20=18

★ **步骤三：编制 ABC 分类表**

根据 ABC 分类标准，若 x= 库存周转率累计百分比，当 $x \leqslant 30\%$ 时为 A 类，当 $30\% < x \leqslant 60\%$ 时为 B 类，当 $60\% < x \leqslant 100\%$ 时为 C 类，可得出物动量 ABC 分类表。ABC 分类表结果如表所示：

表 2-4-4　货品 ABC 分类结果

序 号	品 名	库存周转率	所占比率（%）	累计比率（%）	分 类
1	娃哈哈 AD 钙奶	18	29.3	29.3	A
2	统一冰红茶	17.1	27.8	57.1	B
3	娃哈哈矿泉水	14.4	23.4	80.5	C
4	怡宝矿泉水	12	19.5	100	C
	总计	61.5	100		

★ 步骤四：编制储位规划表

表 2-4-5　货品储位规划表

品　名	托盘货品量	ABC 分类	所需储位数量	起始储位	结束储位
娃哈哈 AD 钙奶	30	A	1	E00001	E00001
统一冰红茶	30	B	1	C00000	C00000
娃哈哈矿泉水	30	C	2	D00000	D00001
怡宝矿泉水	30	C	2	D00002	D00003

★ 步骤五：信息录入系统

仓管员老马在系统主页面点击【规则配置管理】，选择【储位规划】，如图 2-4-1 所示：

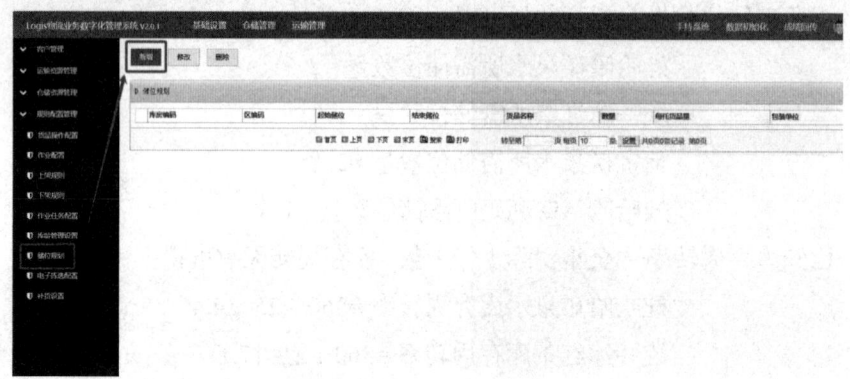

图 2-4-1　储位规划界面

点击"新增"后，将库房"华源集团物流中心"、区编码"托盘货架区"、起始储位"E00001"、结束储位"E00001"、货品编码"娃哈哈 AD 钙奶"、包装单位"箱"、托盘货品量"30"等信息录入系统，其中，星号为必填选项。信息确认无误后，点击【提交】按钮，如图 2-4-2 所示。

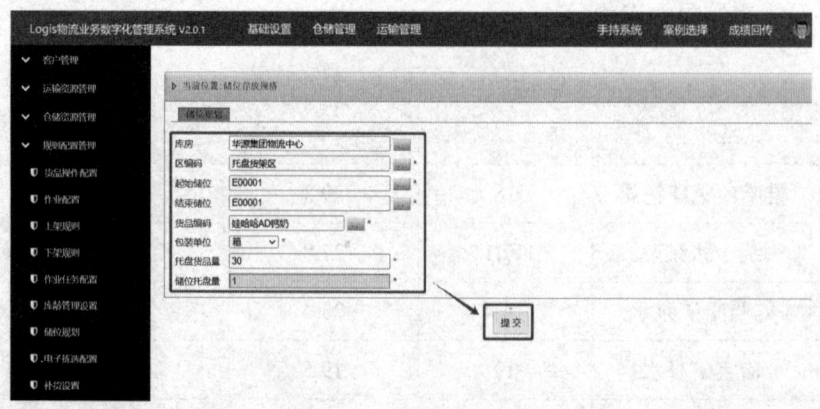

图 2-4-2　新增储位规划

继续新增录入货品的储位规划信息,完成所有货品储位的设置,如图 2-4-3 所示。

图 2-4-3 储位规划结果

(四)反思小结

1. 在活动实施过程中,哪些步骤不够清晰或操作不够熟练?举例说明。

_____

_____

2. 本任务中哪种货品应重点管理?如何为其设置储位?

_____

_____

_____

学习任务 4.2　PDA 货物上架

(一)知识链接

1. 入库上架

入库上架是指在入库时,收货人完成入库验收和理货任务后,上架操作员将货物存放到货架上。在仓库中会根据企业和储存货品的属性划分成不同的储存区域,比如托盘货架区、平堆区等，无论是将储存货物放置于托盘货架上还是平推区中相应的储位上，这个放置货品的过程都称之为入库上架。因此这一过程包括货物搬运和货物上架两个主要环节。

（1）货物搬运：

① 搬运设备的选择：根据货物的特性（如重量、体积、包装形式）选择合适的搬运设备。例如，对于重载货物，通常会选择电动叉车；而对于轻型货物或短距离搬运，则可能选择手推车等设备。

② 搬运路线规划：规划从入库区域到存储位置的最短、最有效路径，以减少搬运时间和成本。

③ 搬运注意事项：确保搬运过程中货物的安全，防止损坏或遗失；遵守操作规程，确保搬运人员的安全。

（2）货物上架：

① 上架原则：遵循"先进先出"（FIFO）原则，确保货物按生产日期顺序存放，避免过期。

货位分配：根据货物特性（如保质期、存储温度要求）和仓库布局，合理分配货位。

② 上架操作：使用叉车或其他搬运设备将货物放置到指定货位。确保货物堆放稳定，不会倒塌。整个上架流程均需用到手持终端，用于扫描货物标签、确认搬运信息、完成上架确认等操作。

2. 入库上架存放原则

面向通道图	方便货品库内流动，存取。
分层堆放	提高仓库利用率，尽量使用层架。
先进先出	为了防止货品长期存放变质、损毁、老化。
周转率对应	进出货频率高的应放于靠近仓库进出口。
同一性	相同类型的货品存放在相同或相邻位置。
相似性	相似类型的货品存放在相邻位置。
重量对应	下重上轻。
形状对应	标准化与非标准化分开。
明确表示	分区、货架、货位标示清楚，提高作业效率。
合理的搬运属性	减少作业时间和次数，提高仓库周转速度。
五五堆放	方便清点。

海尔智家：智慧物流引领下的高效入库上架新实践

海尔智家作为家电行业的领军企业，一直致力于通过技术创新提升仓库运营效率和管理水平。面对日益增长的物流需求和市场竞争，海尔智家引入了先进的智能仓库管理系统，实现了货物入库上架流程的自动化与智能化。

系统会根据货物的属性（如尺寸、重量、类别等）以及仓库的实时库存情况，运用先进的算法为每件货物规划出最优的储位。且随着仓库内货物的不断流动和变化，系统会持续监控库存情况，并根据需要进行储位的动态调整。之后仓库工作人员可以按照系统提供的货物搬运路径和上架位置进行操作。通过RFID技术或传感器等设备，系统可以实时检测货物的位置和状态，确保货物已经正确上架并处于可管理状态，当货物被放置在指定位置后，系统会自动进行确认，并立即更新库存信息。这一步骤确保了库存数据的实时性和准确性，为后续的出库等环节提供了有力的支持。

海尔智家入库上架智能化的核心价值：

正是海尔智家在面对市场变化时的敏锐洞察力和快速响应能力，以及以科技创新为驱动、以客户需求为导向的发展理念，为其在激烈的市场竞争中赢得了优势地位。

（二）任务准备

根据教材和资料获取的知识，小组合作完成货物上架任务，小组成员需要进行以下的角色分工。

角色	任务
仓库管理员	协调并监督入库上架工作。
仓库信息员	录入货物信息和储位信息，更新库存数据； 协助仓管员核对信息。
仓库操作员	设备的检查及维护； 货物的搬运及上架作业。

（三）任务实施

★ 步骤一：货物搬运

操作员从设备暂存区取出手动液压搬运车开始搬运操作。接着仓管员操作手持终端登录系统后在主页面点击【入库作业】，再点击【入库搬运】按钮，开始扫描货物标签，如图2-4-4所示：

依次采集各货物编码后（若是输入编码，需点击回车），手持终端会自动提示需搬运的货物名称等信息，同时获得下一步作业指令"到达地点：托盘交接区"后，点击【确认】按钮，确认待搬运货物信息，如图2-4-5所示：

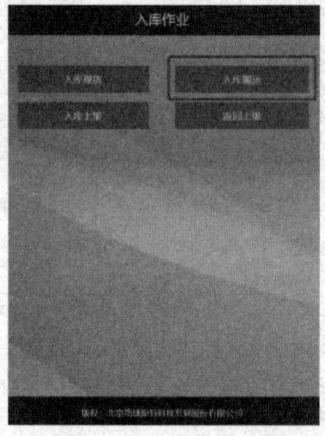 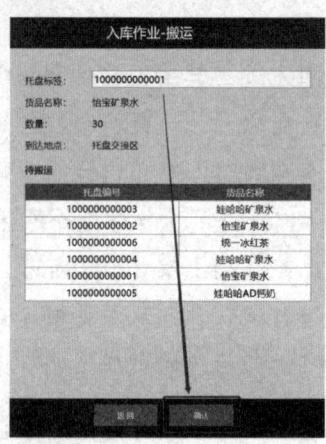

图2-4-4　入库搬运　　　　图2-4-5　搬运确认

在手持【入库作业－搬运】操作界面下面没有显示待搬运信息，即代表完成货物搬运操作，如图2-4-6所示：

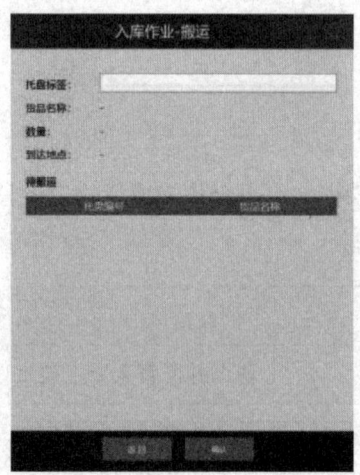

图2-4-6　搬运完成

仓管员根据手持终端提示的搬运信息，使用手动液压搬运车等设备将货物搬运至托盘货架区货物交接区。在完成所有入库搬运作业后，将手动液压搬运车等放回设备暂存区。

★ 步骤二：货物上架

仓管员将货物搬运至货物交接区后，穿戴好安全装备，从设备暂存区取出手动液压堆高车，之后插取在托盘货架设备交接区的托盘货物准备上架。

手动液压堆高车插取货物之后，仓管员继续操作手持终端，手持终端上点击【入库作业】模块里的【入库上架】按钮，扫描托盘标签采集信息，如图 2-4-7 所示：

每次信息采集成功后手持终端系统会自动提示货品及目标储位等提示信息，之后点击确认，如图 2-4-8 所示：

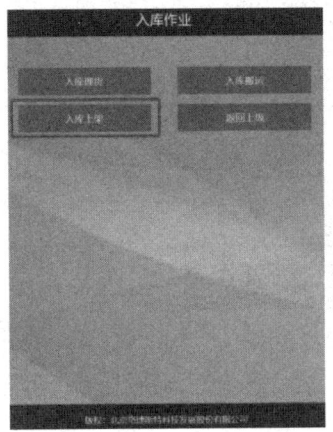 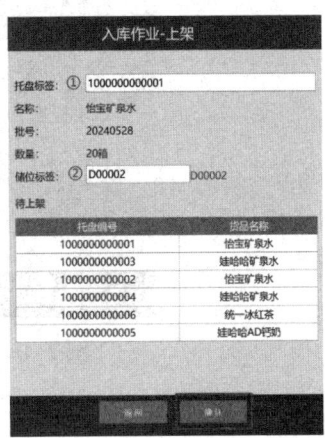

图 2-4-7　入库上架　　　　　图 2-4-8　确认托盘

在【待上架】界面下面没有显示托盘及货品信息，即代表完成货物上架操作，如图 2-4-9 所示。

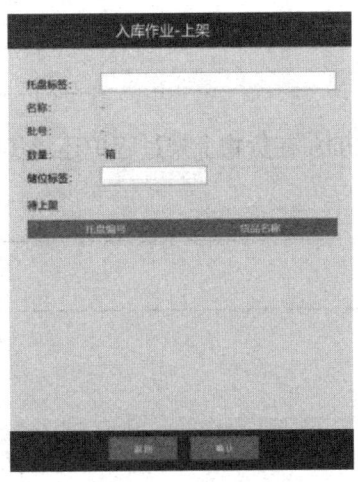

图 2-4-9　上架完成

之后仓库操作员使用手动液压堆高车依次将怡宝矿泉水、娃哈哈矿泉水、娃哈哈AD钙奶和统一冰红茶上架到指定储位上，完成上架。最后将手动液压堆高车等设备放回设备暂存区。

★ 步骤三：上架确认

入库上架完成后，点击【入库理货】进入理货界面，选中需要处理的信息并点击【完成】按钮，完成入库作业的手持端操作，如图 2-4-10 所示：

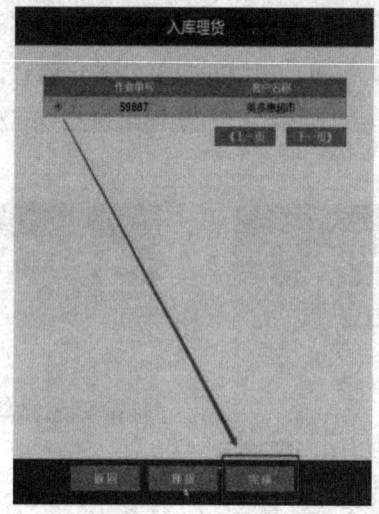

图 2-4-10　理货完成

（四）反思小结

1. 在活动实施过程中，哪些步骤不够清晰或操作不够熟练？举例说明。

_____

_____

2. 除了扫描货物标签，PDA 在货物上架过程中还承担哪些重要任务？

_____

_____

技能训练

2024年4月25日，华源集团的仓库管理员老马收到一票入库通知单，预计货物会于次日下午3点左右到达仓库，由于货物是冷链货物，对温度有严格要求，所以到达后务必要当天完成卸货作业。老马需要安排好人员及设备，顺利完成本批货物的入库作业。货物信息如下：

入库通知单								
客户指令号：		RK20240425	客户名称：		盒马鲜生	紧急程度：		紧急
库房：		广西华源集团物流中心	入库类型：		正常入库	是否取货：		否
预计入库时间：		2024年4月26日
货品编码	货品名称	储运温度	包装规格(mm)	单位	数量	生产批次		备注
6921734969637	蛋挞皮	冷冻	190×370×270	箱	20	20240430		限高两层
6925303751392	可爱多	冷冻	190×370×270	箱	30	20240430		限高两层
6901285991218	巧乐兹	冷冻	190×370×270	箱	30	20240515		限高两层
6902083890682	原味酸奶	冷藏	190×370×270	箱	50	20240510		限高两层
6925222121556	芒果椰椰	冷冻	190×370×270	箱	15	20240214		限高两层

2023年出库数据如下

货品条码	货品名称	年出库总量（箱）	全年实际工作天数	库存周转天数
6921734969637	蛋挞皮	950	360	25
6925303751392	可爱多	796	360	18
6901285991218	巧乐兹	968	360	40
6902083890682	原味酸奶	1054	360	16
6925222121556	芒果椰椰	865	360	17

仓库内的货架及货盘规格信息如下：

名称	规格
货架	货位限重500kg：1000mm×1100mm×1110mm
托盘	重15kg：1200mm×1000mm×160mm
作业净空要求	大于等于160mm

考核评价

一、理论模拟练习

(一) 单选题

1. 货物入库作业流程的第一道作业环节是（ ）。
   A. 入库前准备　　　　　　　　　　B. 内部交接
   C. 验收　　　　　　　　　　　　　D. 保管保养

2. 下列选项中，不属于搬运设备选择原则的是（ ）。
   A. 设备选择应配合单位容器及整体搬运系统　　B. 应选择成本最低的设备
   C. 应考虑设备的安全防护性能　　　　　　　　D. 尽量选择节省空间的设备

3. 对以体积为计量单位的货物，采用先检尺，后求体积的验收方法是指（ ）。
   A. 检斤法　　　　　　　　　　　　B. 检尺求积法
   C. 点件法　　　　　　　　　　　　D. 集中堆码点数法

4. 对散装货物进行装卸时，一般从装点直到卸点，中间不再落地，集装卸与搬运于一体的装卸方式指的是（ ）。
   A. 叉上叉下　　　　　　　　　　　B. 散装散卸
   C. 吊上吊下　　　　　　　　　　　D. 移上移下

5. 相邻两层之间咬合交叉，托盘货体稳定性较高，不易塌垛的是（ ）。
   A. 重叠式　　　　　　　　　　　　B. 旋转交错式
   C. 纵横交错式　　　　　　　　　　D. 正反交错式

(二) 多选题

1. 入库通知单审核要点包括（ ）。
   A. 货品属性　　　　　　　　　　　B. 到货日期
   C. 包装　　　　　　　　　　　　　D. 存储时间　　　　E. 数量

2. 装卸搬运设备包括（　　）。

　　A．平板手推车　　　　　　　　B．手动液压搬运车

　　C．电动托盘搬运车　　　　　　D．手动液压堆高车

　　E．电动堆高车

3. 平板手推车的特点是（　　）。

　　A．无举升能力

　　B．仅限垂直搬运

　　C．轻便灵活，转向方便，易于操作

　　D．适用于轻量货物的搬运，载重一般不超过 500kg

　　E．适用于货物的短程搬运

4. 在商品入库操作中，商品接运的方式有（　　）。

　　A．车站、码头接货　　　　　　B．产地接货

　　C．仓库内接货　　　　　　　　D．专用线接货

　　E．仓库自行接货

5. 有关仓库中货物堆码的原则，主要有便于识别原则、便于点数原则、重下轻上原则和（　　）。

　　A．面向通道进行保管原则　　　B．根据出库频率选定位置原则

　　C．同一货物在同一地方保管原则　　D．尽可能地向高处堆码原则

　　E．依据形状安排保管方法原则

（三）判断题

1. 一般入库通知单是货主或货主委托方为入库任务下达单位，根据仓储协议，在一批货物由司机送达仓库前下达给仓库，仅仅起到预报入库信息的作用。（　　）

2. 手动液压堆高车主要用于上下货物，适用于长距离的水平搬运作业。（　　）

3. 托盘作为物流运作过程中重要的装卸、储存和运输设备，与叉车配套使用在现代物流中发挥着巨大的作用。（　　）

4. 在货物验收过程中，如果发现商品数量短少超过规定误差范围，应由仓库自行承担损失。（　　）

5. 所有商品在入库前都必须进行理化检验。（　　）

二、操作技能评价

操作技能评价表

小组：_____

序 号	操作技能评分点	分 值	得 分	备 注
1	能够正确分析入库通知单	10		
2	能够制定合理的入库作业计划	10		
3	能够全面完成货物检验内容	10		
4	能够准确、快速地操作系统	10		
5	能够为不同作业选择合适的操作工具。	10		
6	能够准确进行货物组托作业。	10		
7	能够熟练应用 PDA 工具	10		
8	能够检查及保养仓储设备	10		
9	能够正确处理异常情况	10		
10	能够严格按照规范操作	10		
	合计	100		

根据考核评价表，你认为哪个小组应该被评为明星组？

本次任务你对自己的表现满意吗？

☐满意　　　☐一般　　　☐不满意

03

智慧仓储在库作业

岗位描述

岗位工作职责

1．进行盘点作业处理；
2．进行移库作业处理；
3．进行补货作业处理。

主要涉及岗位

1．仓库管理员；
2．仓库信息员；
3．仓库操作员。

学习任务描述

广西华源集团物流中心（以下简称：华源集团）是一家集仓储、配送于一体的专业物流公司。2024年5月30日，华源集团的仓库管理员老马月末需要对库存物品进行在库作业，以便提高物流效率。老马需要安排好人员及设备，顺利完成已有货物的在库作业，具体包括盘点作业、移库作业和补货作业。托盘货架区的储位分配情况如下：

饮料区			
A00200	A00201	A00202	A00203
百事可乐 20220901（8箱）		农夫山泉 20220928（5箱）	冰露矿泉水 20220907（5箱）
A00100	A00101	A00102	A00103

续表

饮料区			
可口可乐 20220901（5箱）	娃哈哈营养快线 20220901（15箱）		
A00000	A00001	A00002	A00003
日用品区			
B00200	B00201	B00202	B00203
清风卷纸（原木纯品） 20220630（12箱）	白猫柠檬红茶洗洁精 20220606（15箱）		
B00100	B00101	B00102	B00103
	清风卷纸（新韧纯品） 20220720（10箱）		
B00000	B00001	B00002	B00003

货物 ABC 分类表

商品条码	商品名称	分类
6928804011173	可口可乐	A
6902083886455	娃哈哈营养快线	
6901894121670	白猫柠檬红茶洗洁精	B
6922266437359	清风卷纸（新韧纯品）	
6928804013740	冰露矿泉水	
6924882496116	百事可乐	C
6921168509256	农夫山泉	
6922266452154	清风卷纸（原木纯品）	

知识获取

学习任务一　货物盘点

情境导入

2024年5月30日，临近月末，华源集团迎来了库存盘点高峰期。作为仓库管理团队的核心成员，老马深知盘点作业的重要性，它不仅是评估库存准确性、优化库存管理策略的关键步骤，更是直接关乎到整个物流体系效率与客户满意度的重要环节。面对堆积如山的货物、琳琅满目的商品种类以及紧张的时间限制，老马不仅要确保所有库存物品都被准确无误地盘点一遍，还要尽量减少对日常出入库作业的影响，保持仓库运营的连续性。这需要展现出他作为资深仓库管理员的卓越组织与协调能力。

学习目标

知识目标	1. 了解盘点作业的准备工作； 2. 熟悉盘点作业中常用的设备； 3. 掌握盘点作业的内容和流程。
能力目标	1. 能够独立完成盘点作业； 2. 能够填写盘点单和处理盘点异常情况。
素养目标	1. 培养团队协作意识和沟通协调能力； 2. 树立规范操作、认真负责的工作态度。

问题导入

💬 **引导问题 1**：查阅资料，谈谈货物盘点包括哪些内容以及它在智慧仓储中的意义是什么？

_____

_____

💬 **引导问题 2**：请结合生活实际，思考仓储作业中的盘点异常通常包括哪几种异常情况？请举例说明。

_____

_____

学习任务 1.1　盘点任务下达与 PDA 盘点

（一）知识链接

在智慧仓储作业过程中，货物不断地入库和出库，在作业过程中产生的误差经过一段时间的积累会使库存资料反映的数据与实际数量不相符。有些货物因长期存放，品质下降不能满足客户需要。为了对库存货物的数量进行有效控制，并查清货物在库房中的质量状况，必须定期对各储存场所进行清点作业，这一过程称为盘点作业。货物盘点是保证货物账、证、实相符的重要措施，能确保货物在库数量的真实性和完整性。

1. 盘点的内容

盘点是指对储存物品进行清点和账物核对的活动，具体包括以下内容：

（1）查数量：通过点数计算查明货物在库的实际数量，核对库存账面资料与实际库存数量是否一致。

（2）查质量：检查在库货物质量有无变化，有无超过有效期和保质期，有无长期积压等现象，必要时还必须对货物进行技术检查。

（3）查保管条件：检查保管条件是否与各种货物的保管要求相符合，如堆码是否合理稳固，库内温度是否符合要求，各类计量器具是否准确等。

（4）查安全：检查各种安全措施和消防设备、器材是否符合安全要求，建筑物和设备是否处于安全状态。

2. 盘点的种类

（1）按盘点的时间跨度，可以分为定期盘点和不定期盘点：

定期盘点是指在固定的时间点进行盘点，这是最常见的盘点方式。定期盘点有每日盘点、月度盘点、季度盘点和年度盘点等，具体的时间跨度可以根据企业的实际情况确定。当然，日盘点与月度、季度、年度盘点并不排斥，并且是可以相互叠加的。

不定期盘点，又称临期盘点，是企业根据自身实际情况而不定时或者临时安排的盘点。进行临时盘点的原因一般有两种，一是核查，二是交接。核查就是因内部管理需要，或外部合作需要，对仓库进行盘点检查，确认库存和仓库管理水平。交接盘点是最常见的仓库不定期盘点，交接一般有仓库管理人员变动交接，仓库库存归属权变动交接等。

（2）按盘点的内容可以分为全面盘点和重点盘点：

全面盘点是对在库的所有物料进行全部清盘的一种盘点方式。因为全面对所有的物料清盘，所以，全面盘点是最有效最彻底的盘点方式。但是，投入的人力物力也最多，盘点成本也最高。

重点盘点是按照帕累托法则（二八原则）的思路，找出库存的重点物料（比如收发频次高的、容易损耗的、价格昂贵的等等），然后对这些重点物料进行定期或不定期的清盘对账，从而保证账实相符的一种盘点方式。

（3）按盘点的作用可以分为循环盘点、永续盘点和低位盘点：

循环盘点是将库存物料进行分区或分类，然后按照一定的周期（比如每日、每周），逐区、逐类的进行分批盘点的一种盘点方式。循环盘点每次只盘一个区域或一部分物料，每天盘点一定数目的库存，按照商品入库的先后顺序来进行，先进来的商品先盘，后进来的商品后盘，分批分次的完成全部物料清盘。所以，循环盘点可以减轻单次仓库盘点的压力和盘点工作量，这也正是称为循环盘点的原因。

永续盘点法又称账面盘点法。货品入库时候就盘点，将每一种货品分别设立"存货帐卡"，然后将每一种货品的出入库数量及有关信息记录在账面上，逐笔汇总出账面库存结余量。永续盘点具体的方法是，当物料有出入库发生时，在完成出入库后即对该物料进行即刻盘点。因为永续盘点的时间不确定，所以，永续盘点是一种特殊的不定期盘点，它的最大特点是只盘有出入库业务发生的物料，这样也可以大幅度减轻盘点的工作量和盘点时间。永续盘点是仓库日常盘点和仓库自盘经常采用的盘点方式之一。

低位盘点，或者称低水位盘点，是为了解决物料断料问题而采用的盘点方式。低位盘点是指定期（比如每天）监控物料的库存量，当物料的库存量，低于物料设定的"一定水平"的库存量时，专门针对该物料进行清盘和对账，以保证账实相符。

3. 识别盘点单

虽然每个仓库的盘点结果单格式不尽相同,但是核心内容基本一致,一般包括:库房名称、盘点日期、盘点类型、区名称、货品名称、储位、货品条码、库存数量、盘点数量、盈亏情况等。盘点结果单示例如下图 3-1-1 所示:

盘点结果单

库房名称:华源库房　　　　　　　　　　　　盘点日期:2024-07-31
盘点类型:按区域盘　　　　　　　　　　　　区名称:托盘货架区

储位	货品名称	货品条码	库存数量	盘点数量	单位	盈亏	备注
A00000	可口可乐	6928804011173	5	5	箱	0	
A00001	娃哈哈营养快线	6902083886455	15	15	箱	0	
A00100	百事可乐	6924882496116	8	8	箱	0	
A00102	农夫山泉	6921168509256	5	5	箱	0	
A00103	冰露矿泉水	6928804013740	5	5	箱	0	
B00001	清风卷纸(新韧纯品)	6922266437359	10	10	箱	0	
B00100	白猫柠檬红茶洗洁精	6901894121670		15	箱	15	
B00100	清风卷纸(原韧纯品)	6922266452154	12	0	箱	-12	
B00100	清风卷纸(新韧纯品)	6922266437359		12	箱	12	
B00101	白猫柠檬红茶洗洁精	6901894121670	15	0	箱	-15	

信息员(签字):_____　　　　　　仓管员(签字):_____

第一联(白联):信息员留存　　第二联(红联):仓库留存　　第三联(黄联):仓管员留存

图 3-1-1　盘点结果单示例

仓库管理员收到盘点单后,要根据货物信息、盘点方式和盘点区名称进行库存盘点作业。盘点作业完成后仓库管理员和仓库信息员需及时填写盘点单并签字。

4. 盘点设备——PDA

(1)设备概述:PDA,即条码数据采集器,是一种工业级的移动智能终端,将条码扫描装置与数据终端一体化,具有先进的数据采集和实时通讯功能的终端电脑设备。它是仓库用来做盘点的机器(盘点机),可以实现实时采集、自动存储、即时显示、及时反馈、自动处理、自动传输功能,帮助仓管员更加省时省力地进行盘点作业,不需要再用抄写货物信息,为盘点现场数据与传输的真实性、有效性、实时性、可用性提供了可靠的保证。

(2)设备的日常维护:

① 请不要用尖锐物体触碰屏幕,如笔尖、小刀或其他尖锐物体。

② 请不要超过范围旋转扫描头,以免造成损坏。

③ 请小心保护扫描窗,避免污浊划伤。

④ 请及时进行充电,以免造成数据丢失;请不要将电池投入火中或高温潮湿的地方。

⑤ 请关闭电源保护，避免系统挂起，再次启动后重新查找网络。

⑥ 盘点卡等各种单据、凭证、报表事先准备好以备使用。

在盘点作业中，PDA 设备的应用已经越来越普及，并随着科技的进步不断引入新技术和新规范。请扫描右边的二维码，查看 PDA 设备使用功能。

扫一扫

华为智慧仓储："科技向善"的价值观

华为，作为全球领先的 ICT 解决方案提供商，其在智慧仓储领域的探索同样走在行业前列。在货物盘点环节，华为通过集成物联网、AI 识别与大数据分析等先进技术，构建了一套高效、精准的智慧盘点系统。该系统实现了对仓库内货物  从入库到出库的全生命周期管理，极大地提高了盘点效率与准确性。

华为智慧仓储中的货物盘点，首先利用 RFID 标签为每一件货物赋予唯一身份，通过智能扫描设备快速读取标签信息，实现货物的自动识别与定位。同时，AI 图像识别技术被应用于复杂货物或堆叠货物的识别，确保盘点无遗漏。大数据分析则帮助系统预测库存变化趋势，优化盘点计划与资源配置。在实际操作中，华为员工需严格按照系统指示进行盘点作业，确保数据的准确性与时效性。系统还设有自动校验与异常报警功能，一旦发现数据不符或异常情况，立即通知相关人员处理，形成闭环管理。

"科技向善"的价值观

华为智慧仓储中的货物盘点实践，不仅体现了科技创新的力量，更蕴含了深刻的道理。华为彰显了"科技向善"的价值观，即通过技术手段提升作业效率，减少人为错误，实现资源的优化配置与高效利用。另外，华为在盘点过程中强调的规范操作与严格管理，体现了"严谨治企"的理念。这种理念要求员工在工作中保持高度的责任心与敬业精神，确保每一项操作都符合标准与规范，为企业的稳健发展奠定坚实基础。

（二）任务准备

根据从教材和资料获取的知识，小组合作对盘货单中的货物添加盘点任务，小组成员需要进行以下的角色分工。

角色	任务
仓库信息员	盘点任务信息处理； 单证的打印及整理。
仓库操作员	设备的检查及维护。

（三）任务实施

根据计划中角色分配，分工合作，完成货物的盘点前的准备工作。

★ 步骤一：新增盘点任务

仓库信息员接收到月末盘点任务后，在管理系统中新增盘点任务，并提交等待审核。

（1）仓库信息员进入现代物流综合作业系统，点击【数据初始化】，在系统主页面选择【盘点单】，进入盘点任务，如图3-1-2所示。

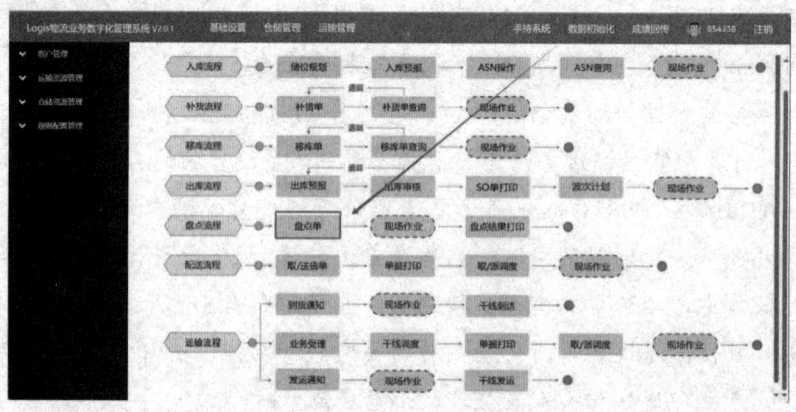

图3-1-2 数据初始化

（2）信息员在盘点任务页面，点击【新增】按钮，新增盘点单，如图3-1-3新增盘点单所示：

图3-1-3 新增盘点单

（3）信息员在盘点单新增界面填写盘点任务的基础信息，选择库房"华源库房"、盘点区域"托盘货架区"，负责人"王浩然"盘点方式"盲盘"等信息，填写完成后点击【保存订单】按钮，如图 3-1-4 所示。

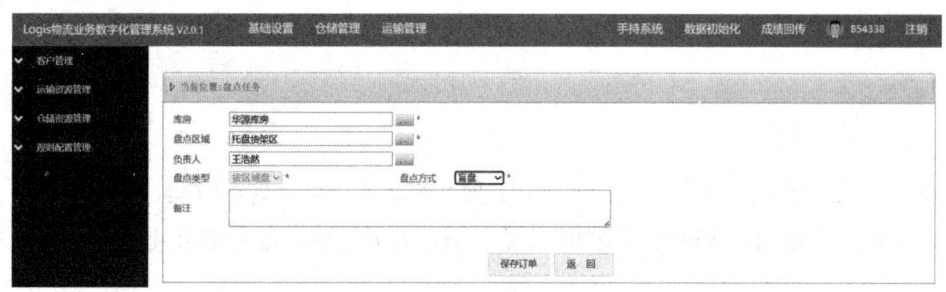

图 3-1-4　录入盘点信息

（4）信息员选中需要执行盘点作业的订单，点击【发送审核】，之后订单信息会下发到仓库操作员的手持终端中，操作员根据盘点单内容对目标区域的商品进行盘点，如图 3-1-5 所示。完成提交后，点击【手持系统】进入手持操作系统。

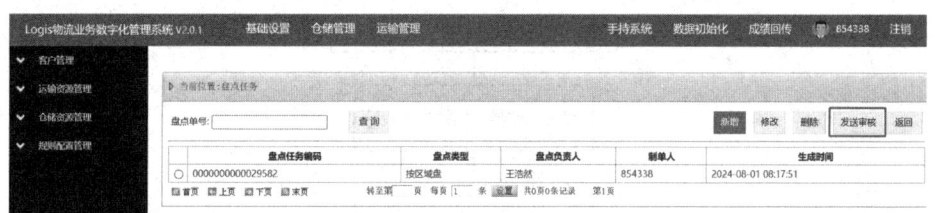

图 3-1-5　发送审核

（四）反思小结

1. 在任务实施过程中，哪些步骤不够清晰或操作不够熟练？举例说明。

_____

_____

2. 以下哪些信息是新增盘点任务过程中无需添加的内容（　　）。

　　A．盘点区域　　　　　　　　B．库房名称

　　C．盘点方式　　　　　　　　D．货品名称

学习任务1.2 盘点异常处理

(一) 知识链接

1. 盘点工作流程

盘点作业一般按照以下几个步骤进行：盘点前准备、确定盘点时间、确定盘点方法、盘点人员组织与培训、清理盘点现场、盘点、查清差异原因、盘点结果处理，如图3-1-6所示。

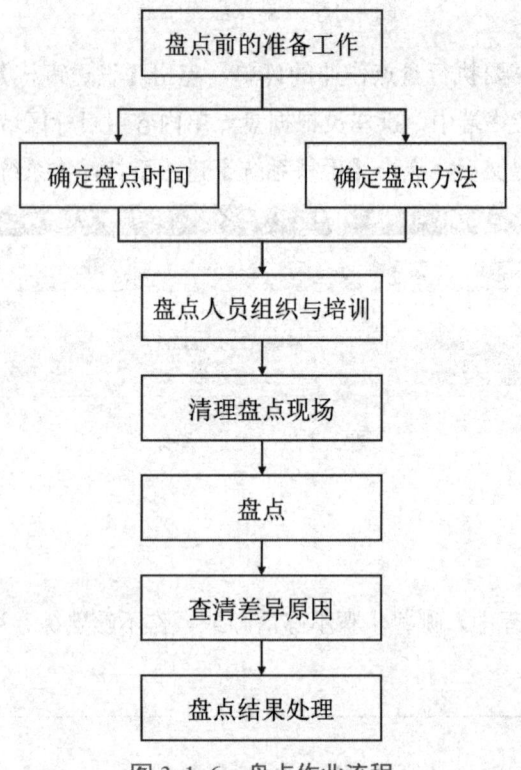

图3-1-6 盘点作业流程

（1）盘点前准备：盘点前的准备工作是否充分，关系到盘点作业能否顺利进行。准备工作主要包括确定盘点的作业程序，配合财务会计做好盘点准备；根据盘点作业的需要安排人力，通常一周前安排好人员的出勤计划；进行环境整理，清除不良品和作业场地死角，将各种设备及工具存放整齐；准备好盘点工器具，并检查设备是否能正常操作。

（2）确定盘点时间：一般来说，为保证账物相符，商品盘点次数越多越好。但盘点需投入必要的人力、物力，有时大型全面盘点还可能引起生产的暂时停顿，所以合理地确定盘点时间非常必要。引起盘点结果盈亏的关键原因在于出入库过程中发生的错误，出入库越频繁，出错的可能越大。

确定盘点时间时，既要防止过久盘点对公司造成的损失，又要考虑仓库资源有限、商品流动速度较快的特点。在尽可能投入较少资源的同时，要加强库存控制，可以根据商品的不同特性、价值大小、流通速度、重要程度来分别确定不同的盘点时间。盘点时间间隔可以从每天、每周、每月到每年盘点一次不等。另外，必须注意的问题是每次盘点持续的时间应尽可能短，全面盘点以2～6天完工为佳，盘点的日期一般会选择在财务结算前夕或淡季进行。财务结算前夕，通过盘点计算损益，以查清财务状况；淡季进行，因淡季储货较少，业务不太繁忙，盘点较为容易，投入资源较少，且人力调动也较为方便，对生产的影响较小。

（3）确定盘点方法：因盘点的场合、要求不同，盘点的方法也有差异。盘点方法分为账面盘点与现货盘点两种。账面盘点又称永续盘点，就是把每天出入库货物的数量及单价等信息记录在电脑或账簿的存货账卡上，并连续地计算汇总出账面上的库存、结余数量及库存金额。现货盘点又称实地盘点或实盘，即实际去仓库内查清数量，再依货物单价计算出实际库存金额的方法。现货盘点法按盘点时间频率的不同又可分为期末盘点与循环盘点。期末盘点是指在会计计算期末统一清点所有货物数量的方法；循环盘点是指在每天、每周清点一小部分货物，一个循环周期将每种货物至少清点一次的方法。

（4）盘点人员组织与培训：根据盘点工作的需要，安排相应的负责人员。盘点人员的培训分为两部分，一是针对所有人员进行盘点方法及盘点作业流程的培训，让盘点作业人员了解盘点目的、盘点表格和单据的填写；二是针对复盘与监盘人员进行认识货品的培训，让他们熟悉盘点现场和盘点货品，对盘点过程进行监督，并复核盘点结果。

（5）清理盘点现场：盘点作业开始之前必须对盘点现场进行清理，以提高盘点作业的效率和盘点结果的准确性。

（6）盘点作业：

① 设置盘点工作办公室。一般由总盘人负责，由主盘人执行。他们负责盘点工作组织与管理，准备盘点工具，核实盘点表是否符合规定及协调盘点的相关事宜。在盘点前，将仓库区域划分为几个区域，并确保各区域不重合交叉、不空白。

② 盘点人员报到并明确任务，领取盘点工具。参加盘点的人员前往办公室报到签字，明确盘点任务和时间，领取盘点资料和工具。在实地盘点时，一般由仓管员负责初盘，财务等相关部门负责复盘、抽盘等工作。

③ 盘点。盘点人员对仓库货物按照盘点方法、程序和盘点区域进行实物点数。初盘人对实物盘点后,将初盘结果填入盘点单,并签字确认；复盘人对实物进行核实盘点后，将实际盘点数量填入盘点单，在表上签字确认后结束点数作业。

④ 监盘人抽点。监盘人对盘点的项目进行检查，发现问题的必须重新盘点。

⑤ 回收盘点单。所有完成的盘点单经盘点人审核，完成所有手续后，汇总到盘点办公室。

⑥ 填写盘点单。盘点表填写人在填写时应复诵盘点人所念的各项货物的名称和数量。对于写错需更正的行次，必须用直划去，并在审核栏写"更正第 x 行"，然后请监盘人在更正的行次签名。

⑦ 核对盘点结果。将盘点所得的库存货物的实际数量与库存账目核对。

（7）查清差异原因：盘点会将一段时间以来积累的作业误差，以及其他原因引起的账物不符暴露出来，发现账物不符且差异超过容许误差时，应填写盘点盈亏汇总表，还应立即追查产生差异的原因。

（8）盘点盈亏处理：查清原因后，为了使账面数与实物数保持一致，需要对盘点盈亏和报废品一并进行调整。除了数量上的盈亏，有些货物还将会通过盘点进行价格的调整，这些差异的处理需要填写货物盘点盈亏调整表和货物盈亏价格调整表，经有关主管审核签认后，登入存货账卡，调整库存账面数量。

扫一扫

请扫描右边的二维码，查看盘点作业流程。

2. 盘点异常原因

所谓的盘点差异就是指账面记录的库存跟实际盘点出来的库存数量不同。比如说账上说 A 有 5 个，实际盘点只有 4 个，那就是盘亏 1 个；反之，实际盘点结果是 6 个，那就是盘盈 1 个。无论是盘盈还是盘亏，都是差异。因此，所谓差异就是实际盘点结果相对于账面记录的相对差，这些差异通常可能来自以下几个方面的原因：

（1）记账员登录数据时发生错登、漏登等情况。
（2）账务处理系统和流程不完善，导致数据出错。
（3）盘点时发生漏盘、重盘、错盘现象，盘点结果出现错误。
（4）盘点前数据资料未结清，账面数据不准确。
（5）出入库作业时产生误差。
（6）货物损坏、丢失等原因。
（7）其他原因。

3. 盘点异常处理

面对不同的盘点差异类型，其处理方法如下。图 3-1-7 是长风物流有限公司的盘点差异处理示例。

（1）由于人为盘点操作不规范导致的盘点差异，可通过再次复盘解决。
（2）由于账务制度造成的盘点差异，由主管部门调整和完善。

（3）账面盘盈时，应及时上报领导经审批后调整账务，加强管理，保证以后账务处理的及时性。

（4）账面盘亏时：如果是发错货，仓库应予以相关责任人适当处罚，并同时安排人员查找收货单位尽快追回货品；如果是因管理不善而丢失货品，则仓库应及时与客户沟通，以赔偿方式来解决问题。

（5）当由于其他原因导致盘点差异时，应分析盘点差异产生的原因并制定对策请上级主管部门就盘点差异的处理办法进行批示。

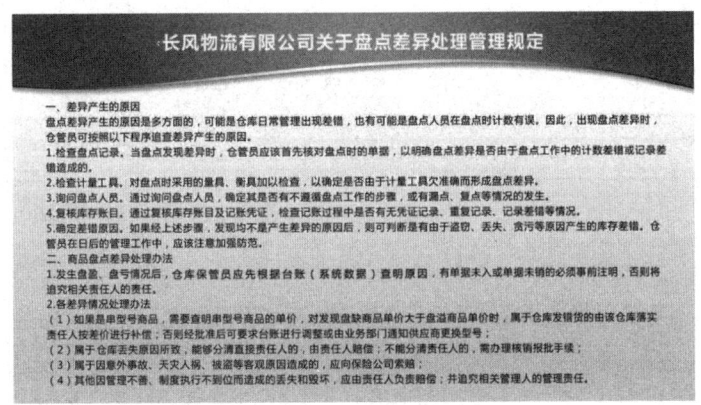

图 3-1-7　盘点差异处理示例

（二）任务准备

根据教材和资料获取的知识，小组合作对盘货单中的货物进行盘点作业，小组成员需要进行以下的角色分工。

角色	任务
仓库管理员	制定盘点计划； 调配人员及设备。
仓库信息员	盘点任务信息处理； 单证的打印及整理。
仓库操作员	设备的检查及维护； 完成货品的盘点作业； 填写盘点单，核对盘点结果。

（三）任务实施

★ 步骤一：盘点作业准备工作

仓库管理员接收到月末盘点任务后，需要开展盘点作业准备工作，具体包括以下内容：

1. 确定本次盘点作业的工作人员。主要包括初盘人员、复盘人员和抽盘（监控）人员。
2. 准备盘点工具。主要包括盘点作业中常用的计数、称重、测量、搬运工具和盘点单，具体如下表 3-1-1 所示。

表 3-1-1　盘点作业设备列表

设备材料清单	
1	条码数据采集器（PDA）
2	托盘
3	搬运机器人
4	计量设备（皮尺、磅秤）

★ 步骤二：终端盘点货物

1. 操作员点击【手持系统】进入手持操作系统，选择【仓储作业】，如图 3-1-8 所示。

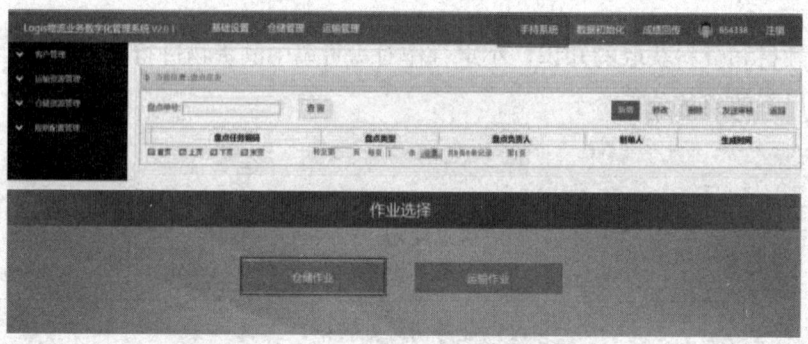

图 3-1-8　进入终端仓储作业

2. 操作员登录手持终端，在【在库作业】中选择【盘点作业】，进入盘点作业界面，选中作业信息，点击【开始】后，点击【盘点】操作按钮，启动盘点任务，进入托盘货架区盘点作业的页面，如图 3-1-9 所示。

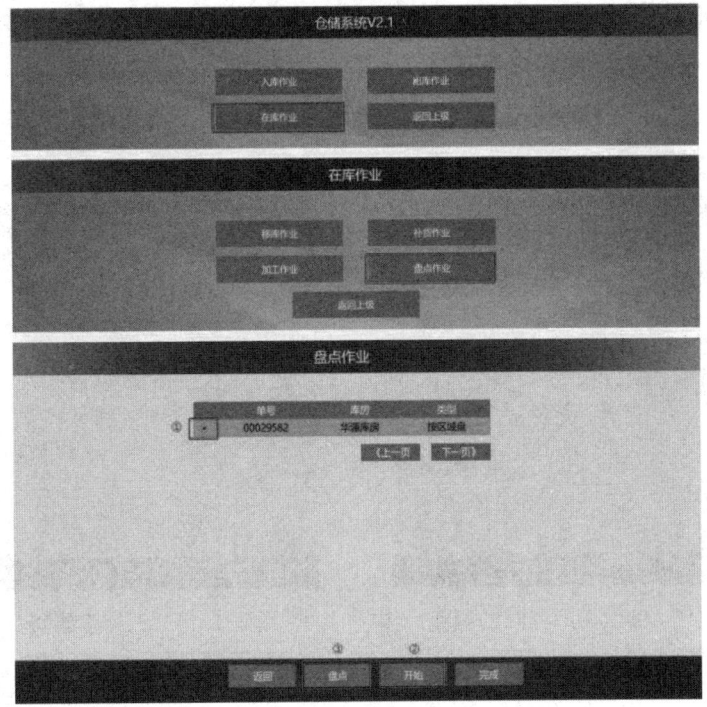

图 3-1-9 开始盘点任务

3. 操作员前往托盘货架区执行盘点操作，扫描储位标签、货物条码信息，清点实物数量，在手持端录入实际盘点所得的数量信息。

若储位有商品库存时，扫描"储位标签"后，再扫描的货品条码，获得货品的名称、规格、包装单位等信息，清点数量后，在"实际数量"中填写数量信息，点击【保存】即可完成当前货位的盘点记录。以货品"百事可乐"为例，来进行盘点：根据实训任务数据准备中的储位信息表输入储位标签"A00100"、货品条码为"6924882496116"，实际数量输入"8"，点击"保存"，如图 3-1-10 所示。（注：在托盘标签输入完成后需按回车键）

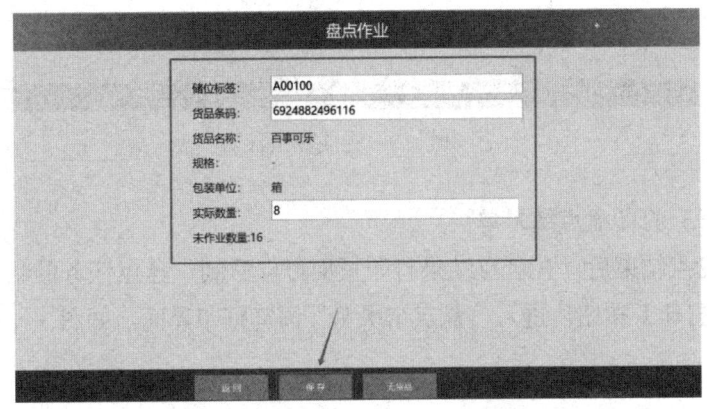

图 3-1-10 储位有商品库存时的盘点操作

161

若储位确认没有库存时，扫描"储位标签"后，直接点击【无货品】即可完成当前货位的盘点记录，如图3-1-11所示。

4．完成托盘货架区的储位盘点后，手持界面显示"无待盘点的货品"。点击下方【返回】按钮，如图3-1-12所示。

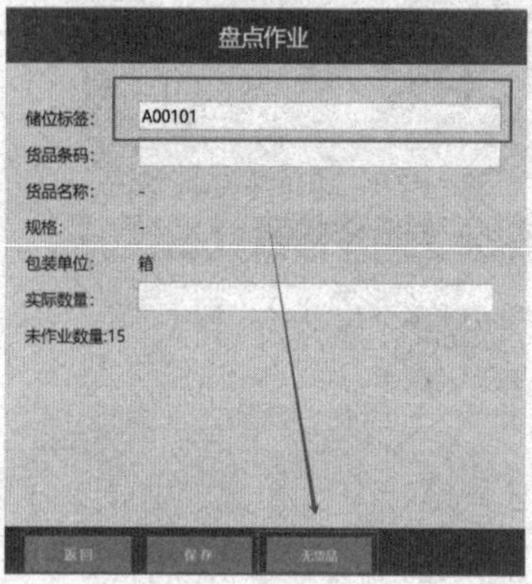

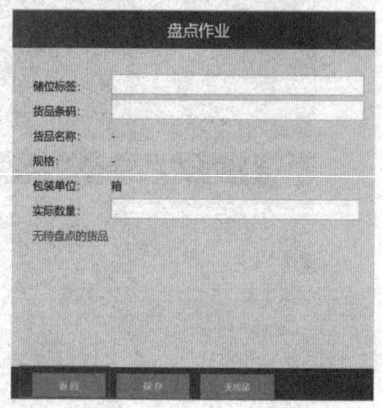

图3-1-11　储位无库存时的盘点操作　　图3-1-12　无待盘的货品

5．返回上级菜单页面，选择【在库作业】，选择【盘点作业】，进入页面后选中盘点作业信息，点击【完成】操作按钮，即手持盘点操作完成，如图3-1-13所示。

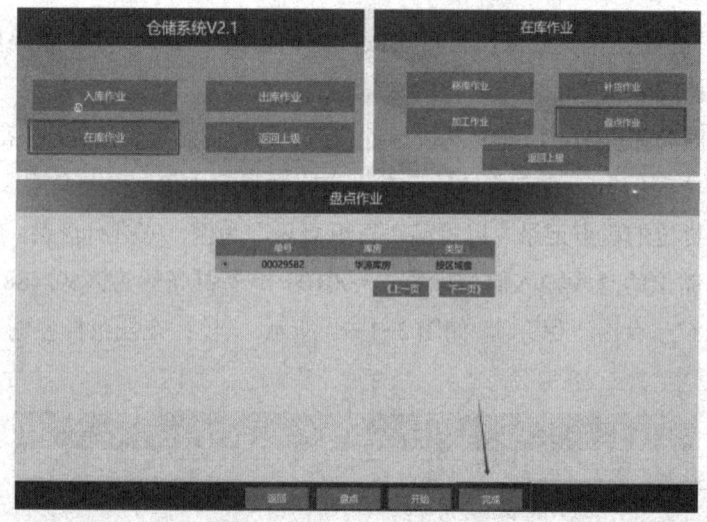

图3-1-13　完成盘点任务

★　**步骤三：打印盘点结果单**

1．现场盘点结束后，在盘点结果打印页面可以看到，盘点任务的状态为"完成"，则可以点击【打印】按钮，进入"盘点结果单"预览打印界面，如图3-1-14所示。

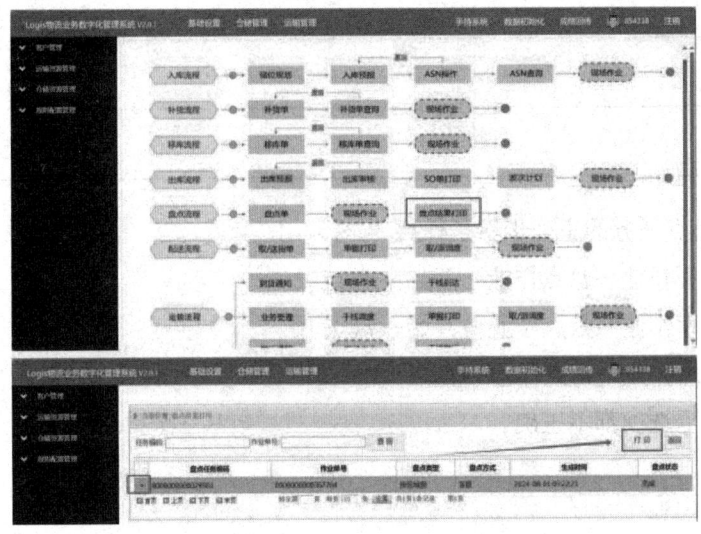

图 3-1-14　打印盘点结果单

2．信息员在"盘点结果单"预览打印界面，点击【打印】按钮即可打印纸质《盘点结果单》，如图 3-1-15 所示。

储位	货品名称	货品条码	库存数量	盘点数量	单位	盈亏	备注
A00000	可口可乐	6928804011173	5	5	箱	0	
A00001	娃哈哈营养快线	6902083886455	15	15	箱	0	
A00100	百事可乐	6924882496116	8	8	箱	0	
A00102	农夫山泉	6921168509256	5	5	箱	0	
A00103	冰露矿泉水	6928804013740	5	5	箱	0	
B00001	清风卷纸（新韧纯品）	6922266437359	10	10	箱	0	
B00100	白猫柠檬红茶洗洁精	6901894121670		15	箱	15	
B00100	清风卷纸（原木纯品）	6922266452154	12	0	箱	-12	
B00100	清风卷纸（新韧纯品）	6922266437359		12	箱	12	
B00101	白猫柠檬红茶洗洁精	6901894121670	15		箱	-15	

图 3-1-15　盘点结果单

3．操作员在纸质《盘点结果单》上签字确认，并将纸质盘点单上交主管，主管核对后，签字确认。

（四）反思小结

1．在任务实施过程中，哪些步骤不够清晰或操作不够熟练？举例说明。

2. 完成盘点任务的正确步骤是什么？（ ）

    A．在库作业→盘点作业→开始→盘点

    B．出库作业→盘点作业→开始→盘点

    C．在库作业→盘点作业→盘点

    D．以上选项都不正确。

学习任务二　移库作业

情境导入

华源集团作为国内领先的综合性制造企业，其物流仓储系统庞大且复杂。2024年6月30日，华源集团物流公司仓库主管召集了包括老马在内的仓库管理团队，要求根据物动量ABC分类表和储位分配规则，对当前货架中储位不合理的货物重新设计货位，并完成移库作业。两次移库作业的原始储位与目标储位信息表分别如下表3-2-1和表3-2-2所示：

表3-2-1　第一次移库原始储位与目标储位信息表

序号	货品信息	原储位	目标储位
1	娃哈哈营养快线	A00001	A00101
2	白猫柠檬红茶洗洁精	B00101	B00102

表3-2-2　第二次移库原始储位与目标储位信息表

序号	货品信息	原储位	目标储位
1	清风卷纸（新韧纯品）	B00002	B00101

学习目标

知识目标	1. 了解移库作业中常用的设备； 2. 熟悉移库作业的准备工作； 2. 掌握移库作业的内容和流程。
能力目标	1. 能够高效完成移库作业； 2. 能够准确填写移库单； 3. 能够高效处理移库异常情况。
素养目标	1. 树立安全意识，规范操作移库作业设备及工具； 2. 培养学生的责任心和敬业精神。

问题导入

引导问题 1：各种场、站、码头、机场的中转库一般采用（　　）方式进行分区分类。

A．按货品流向分区分类

B．按货品必需的储存条件分区分类

C．按货品的存储时长分区分类

D．按货品种类和性质分区分类

引导问题 2：请结合生活实际，思考智慧仓储在库作业中的移库异常通常包括哪几种异常情况。请举例说明。

_____

_____

_____

学习任务 2.1　移库准备和移库单制作

（一）知识链接

在智慧仓储业务中，移库作业能够有效应对库存动态变化，通过优化储位布局与商品配置，提升仓库空间利用率与作业效率，降低运营成本与商品损耗，同时增强市场响应能力，确保仓储管理的灵活性与适应性。

1. 移库的原因

为了提高仓库内的作业效率、不断优化储位管理，仓库需要进行移库作业，具体原因如下：

（1）商品种类与分类管理的需求：随着商品种类的不断增加和细分，原有的储位布局可能无法满足新的管理需求。为了更好地组织商品，提高拣选和存储效率，仓库会根据商品的特性（如销售速度、体积、重量、保质期等）进行储位调整，从而引发移库作业。

（2）流程优化与暂存需求：在仓库的日常运营中，商品会经历多个作业流程，如入库、存储、拣选、打包和出库等。这些流程之间的顺畅衔接对于提高整体作业效率至关重要。因此，仓库会根据流程的需要，将商品从一个储位移动到另一个储位，以满足暂存、等待进一步处理或直接发货的需求。

（3）日常仓储空间整理与维护：随着时间的推移，仓库内可能会出现空间利用不均、储位混乱等问题，类似于计算机存储中的"碎片"现象。为了保持仓库的整洁有序，提高空间利用率和作业效率，仓库会定期进行仓储空间整理工作，这通常涉及将商品从一个储位移动到另一个更为合适的储位，即进行移库作业。

（4）储位安排的战略调整：在某些情况下，仓库可能需要根据业务战略或运营需求进行储位安排的大规模调整。例如，为了降低运营成本、提高管理效率或应对市场变化，仓库可能会减少存储容量、临时整合多个分仓为一个主仓等。这些战略调整往往需要通过移库作业来实现，以确保仓库能够灵活应对各种挑战并保持高效运作。

2. 分区分类规划

在仓储业务中，移库作业之所以需要进行分类分区规划，缘于商品种类繁多、存储需求各异以及追求高效作业与空间最优利用的双重需求。这一规划的必要性在于它能确保仓库管理有序、作业流程顺畅，通过科学分类与合理分区，提升拣选效率、减少搬运成本，并优化库存控制。分区分类规划是指按照库存物品的性质划分出类别，根据各类物品存储量的计划任务，结合各种库房货场、起重运输设备的具体条件，确定出各库房和货场的分类存储方案。

（1）分区分类规划原则：

① 存放在同一货区的物品必须具有互容性；

② 保管条件不同的物品不应混存；

③ 作业手段不同的物品不应混存；

④ 灭火措施不同的物品不能混存。

（2）分区分类规划方法：

① 基于货品种类与性质的分区分类：在仓储管理中，针对化学品及危险品，必须实施严格的分区分类存放策略。这是为了预防不同性质危险品间的潜在危险相互作用，确保仓储环境的安全与稳定。通过精确识别货品种类与性质，实施科学的分区规划，是保障仓储作业安全性的关键措施。

② 依据货主差异的分区分类：当仓库服务于多个货主时，为提高存取效率并减少货品混淆，需根据货主的不同进行分区分类。这种策略有助于优化仓库作业流程，确保每位货主的货品都能得到高效、准确的管理，提升客户满意度。

③ 基于货品流向的分区分类：对于短期中转储存的货品，特别是场站、码头、机场等中转库，采用按货品流向进行分区分类的方法尤为适宜。此方法能显著缩短货品的周转时间，提高仓库的吞吐能力，确保中转作业的高效顺畅。

④ 依据储存条件的分区分类：在货主无特殊储存要求的情况下，仓库普遍采用根据货品储存条件进行分区分类的方法。这包括考虑温度、湿度、光照等环境因素，为不同储存条件的货品提供适宜的存储环境，确保货品质量与安全。

⑤ 基于储存时长的分区分类：当长期储存货品与短期储存货品共存于同一仓库时，为优化仓库空间利用并提升作业效率，需实施按储存时长进行分区分类的策略。通常，将短期储存货品置于靠近库门的位置，以便于快速出入库操作，而长期储存货品则安排在仓库内部区域，以实现仓库空间的最大化利用。

3．移库单制作

虽然每个仓库的移库单格式不尽相同，但是核心内容基本一致，一般包括：货品原库房名称、目标库房名称、移库日期、区名称、货品名称、货品源区、货品源储位、货品编码、库存数量、货品批次、移动目标区、目标储位、移库量等。移库单示例如下图 3-2-1 所示：

移　库　单

原库名称：华源库房　　　　移库日期：2024-08-08

目标库名称：华源库房　　　　区名称：托盘货架区

源区	源储位	货品名称	货品编码	库存数量	单位	批次	目标区	目标储位	移库量	备注

仓库信息员（签字）：________　　仓库管理员（签字）：________　　仓库操作员（签字）：________

第一联（白联）：信息员留存　　第二联（红联）：仓库留存　　第三联（黄联）：仓管员留存

图 3-2-1　移库单示例

仓库管理员收到移库单后，要根据原库名称、货物信息、目标储位和移库量进行货品移库作业。移库作业完成后，仓库信息员、仓库管理员和仓库操作员需及时填写盘点单并签字。

（二）任务准备

根据从教材和资料获取的知识，小组合作对移库单中的货物添加移库任务，小组成员需要进行以下的角色分工。

角　色	任　务
仓库信息员	移库任务信息添加和审核处理； 移库单的填写及打印。
仓库操作员	设备的检查及维护。

（三）任务实施

根据计划中角色分配，分工合作，完成货物的移库前的准备工作。

★ 步骤一：新增移库任务

仓库信息员接收到移库任务后，在管理系统中新增移库任务，并提交等待审核。

1. 仓库信息员进入现代物流综合作业系统，点击【数据初始化】，在系统主页面选择【移库单】，进入移库任务，如图 3-2-2 所示。

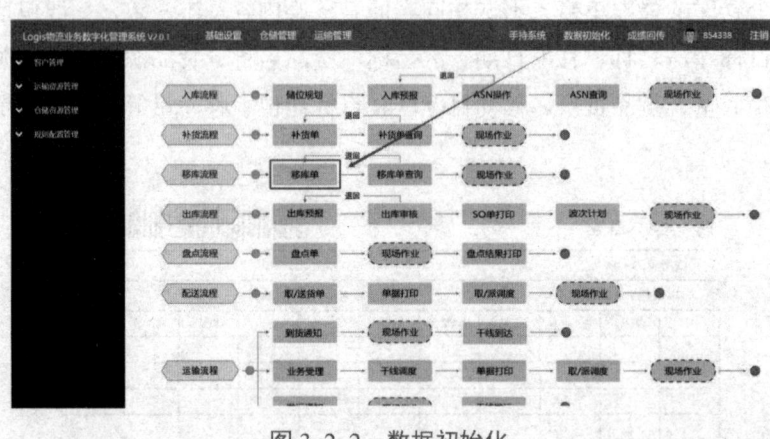

图 3-2-2　数据初始化

2. 信息员在盘点任务页面，点击【新增】按钮，新增移库作业任务，如图 3-2-3 新增移库任务所示：

智慧仓储在库作业

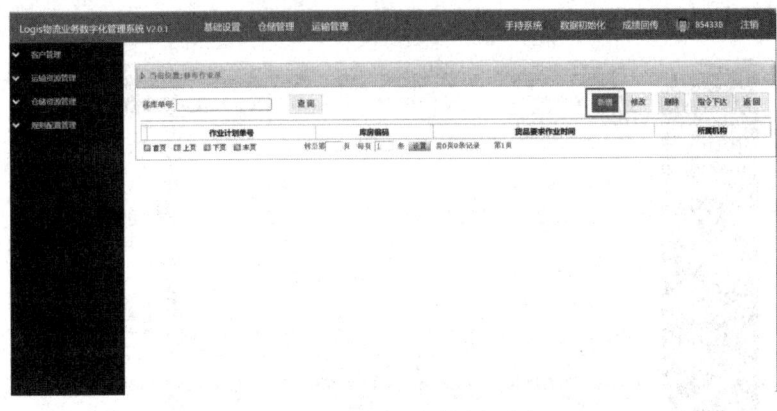

图 3-2-3　新增移库任务

3. 仓管员按照指令填写移库相关信息,首先在基本信息中填写库房信息"华源库房",如图 3-2-4 所示。

图 3-2-4　选择移库库房信息

4. 仓管员在"源库位"中,点击【查询库存】,查询目标库房货品的库存情况。根据移库作业需求进行移库,点击要移库货品分别是娃哈哈营养快线和白猫柠檬红茶洗洁精右侧的上移箭头,货品信息将显示到"目标库位"区域中,在"目标储位"下点击【选择】,选择对应的【目标储位】分别为"A00101""B00102",如图 3-2-5 所示。

图 3-2-5　添加移库货品

169

5. 信息填写完成后，点击【保存】按钮，如图 3-2-6 所示。

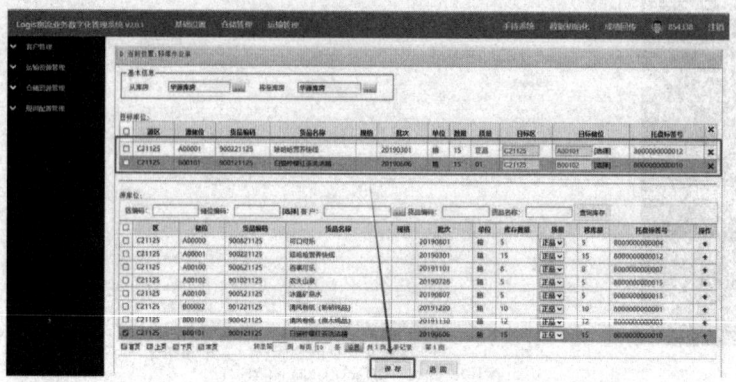

图 3-2-6　保存移库信息

★ 步骤二：移库指令下达

仓库信息员进入移库作业单提交界面，在系统中提交移库作业单。选中订单信息，点击【指令下达】，页面弹出提交成功的信息，如图 3-2-7 所示。

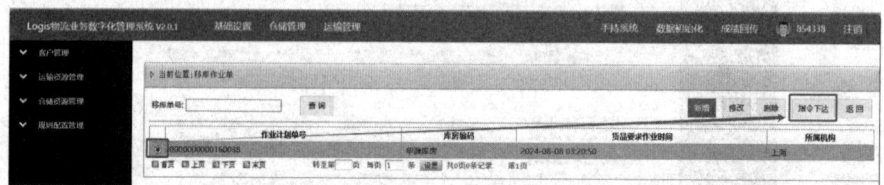

图 3-2-7　下达移库指令

（四）反思小结

1. 在任务实施过程中，哪些步骤不够清晰或操作不够熟练？举例说明。

_____

_____

2. 以下哪些信息是新增移库作业任务过程中无需添加的内容（　　）。

  A. 目标库位　　　　　　　　B. 目标储位

  C. 目标区　　　　　　　　　D. 移库方式

学习任务 2.2　移库操作

（一）知识链接

1. 移库作业流程

移库工作过程如图 3-2-8 所示。

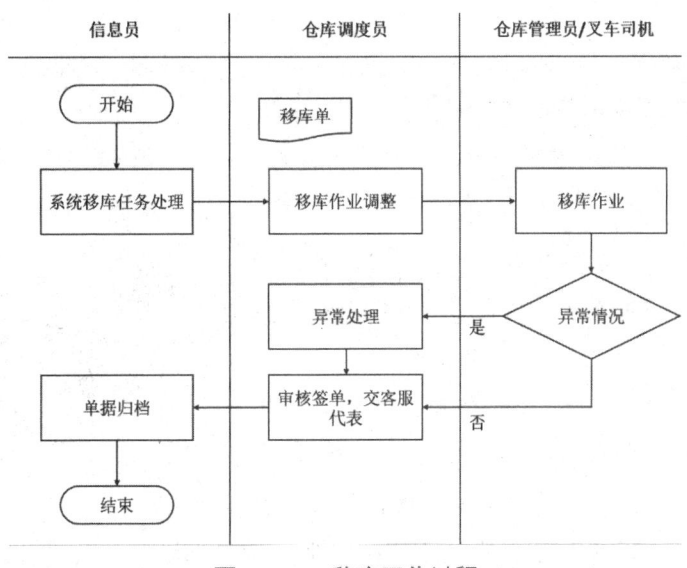

图 3-2-8　移库工作过程

（1）接收移库任务：仓管员接到主管的移库指令后，需要在系统内完成移库信息的处理，包括新增移库作业单、移库预处理操作、生成移库作业，并将作业指令传递至下一个环节，完成仓库内货品的移库作业。

（2）执行移库作业：仓管员完成仓储系统内的移库信息处理后，拿着移库单进入作业区进行移库作业操作。仓管员需要先取出移库相关设备，然后到指定原库位进行货物下架操作，最后将货物搬运至指定库位进行上架操作。

（3）移库反馈：仓管员完成移库作业后，将操作完毕的移库作业信息反馈到信息系统，然后向仓库主管汇报移库情况，并由仓库主管在移库单上签字确认。

2. 移库异常情况处理

（1）货位数量不符：立即停止作业并反馈异常情况：一旦发现异常，须第一时间上报主管人员。查询库位作业记录，寻找原因：调查需依据系统账、货卡、进出库异常登记、退货返库、差异库位交易记录、拣货文件等作业记录进行分析。

（2）货位外包装破损：立即停止作业并反馈异常情况。一旦发现异常，须第一时间上报主管人员。及时移出问题货品，判别损坏程度：是否是外包装轻度磨损，但质量未受损的轻微破损货品；是否是内外包装均已破损，但质检证实未影响产品质量的一般破损货品；是否是直接影响产品质量的严重破损货品。根据指令，对问题货品区别处理：对于轻微受损的货品，应采取补救措施；对于一般破损的货品，进行包装更换；对于严重破损的货品，执行不合格品程序。

（3）货物质量异常：立即停止作业并反馈异常情况：一旦发现异常，须第一时间上报主管人员。

海尔智家：创新驱动发展

海尔智家，是海尔集团的控股子公司，作为家电行业的领军企业，其在智慧仓储领域的探索与实践同样引人注目。在移库作业环节，海尔智家通过引入自动化立体仓库、智能导航小车（AGV）及先进的仓储管理系统（WMS），实现了移库作业的高效、精准与智能化。

在海尔智家的智慧仓储中，移库作业被精细规划并高效执行。WMS系统根据库存状态、订单需求及物流路径优化算法，自动生成移库指令，并实时分配给AGV小车执行。AGV小车通过智能导航技术，在仓库内自主行驶，准确地将货物从原位置搬运至指定区域，实现快速移库。同时，海尔智家还采用了自动化立体仓库，通过高层货架与自动化存取设备，实现了货物的高密度存储与快速存取。这不仅提高了仓库的存储容量，还进一步加速了移库作业的速度。在移库作业过程中，海尔智家员工需密切监控WMS系统的运行状态，及时响应系统指令，确保移库作业的顺利进行。同时，他们还需定期对AGV小车进行维护与保养，保证其正常运行与长寿命使用。

海尔智家的这一系列创新举措，深刻体现了"创新驱动发展"的国家战略理念。在快速变化的市场环境中，海尔智家敢于突破传统，勇于探索未知，通过持续的技术创新和管理创新，不断提升企业核心竞争力，实现了从"制造"向"智造"的华丽转身。这一过程，不仅为企业自身带来了长足的发展，更为整个家电行业乃至物流领域树立了转型升级的典范，激励着更多企业投身于科技创新的浪潮之中，共同推动社会进步与繁荣。

（二）任务准备

根据教材和资料获取的知识，小组合作对移库单中的货物进行移库作业，小组成员需要进行以下的角色分工。

角色	任务
仓库管理员	移库单的整理及审核； 调配人员及设备。
仓库信息员	移库任务信息处理； 单证的打印及整理。
仓库操作员	设备的检查及维护； 移库作业实施； 填写移库单，核对移库结果。

（三）任务实施

★ 步骤一：移库作业准备工作

仓库管理员接收到移库任务后，需要开展移库作业准备工作，具体包括以下内容：

1．确定本次移库作业的工作人员。

2．准备移库工具。主要包括移库作业中常用的搬运设备、输送设备和移库单，具体如下表3-2-3所示。

表 3-2-3　移库作业设备列表

	设备材料清单
1	自动导引车（AGV）
2	托盘
3	搬运机器人
4	输送机
5	堆高车

★ 步骤二：终端移库作业

仓库操作员通过手持终端获得指令，驾驶堆高车将托盘从原货位取出，调整至新货位，并使用手持终端将移库完成信息反馈给仓储管理系统。其手持操作系统具体流程如下：

1. 操作员点击【手持系统】进入手持操作系统,选择【仓储作业】,如图 3-1-9 所示。
2. 操作员登录手持终端,在【在库作业】中选择【移库作业】,如图 3-2-9 所示。

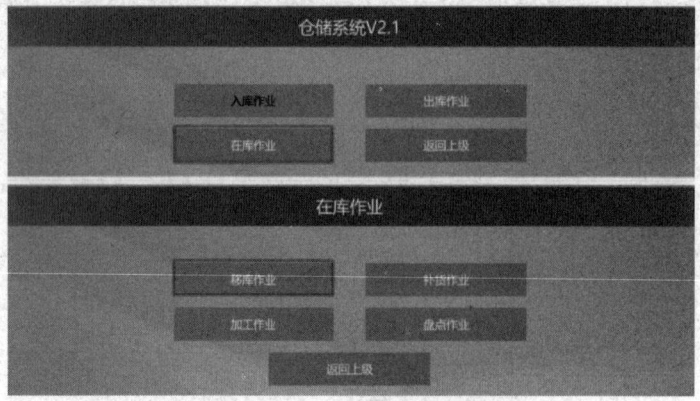

图 3-2-9　开始移库作业

3. 第一次移库:进入移库作业界面后,输入移库货品信息(以白猫柠檬红茶洗洁精为例),点击【确认】。"待移库"列表下没有货品信息时,点击【返回】,完成移库作业如图 3-2-10 所示。(注:在托盘标签输入完成后需按回车键。)

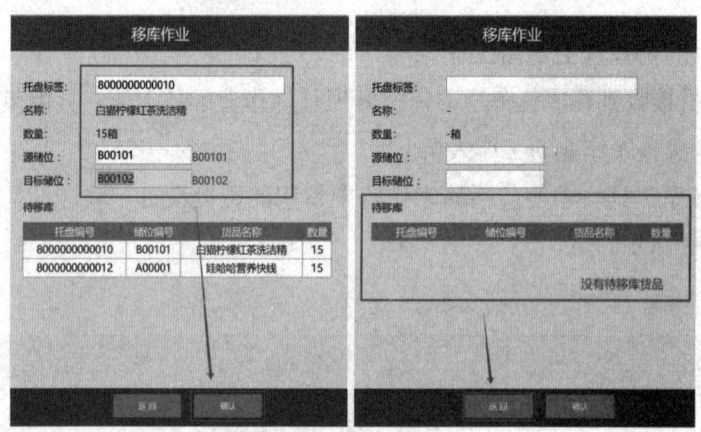

图 3-2-10　移库作业过程示例

4. 第二次移库:按照同样的方法,根据步骤,完成第二次移库指令下达。并根据上述相同的移库步骤,完成第二次移库任务。

(四)反思小结

1. 在任务实施过程中,哪些步骤不够清晰或操作不够熟练?举例说明。

2. 以下哪个工具在移库作业过程中不会用到（　　）。
   A．自动导引车　　　　　　　　B．托盘
   C．搬运机器人　　　　　　　　D．自动称重设备

学习任务三　补货作业

情境导入

2024年6月30日，面对市场需求的持续增长与供应链环境的动态变化，华源集团物流公司的仓库主管基于精准的市场预测与库存管理系统发出的补货信号，紧急召集了包括资深仓库经理老马在内的核心管理团队，要求他们尽快完成仓库的补货任务，维持库存水平的最佳状态，具体补货信息如下表3-3-1所示：

表3-3-1　补货信息表

序　号	储位编号	货品条码	货品名称	补货数量	单　位
1	A00101	6902083886455	娃哈哈营养快线	1	箱
2	A00004	6928804013740	冰露矿泉水	1	箱

学习目标

知识目标	1. 熟悉仓库补货作业的准备工作 2. 了解补货作业常用的设备； 3. 掌握补货作业的内容和流程。
能力目标	1. 能够高效完成补货作业； 2. 能够准确填写补货单； 3. 能够处理补货作业的异常情况。
素养目标	1. 树立安全意识，规范操作补货作业设备及工具； 2. 培养学生灵活应变和应急处理能力。

问题导入

💬 **引导问题 1**：(　　)适合分批拣货时间固定且处理紧急订货的时间也固定的情况。

A. 定时补货 B. 定量补货
C. 批次补货 D. 随机补货

💬 **引导问题 2**：请结合生活实际以及目前对智慧仓储业务的理解，思考智慧仓储中的补货作业的大致流程有哪些？可以结合实例说明。

_____

_____

学习任务 3.1　PDA 补货作业

（一）知识链接

1. 补货作业

补货通常是将货物从保管区移到拣货区的作业过程，保证拣货区有货可拣。补货时可以整件补到流动式货架上，供人工拣货；也可以拆开外包装零货补到自动分拣机上，保证自动分拣机有货可拣。

2. 补货方式

补货作业前一定要仔细地计划，不仅为了确保存量，也要将补货物品安置于方便存取的位置。补货作业方式取决于货物的物品特性及场地、设备等。主要的补货作业方式有整箱补货、托盘补货和货架补货等。

（1）整箱补货：整箱补货是由货架保管区补货到流动货架的拣货区，保管区为货架储放区，而动管拣货区为两面开放式的流动棚拣货区。拣货人员在流动棚拣货区拣取单品放入浅箱中之后把货物放入输送机并运到发货区。当动管区的存货低于设定标准时，进行补货作业。这一种补货方式较适合体积小、数量少、品种多的货物。

（2）托盘补货：这种补货策略以托盘为基本单位进行，依据目标存储位置的不同，划分为地板至地板及地板至货架两种模式。

① 地板至地板的整托盘补货：这种补货方式中，保管区与动管区均采用托盘平置堆叠方式存储货物，区别在于保管区面积大、储量多，而动管区则相对较小、储量有限。拣选作业时，拣货员直接从动管区拣取托盘上的货箱，通过中央输送机或堆高机整体搬运至出货区。当动管区库存低于预设标准时，启动补货流程，由作业人员操作堆高机，从保管区搬运托盘至动管区进行补充。

② 地板堆叠保管区至托盘货架动管区的补货：这种补货方式中，保管区仍采用地板平置堆叠方式，而动管区则转变为托盘货架系统。拣选时，拣货员搭乘牵引车，携带推车在拣选区移动作业，随后将满载推车送至输送机出货。若动管区库存不足，补货操作随即启动，作业人员迅速使用堆高机从保管区搬运托盘，并精准放置于动管区的托盘货架上。此补货方式适用于中等体积及中等出货量的箱装物品，有效平衡了存储密度与拣选效率。

（3）货架补货：货架补货方式为保管区与动管区属于同一货架，也就是将货架上方便拿取的位置（中下层）作为动管区，不容易拿取的位置（上层）作为保管区。而进货时将动管区放不下的多余货箱放至上层保管区。当动管区的存货低于设定标准时则可利用堆高机将上层保管区的货品搬至下层动管区补货。这种补货方式较适合体积不大、每品项存货量不高，且出货多属中小量（以箱为单位）的货品。

（4）其他补货方式：

① 直接补货。直接补货方式是补货人员直接在进货时将物品运至拣选区，物品不再进入保管区的形式。

② 复合式补货。在复合式补货情况下，拣货的物品采取同类物品相邻放置的方式，而保管区采取两阶段的补货方式。第一保管区为高层货架；第二保管区位于拣选区旁，是一个临时保管区。补货时先将物品从第一保管区移至第二保管区。当拣选区存货降到设定标准以下时，再将物品从第二保管区移到拣选区，由拣选人员在拣选区将物品拣走。

③ 自动补货。在一些自动化仓库中，通过计算机发出指令，物品被自动从保管区送出，经过扫描物品及容器条码后，将物品装入相应的容器，然后容器经输送机被运送到旋转货架处进行补货。

请扫描右边的二维码，查看常见的补货方式动画视频。

扫一扫

3. 补货时机

补货作业的发生与否应视拣货区的货物存量是否符合需求，因而究竟何时补货需检查拣货区存量，以避免拣货中途才发觉拣货区的货量不足，影响整个拣货作业。补货时机主要有以下三种方式，配送中心应视具体情况选择适宜的补货作业方式。

（1）批次补货：在每天或每一批次拣取前，由计算机计算所需货物总拣取量，再对应查看动管拣货区的货品量，在拣取前一特定时点补足货品。这是批次补足的补货原则，适合一日内作业量变化不大、紧急插单不多，或是每批次拣取量大、要事先通知的情况。

（2）定时补货：将每天划分为数个时点，补货人员于各时段内检查动管区货架上的货品存量，若不足即马上将货架补满。这就是定时补足的补货原则，适合分批拣货时间固定且处理紧急追加订货的时间亦固定的企业。

（3）随机补货：随机补货是指定专门的补货人员，随时巡视动管拣货区的货品存量，有不足随时补货的方式。这是随机补足的补货原则，较适合每批次拣取量不大、紧急插单多、一日内作业量不易事先掌握的情况。

 思政小案例

强调"数据驱动决策"与"合作共赢"的阿里巴巴

阿里巴巴，作为全球领先的电子商务平台，其背后的智慧仓储体系是支撑其高效物流运作的关键。在补货作业环节，阿里巴巴通过集成大数据分析、智能预测算法与自动化补货系统，实现了对仓库库存的精准监控与高效补货，确保了商品供应的连续性与稳定性。

阿里巴巴的智慧仓储系统通过实时监控销售数据、库存水平及供应链动态，运用智能预测算法对商品需求进行精准预测。当系统判断某商品库存即将达到安全库存阈值时，自动触发补货指令，并通知供应商或内部物流团队进行补货操作。在补货作业中，阿里巴巴采用了自动化分拣与包装设备，结合智能仓储机器人，实现了从库存区到补货区的快速搬运与准确放置。同时，系统还支持多渠道订单合并处理，进一步优化了补货流程与成本。此外，阿里巴巴还注重与供应商之间的紧密合作与信息共享，通过构建供应链协同平台，实现了供应链上下游的无缝对接与高效协同，为补货作业的顺利进行提供了有力保障。

阿里巴巴智慧仓储中的补货作业，深刻体现了"数据驱动决策"与"合作共赢"的理念。通过大数据分析与智能预测算法的应用，阿里巴巴实现了对商品需求的精准预测与库存的精细化管理，体现了数据在现代企业管理中的核心地位与价值。而补货作业的自动化与智能化转型，不仅提升了仓库运营效率与准确性，还减轻了员工的劳动强度与工作压力，体现了企业对员工关怀与人性化管理的重视。此外，阿里巴巴与供应商之间的紧密合作与信息共享，构建了供应链协同的生态系统，实现了资源的优化配置与共享共赢。这不仅提升了企业的市场竞争力与响应速度，还促进了整个供应链的可持续发展与共同进步。

（二）任务准备

根据教材和资料获取的知识，小组合作对移库单中的货物添加移库任务，小组成员需要进行以下的角色分工。

角色	任务
仓库信息员	编制出库信息表，获取补货点情况； 补货任务信息添加和审核处理。
仓库管理员	计算并确定补货数量。

（三）任务实施

根据计划中角色分配，分工合作，完成货物补货前的准备工作。

★ 步骤一：提取库存信息

仓库信息员从系统中可获取电子拣选区储位分配及补货点情况表及出库订单相关信息，包括货品名称、出库量及补货点等，编制出库信息表，如表3-3-2所示。

表3-3-2　2024年6月30日出库信息表

序号	储位编号	货品条码	货品名称	数量	补货点	单位	箱装数	出库量
1	A00101	6902083886455	娃哈哈营养快线	1	3	瓶	10	9
2	A00004	6928804013740	冰露矿泉水	1	3	瓶	10	10

★ 步骤二：计算结余库存量

仓库管理员根据目前的出库量计算结余库存量：当货物出库后，若结余库存量大于补货点，则不需要补货作业；若结余库存量小于等于补货点，则需要补货作业。计算结余库存量如下表 3-3-3 所示：

表 3-3-3　结余库存量

序号	储位编号	货品条码	货品名称	数量	补货点	单位	箱装数	出库量	结余库存量	是否补货
1	A00101	6902083886455	娃哈哈营养快线	10	3	瓶	10	9	1	是
2	A00004	6928804013740	冰露矿泉水	12	3	瓶	10	10	2	是

★ 步骤三：确定补货数量

仓库管理员根据结余库存量确定目前的补货数量。其中，补货的最小单位是"箱"，所以针对电子拣选区，娃哈哈营养快线补货数量为 1 箱，冰露矿泉水的补货量也为 1 箱，补货单如表 3-3-4 所示。

表 3-3-4　补货单

序号	储位编号	货品条码	货品名称	补货数量	单位
1	A00101	6902083886455	娃哈哈营养快线	1	箱
2	A00004	6928804013740	冰露矿泉水	1	箱

（四）反思小结

1. 在任务实施过程中，哪些步骤不够清晰或操作不够熟练？举例说明。

_____

_____

2. （判断）仓库管理员需要根据仓库的结余库存量确定目前的补货数量。（　　）

3. （判断）采用定时补货的仓库在补货时无需计算仓库结余库存量。（　　）

学习任务 3.2　补货异常处理

（一）知识链接

1. 补货作业流程

在智慧仓储系统中，补货作业是确保库存充足、提高拣选效率和维持物流顺畅的关键环节。一般以托盘为单位进行补货，其主要作业流程如图 3-3-1 所示。

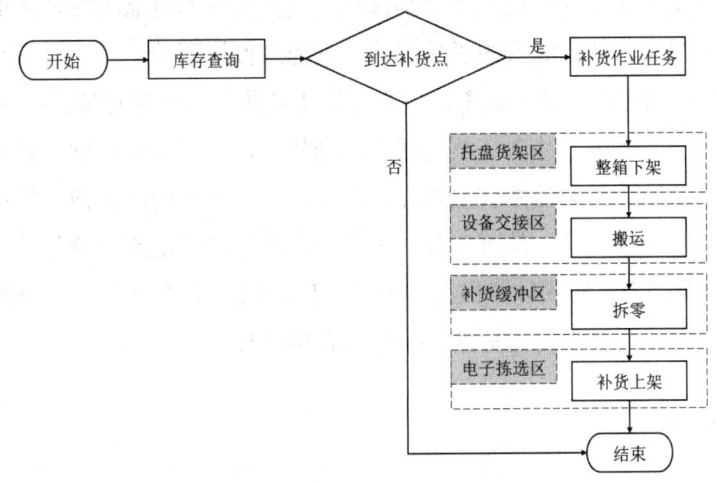

图 3-3-1　补货作业流程

仓库信息员需要查询已有库存，确认目前库存是否达到补货点，在系统内处理完补货信息后，开展补货作业。仓库操作员取来堆高车，登录手持界面，进入相应功能模块找到待补货下架的货位，并从货位上将待补货的货物进行下架，将下架的货物搬运到操作交接区之后，上架操作员将待上架货物从交接区搬运至指定库位，并使用手持终端扫描货物及货位，确认货物补货上架后，将正确数量的货物上架到指定货位上，完成补货作业后将设备依次归位。

2. 补货异常处理

在系统中完成补货计划的制订和审核后，仓库中将进行补货作业。由于大件商品和小件商品的存储形式有所不同，因此，对应的补货方式也有所不同。大件商品的补货过程由自动无人叉车和智能搬运机器人独立完成，无须人工介入。小件商品的补货需要在补货站台依靠人工辅助补货完成。然而，在实际补货过程中，难免会遇到各种异常情况，常见的几种异常情况处理方式如下：

（1）目标货位数量短缺：首先，应立即停止作业并反馈异常情况，一旦发现异常，须第一时间上报主管人员。其次，查询库位作业记录，寻找原因：调查需依据系统账面、货物记录卡、进出库异常登记、退货返库、差异库位交易记录、拣货文件等作业记录进行分析。最后，根据指令补充货品数量：如果是货品本身缺货，需从外部供应商处进货；如果只是该货位数量不足，可从 SKU 的其他货位拿货补足。

（2）目标货位错放、混放：首先，应立即停止作业并反馈异常情况：一旦发现异常，须第一时间上报主管人员。其次，查询 SKU 其他货位，确认情况：查看该 SKU 的其他货位情况，确认指示的货品错放到了别的货位，或者其他地方的货品混入了该货位。最后，根据指令调整货品存放位置：如果是错放，就把错放的货品剔除，把应放的货品调整回来。如果是混放，就把混入的货品剔除，其他的保持不动。

（3）目标货品破损、变质：首先，应立即停止作业并反馈异常情况：一旦发现异常，须第一时间上报主管人员。其次，及时移出问题货品，判别损坏程度：是否是外包装轻度磨损，产品质量未受损的轻微破损货品；是否是内外包装均已破损，但质检证实未影响产品质量的一般破损货品；是否是直接影响产品质量的严重破损货品。最后，根据指令对问题货品区别处理：对于轻微破损的货品，应采取补救措施；对于一般破损的货品，进行包装更换；对于严重破损的货品，执行不合格品程序。

（二）任务准备

根据教材和资料获取的知识，小组合作根据已有库存信息确定补货任务，小组成员需要进行以下的角色分工。

角色	任务
仓库信息员	补货任务信息添加和审核处理； 补货单的填写及打印。
仓库管理员	补货单的整理及审核； 调配人员及设备。
仓库操作员	补货作业实施； 设备的检查及维护。

（三）任务实施

根据计划中角色分配，分工合作，完成仓库补货作业。

★ 步骤一：补货作业准备工作

仓库管理员接收到补货任务后，需要开展补货作业准备工作，具体包括以下内容：

1. 确定本次补货作业的工作人员，包括理货、装卸搬运人员。

2. 准备补货工具。主要包括补货作业中常用的搬运工具、数据采集器、周转箱、开箱刀和补货单等，具体如表 3-3-5 所示。

表 3-3-5　补货作业设备列表

设备材料清单	
1	条码数据采集器（PDA）
2	堆高车、叉车
3	手动液压搬运车
4	手推车、周转箱、开箱刀

★ 步骤二：录入补货单

1. 仓库信息员登录实训系统，进行补货信息处理，并下达补货任务。进入系统后，点击【数据初始化】，在系统主页面中选择【补货单】，即可新增补货订单，如图 3-3-2 所示。

2. 仓库信息员选择【补货单】后，点击【新增】按钮，进入补货作业信息录入界面，选择库房编码，点击"确定"，在"库存信息"中填写补货商品的补货数量后，点击【增加】按钮，完成补货信息的添加，如图 3-3-3 所示。

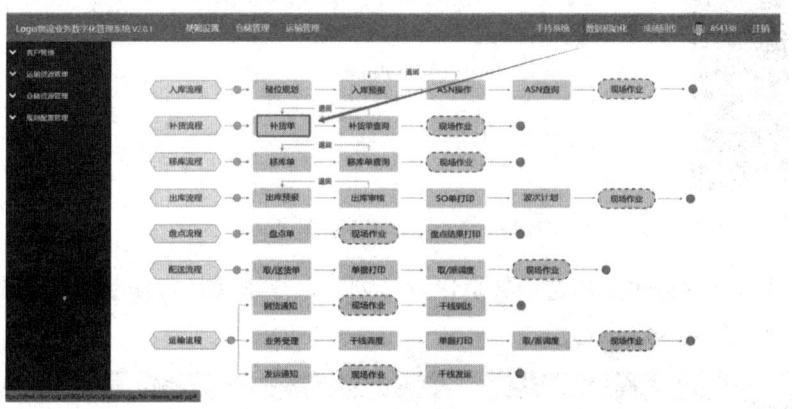

图 3-3-2　数据初始化

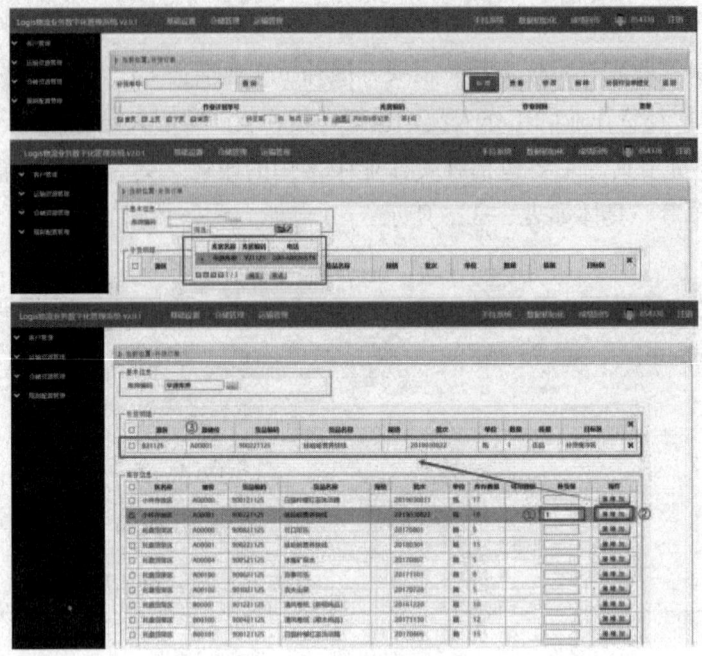

图 3-3-3 新增补货信息

3. 补货商品增加完成后，点击【保存】，完成补货信息的添加，如图 3-3-4 所示。

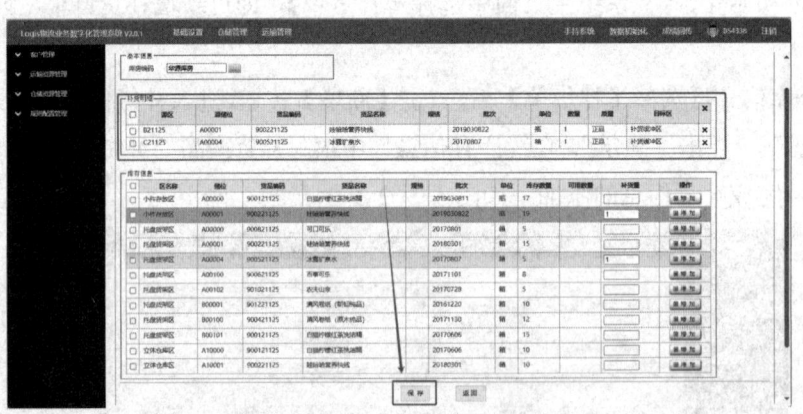

图 3-3-4 补货信息添加完成

4. 信息员保存订单后，选中补货作业计划单，点击【补货作业单提交】按钮提交补货任务，如图 3-3-5 所示。

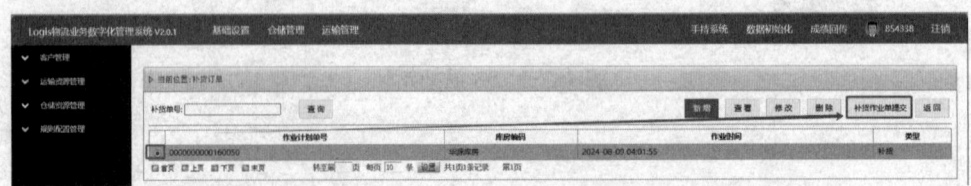

图 3-3-5 提交补货单

★ 步骤三：下架作业

操作员点击【手持系统】进入手持操作系统，选择【仓储作业】，在【出库作业】中选择【下架作业】。操作员扫描托盘标签，确认储位货物信息，点击【确认】按钮确认下架，直至完成所有待补货货品的下架操作后，点击【返回】按钮返回至上架目录。这里以"娃哈哈营养快线"为例，输入储位标签"A00001"，点击回车，在输入托盘标签"8000000000012"，点击回车，系统显示货品名称及下架数量，点击确认按钮，如图3-3-6所示。（注：在完成储位标签、托盘标签输入后按回车键。）

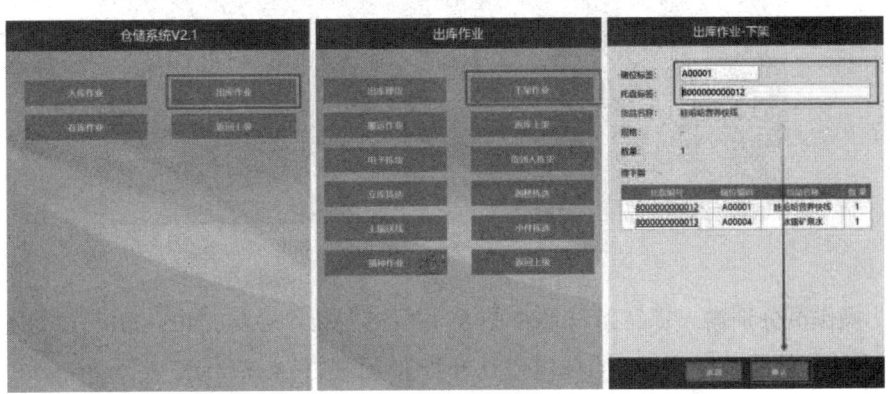

图 3-3-6　开始下架作业

★ 步骤四：搬运作业

仓库操作员登录手持，进行搬运前的扫描，确认货物搬运的目标区域，在手持界面点击【搬运作业】后，输入托盘标签"8000000000012"，点击回车，查看搬运货物信息，点击【确认】按钮，完成所有待搬运货品的操作后，点击【返回】按钮返回至上级目录，如图3-3-7所示。

图 3-3-7　开始搬运作业

★ 步骤五：返库上架

1. 操作员在手持界面点击【在库作业】，选择【补货作业】，如图 3-3-8 所示。

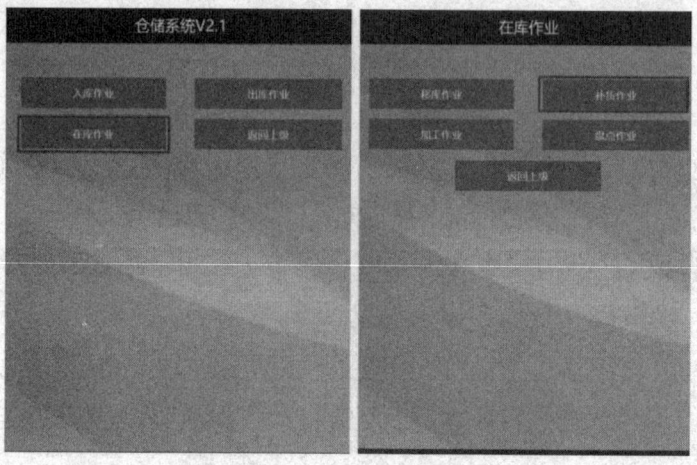

图 3-3-8　进入补货作业

2. 操作员分别输入货品条码"6902083886455"和"6928804013740"，分别点击回车，分别输入补货数量"1"，点击【确认补货】，如图 3-3-9 所示。

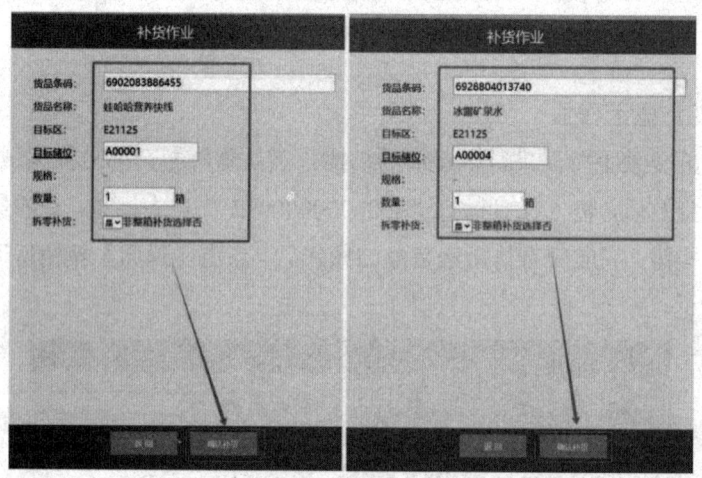

图 3-3-9　确认补货

3. 补货完成后，若托盘有剩余的货品，则会有返库提示，操作员需要进行返库搬运、上架作业；若没有剩余货品，操作员则将空托盘返回托盘存放区，搬运作业界面没有显示操作信息即完成。

（1）确认返库，分别输入货品的托盘编号，点击确认，如图 3-3-10 所示。

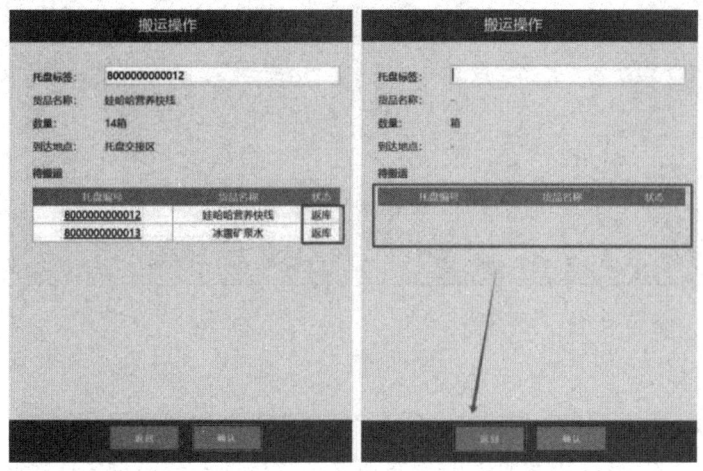

图 3-3-10 确认返库

（2）返库上架：返回上一界面，点击"返库上架"，分别输入具体货品的托盘编号，及区储位编码，点击确认，完成货品返库上架操作，如图 3-3-11 所示。

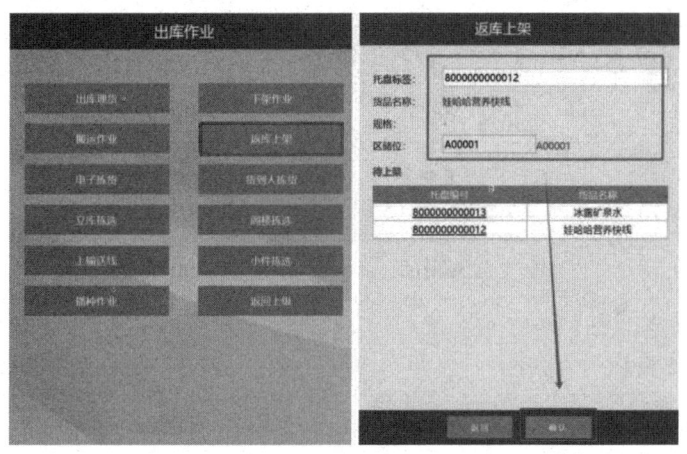

图 3-3-11 返库上架

（四）反思小结

1. 在任务实施过程中，哪些步骤不够清晰或操作不够熟练？举例说明。

_____

_____

2. （判断）仓库工作人员在补货完成后，无需对货品进行返库搬运。（ ）
3. 以下哪些信息是新增补货作业任务过程中无需添加的内容（ ）。

　　A. 货品名称　　　　B. 补货数量　　　　C. 托盘编号　　　　D. 库房编码

技能训练

2024年7月30日,华源集团的仓库管理员老马月末需要对库存物品进行盘点,以便实现及时移库和补货。老马需要安排好人员及设备,顺利完成已有货物的在库作业,具体包括盘点作业、移库作业和补货作业。目前托盘货架区的储位分配情况和分类情况如下:

饮料区			
A00200	A00201	A00202	A00203
康师傅绿茶20220901(8箱)	怡宝矿泉水20220907(5箱)	农夫山泉20220928(8箱)	
A00100	A00101	A00102	A00103
康师傅冰红茶20220901(5箱)			娃哈哈营养快线20220901(15箱)
A00000	A00001	A00002	A00003
日用品区			
B00200	B00201	B00202	B00203
洁柔抽纸20220630(10箱)	立白洗衣液20220606(15箱)		
B00100	B00101	B00102	B00103
	黑人牙膏20220720(10箱)		
B00000	B00001	B00002	B00003

货物 ABC 分类表

商品条码	商品名称	商品补货点	分　类
6928804011173	康师傅冰红茶	5	A
6902083886455	娃哈哈营养快线	10	B
6901894121670	立白洗衣液	10	B
6922266437359	洁柔抽纸	5	B
6928804013740	怡宝矿泉水	10	C
6924882496116	康师傅绿茶	5	C
6921168509256	农夫山泉	10	C
6922266452154	黑人牙膏	2	C

考核评价

一、理论模拟练习

（一）单选题

1. 以下对盘点差错的处理正确的是（　　）。
   A. 在盘点中发现擅自接受代销商品且售后结算商品不列收入账者，予以警告处分。
   B. 对擅自将售后商品提前付款的，作贪污论处。
   C. 盘点中发现擅自出借、挪用和赊销商品或白条顶库的，将其调离仓储岗位。
   D. 盘点中发生溢缺情况，在未经领导批准前，可先通过待处理损失或待处理溢余挂账，待审批后再做处理。

2. 以下对盘点差错的处理不正确的是（　　）。
   A. 对擅自将售后商品提前付款的，作贪污论处。
   B. 在盘点中发现擅自接受代销商品且售后结算商品不列收入账者，作贪污论处。
   C. 盘点中发生溢缺情况，在未经领导批准前，可先通过待处理损失或待处理溢余挂账，待审批后再做处理。
   D. 对商品情况不正常或溢缺较大的，要责成仓储部门负责人限期查明原因，并及时报告。

3. 商品盘点中可能出现账、货不符或货、款不符，以下属于这些误差产生原因的是（　　）。
   A. 销货过程发生的误差　　　　　　B. 拣货过程发生的差错
   C. 验货过程发生的差错　　　　　　D. 搬运过程发生的差错

4. 在移库时发生货物外包装破损，对于（　　）的货品，进行包装更换。
   A. 轻微受损　　　　　　　　　　　B. 严重破损
   C. 中度破损　　　　　　　　　　　D. 一般破损

5. 仓库操作员执行补货作业环节的正确流程是（　　）。

  A．取设备→定位货位货物→货物下架

  B．取设备→货物下架→定位货位货物

  C．移动货物至指定库位→手持终端操作→货物下架操作

  D．移动货物至指定库位→手持终端操作→货物上架操作

（二）多选题

1. 下列现象中，可以在仓库商品盘点中被判定为异常亏损的有（　　）。

  A．自然损耗　　　　　　　　　　B．短缺

  C．损坏　　　　　　　　　　　　D．合理盈亏

2. 盘点差异的常见原因有（　　）。

  A．记录及帐务处理有误　　　　　B．进、出库原始单据丢失

  C．盘点方法不当　　　　　　　　D．漏盘

3. 在移库作业中，发生货位数量不符时的正确做法是（　　）。

  A．立即停止作业并反馈异常情况　B．查询库位作业记录，寻找原因

  C．按实际数量进行移库作业　　　D．根据指令，对问题货品区别处理

4. 仓管员进行补货作业中，发现目标货品破损、变质应该（　　）。

  A．立即停止作业并反馈异常情况　B．根据指令，调整货品存放位置

  C．及时移出问题货品，判别损坏程度　D．根据指令，对问题货品区别处理

5. 仓管员进行补货作业时，发现目标货位错放、混放应该（　　）。

  A．立即停止作业并反馈异常情况　B．根据指令，调整货品存放位置

  C．及时移出问题货品，判别损坏程度　D．查询 SKU 其他货位，确认情况

（三）判断题

1. 仓库的盘点必须配备一定的人员，根据盘点区域合理安排盘点人员，并进行交叉盘点。（　　）

2. 条形码系统随机将盘点任务发给相关操作人员。（　　）

3. 在常见的移库异常情况中，发现货物质量异常时，不必立即停止作业并反异常情况。（　　）

4. 仓管员在 WMS 系统中对作业计划单及调配资源情况进行撤销修改操作后，需将移库单交接主管签字。（　　）

5. 当发现目标货位数量短缺时，仓管员可以根据指令补充货品数量。（　　）

二、操作技能评价

操作技能评价表

小组：_____

序 号	操作技能评分点	分 值	得 分	备 注
1	能够做好盘点作业准备工作	10		
2	能够完成货品的盘点作业处理	10		
3	能够正确分析盘点异常情况并处理异常结果	10		
4	能够准确完成货品的移库作业	10		
5	能够正确分析移库异常情况并处理异常结果	10		
6	能够准确完成货品的补货作业	10		
7	能够正确分析补货异常情况并处理异常结果	10		
8	能够合理组织和调配设备	10		
9	能够检查及保养仓储设备	10		
10	能够严格按照规范操作，准确快速操作系统	10		
	合计	100		
👍 根据考核评价表，你认为哪个小组应该被评为明星组？				
本次任务你对自己的表现满意吗？ □满意 😀　　　□一般 😐　　　□不满意 😞				

04

智慧仓储出库作业

岗位描述

岗位工作职责

1. 进行出库订单受理；
2. 进行拣货作业处理；
3. 进行出库复核作业处理；
4. 进行包装发货作业处理。

主要涉及岗位

1. 仓库管理员；
2. 仓库信息员；
3. 仓库操作员。

学习任务描述

美多惠超市有限公司致电同创物流上海物流中心，通知仓库需要在2021年10月8日出库一批货物。仓储主管张青安排仓库管理员小李根据出库作业信息做好出库准备，并进行出库拣货、复核打包及发货。出库通知单信息如下表所示：

出库通知单1			
SO 编码	SO2021098001	客户指令号	CK202190801
发货库房	同创物流上海物流中心	客户名称	美多惠超市
收货单位	家乐福超市	出库日期	2021年10月8日

续表

货品条码	货品名称	生产日期	单位	数量
6925125972570	洽洽五香瓜子	20210820	箱	3
6925126982124	黑米锅巴	20210810	箱	5
6925129972579	红糖小麻花	20210712	箱	2
6923155962548	斑布有芯卷纸	20210708	卷	8

出库通知单2					
SO编码	SO2021098002		客户指令号	CK202190802	
发货库房	同创物流上海物流中心		客户名称	美多惠超市	
收货单位	华美超市		出库日期	2021年10月8日	
货品条码	货品名称		生产日期	单位	数量
6923155962575	沙宣柔顺护发素		20210620	瓶	10
6923155962548	斑布有芯卷纸		20210708	箱	5
6925126982124	黑米锅巴		20210810	箱	4

同时，家乐福超市和华美超市的收货信息如下表所示：

收货信息		
收货单位	家乐福超市	华美超市
是否送货	是	是
收货地址	上海市浦东新区东方路1530号	上海市浦东新区杨高南路1685号
联系人	赵海	李静
联系电话	13677849556	18719199686
收货时间	2021.10.8 18:30——21:00	2021.10.8 16:00——18:00

同创物流上海物流中心目前空闲的自有可供取派调度的车辆信息如下表所示：

序号	车牌号	车长（米）	厢型	载重（吨）	容积（立方）	司机	联系电话	百公里油耗（L）
1	沪A34012	4.2	面包车	3	5	杨波	13101230045	10
3	沪A36104	9.6	面包车	6	24	李响	18898745612	27
4	沪A31153	17.5	面包车	11	45	陈虎	18871505541	56

知识获取

学习任务一　出库订单受理

情境导入

同创物流上海物流中心，作为区域内知名的物流服务提供商，其仓储管理体系融合了先进的科技手段与深厚的行业经验，确保了仓储作业的高效与精准。2021年10月7日，仓储主管张青接到来自长期合作伙伴美多惠超市的出库通知单，他迅速而细致地审阅了这份文件，利用WMS系统对订单信息进行了初步分析，包括商品种类、数量、存储位置以及预计的出库时间等，确保了对出库需求的全面理解。随后他安排仓库管理员小李根据出库作业信息做好出库作业准备工作和出库订单处理工作。

学习目标

知识目标	1. 了解出库作业准备工作； 2. 掌握货物出库作业内容和流程。
能力目标	1. 能够完成商品出库作业审核凭证和信息处理； 2. 能够做好出库准备工作； 3. 能够合理组织和调配资源。
素养目标	1. 培养良好的沟通能力和客户服务意识； 2. 培养细致高效的执行力。

问题导入

引导问题1：仓库作业过程是仓库以入库、保管、（　）为中心的一系列作业阶段和作业环节的总称。

　　A．采购　　　　B．出库　　　　C．配送　　　　D．运输

引导问题2：请思考在智慧仓储的出库作业中，货物出库的基本要求是什么？请举例说明。

_____

_____

引导问题3：请结合生活实际，思考目前有哪些智能化技术作用于出库作业中？请举例说明。

_____

_____

学习任务1.1　出库订单处理

（一）知识链接

出库作业，即仓库依据货主提供的出库凭证（提货单、调拨单等），核对货物信息并执行备料、复核、点交、发放等关键流程，作为仓储流程的最终环节，直接关联货主、收货方及承运方，影响仓库内部协同效率与仓储管理水平。仓储企业应确保以经济合理的成本，实现出库货物的高质量、高效率、安全及时送达，以满足客户需求，促进客户信任与长期合作关系的建立。

1. 货物出库前的准备

为保证出库的顺利进行，仓储主管应在分析出库订单的有效性后，安排具体的出库作业准备工作，通知各部门做好相应的工作。通常出库作业准备应包括以下内容：

（1）确定货品出库的方式，安排出库作业区域。当货物出库时，需确保出库作业区

域布局合理,能够最大化作业效率并减少搬运距离,以容纳待出库货物的临时堆放与整理,同时便于叉车、手推车等装卸搬运设备的操作。同时,还需考虑作业区域的通风、照明、安全出口等基础设施,确保作业环境符合安全与健康标准。

(2) 货物的组配和包装。根据客户需要,有些货物需要拆零后出库,仓库应事先为此做好准备,备足零散货物,以免因临时拆零而延误发货时间;有些货物则需要进行拼箱,为此应做好挑选、分类、整理和配套等准备工作。同时,货物经多次装卸、堆码、翻仓和拆检,会使部分包装受损,不符合运输要求的,仓库必须视情况事先进行整理、加固或改换包装。

(3) 出库设备和工具的准备。据货物的特性和出库量,选择合适的装卸设备,如叉车、堆高机、传送带、手动或电动搬运车等,并确保这些设备处于良好运行状态,操作人员需经过专业培训,熟悉设备操作规程及安全注意事项。通过科学配置与使用装卸搬运设备,可以显著提升出库作业的效率与安全性。

(4) 按照实际的需求,确定相应的人员。一般包括叉车驾驶员、拣货员、出库复核员、包装工、信息管理员等。

2. 货物出库的基本要求

货物出库的基本要求主要有以下几点:

(1) 严格贯彻"先进先出,后进后出"的原则。为避免货物长期在库存放而超过其存储期限或增加自然损耗,必须坚持"先进先出,后进后出"的原则。同时要做到有保管期限的先出,保管条件差的先出,容易变质的先出,近失效期的先出,包装简易的先出,回收复用的先出,其目的在于避免物品因库存时间过长而发生变质或影响其价值和使用价值。

(2) 出库凭证和手续必须符合要求。出库业务必须依据正式的出库凭证进行,任何非正式的凭证均视为无效凭证,不能作为出库的依据。出库业务程序是保证出库工作顺利进行的基本保证。为防止出现工作失误,在进行出库作业时,必须严格履行规定的出库业务工作程序,使出库业务有序进行。

(3) 严格遵守仓库有关出库的各项规章制度。一般情况下,由于仓库存储商品品种较多,发货时间比较集中,业务比较繁忙,为做到出库商品准确无误,必须加强复核工作,要从审核出库凭证开始直到商品交接为止,每一环节都要进行复核。严格遵守出库的各项规章制度,按照商品出库凭证所列的商品编号、品名、规格、等级、单位、数量等,做到准确无误地出库。

(4) 提高服务质量、满足用户需要。办理出库手续,应在明确经济责任的前提下,力求手续简便,提高发货效率。一方面,要求作业人员具有较高的业务素质,全面掌握商品的流向动态,合理地组织出库业务;另一方面,还要加强与业务单位的联系,提前做好出库准备，迅速、及时地完成出库业务。

（5）严格贯彻"三不""三核""五检查"的原则。"三不"是指未接单据不翻账，未经审单不备库，未经复核不出库；"三核"是指在发货时，要核实凭证、核对账卡、核对实物；"五检查"是指对单据和实物要进行品名检查、规格检查、包装检查、件数检查、重量检查。

3. 货物出库方式

（1）送货。仓库根据货物委托运输部门（铁路、水运、空运、邮政等）运到车站、码头、机场，用户自行提取或仓库使用自有车辆直接将货物送达收货地点。这种发货形式就是通常所称的"送货制"。

（2）自提。收货人或其代理人自派车辆和人员，持货物调拨通知单直接到仓库提货，仓库凭单发货，这种发货形式就是仓库通常所称的"提货制"。为划清交接责任，仓库发货人与提货人在仓库现场对出库货物当面交接清楚，并办理签收手续。

（3）过户。过户是一种就地划拨的形式。货物虽未出库，但是所有权已从原存货户转移到新存货户。仓库必须根据原存货单位开出的正式过户凭证办理过户手续，而仓库管理人员只需要进行单据交割更换户名即可，无须进行实物转移。

（4）转仓。存货单位为了方便业务开展或改变存储条件，需要将库存货物从甲库移到乙库，这就是转仓的发货形式。因为出库量大，是以整批的方式出库的，所以要求仓库必须根据存货单位开出的正式转仓单办理转仓手续。

（5）取样。存货单位出于对货物质量检验、样品陈列等的需要，到仓库提取货样（一般都要开箱拆包、分割，出库量小），仓库也必须根据正式取样凭证才能发给样品，并做好账务记载。

4. 出库订单审核内容

出库订单审核作为物流管理中至关重要的一环，其内容的全面性和准确性直接影响到后续出库作业的效率与准确性。出库订单审核内容主要包括以下5个方面：

（1）客户名称：核实客户名称的准确无误，确保与系统中已注册的客户信息一致，避免错发或误发至非指定客户。

（2）SO编码：验证SO编码的唯一性和有效性，确保该订单在系统中已正确创建并处于待出库状态。

（3）客户指令号：注意客户在订单中提出的特殊指令或要求，如包装方式、配送时间、收货人信息等，确保出库作业完全符合客户需求。同时，对于特殊包装、标识或配送要求，需确认仓库是否具备相应条件并执行到位。

（4）货品与在库货品匹配度：核对订单中的货品信息与仓库库存系统中的实际库存

情况，包括货品编号、名称、规格、数量、批次号等，确保完全匹配；检查库存货品的保质期、质量状态，避免过期或不良品出库；对于需要组装或配置的货品，还需审核组装/配置方案是否符合订单要求。

（5）出库日期：根据客户要求和仓库资源安排，合理确定出库日期，确保按时发货；细化出库时间，考虑到物流配送的时效性，尽量安排在工作日的上午时段出库，以提高运输效率；对于紧急订单，需特别标注并优先处理，确保快速响应客户需求。

5．出库作业流程

出库作业流程如图 4-1-1 所示。

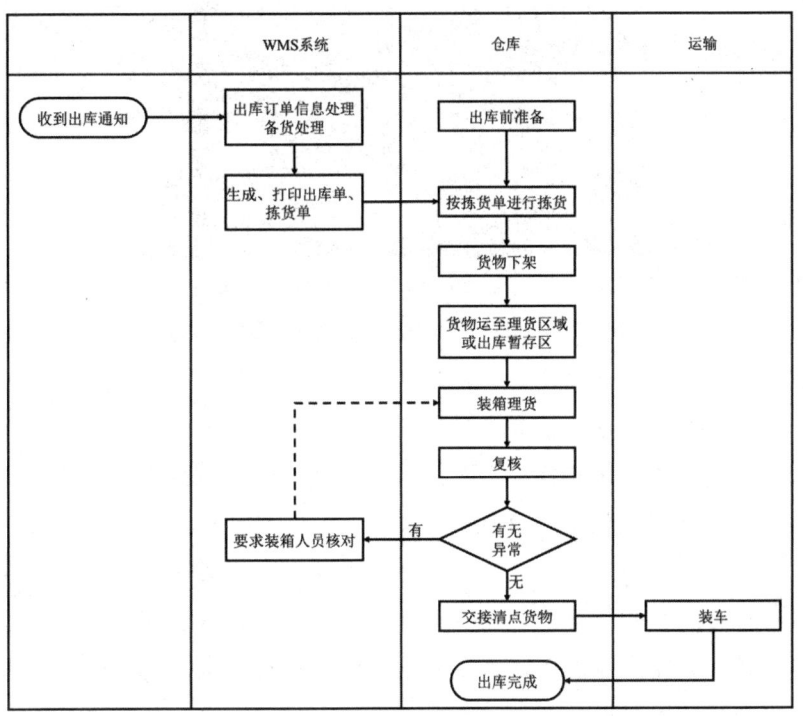

图 4-1-1　出库作业流程

请扫描右边的二维码，查看出库作业中需要的单据凭证示例。

扫一扫

以"科技赋能物流,服务创造价值"为理念的顺丰速运

顺丰速运,作为国内领先的快递物流服务商,其智慧仓储系统在出库订单受理环节展现了高度的自动化、智能化与人性化管理水平。通过集成物联网、大数据分析与智能调度系统,顺丰速运实现了对出库订单的即时响应、精准处理与高效执行,为客户提供了优质的物流服务体验。

在顺丰速运的智慧仓储中,出库订单受理是物流作业的关键环节之一。当客户下单后,订单信息被即时传输至仓储管理系统(WMS),系统根据订单详情、库存状态及配送地址等信息,自动进行订单拆分、排序与优先级设定。随后,智能调度系统根据仓库布局、设备状态及人员配置等因素,为出库作业分配最优的拣选路径与资源。在拣选过程中,顺丰速运采用了自动化拣选设备、智能穿戴设备与RFID技术等,实现了对货物的快速识别、精准定位与高效拣选。拣选完成后,系统自动生成出库单与配送计划,并通知配送团队进行后续操作。此外,顺丰速运还注重出库订单受理过程中的信息透明与客户服务。客户可以通过官方网站、APP等渠道实时查询订单状态与配送进度,增强了客户体验与信任度。

"科技赋能物流,服务创造价值"是顺丰速运在智慧仓储中的核心理念。通过物联网、大数据分析与智能调度等先进技术的应用,顺丰速运实现了对出库订单的即时响应与精准处理,提升了物流作业的效率与准确性,为客户提供了更加快速、便捷的物流服务体验。在出库订单受理过程中,顺丰速运非常注重信息透明与客户服务,体现了企业对客户需求的尊重与关注。通过提供实时查询、在线客服等增值服务,顺丰速运增强了客户体验与忠诚度,构建了良好的品牌形象与口碑。

（二）任务准备

根据教材和资料获取的知识，小组合作对出库订单进行处理，做好出库作业准备，小组成员需要进行以下的角色分工。

角 色	任 务
仓库管理员	检查出库通知单信息； 出库单的审核工作。
仓库信息员	出库任务信息录入处理； 出库单的打印及整理。

（三）任务实施

根据计划中角色分配，分工合作，完成货品的出库订单处理工作。

★ 步骤一：订单检查

仓库管理员对 2 个出库通知单进行检查，检查收货人信息、要求出库日期、生产日期等订单信息，未发现异常，则本任务中的 2 个出库通知单均正常执行。

★ 步骤二：新增并修改货品下架规则

1. 仓库信息员进入系统【规则配置管理 – 下架规则】页面，如图 4-1-2 所示，点击【新增】进入下架规则新增页面。

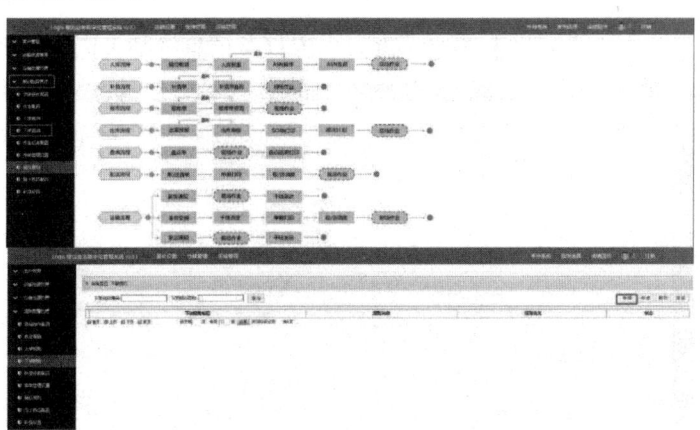

图 4-1-2　配置下架规则

2. 仓库信息员进入下架规则新增页面，输入规则名称：标准下架规则，规则状态选择"可用"，规则优先选择"库存周转规则优先"，策略选择"入库时间""升序""模糊匹配"。确认无误后点击【保存】，如图 4-1-3 所示。

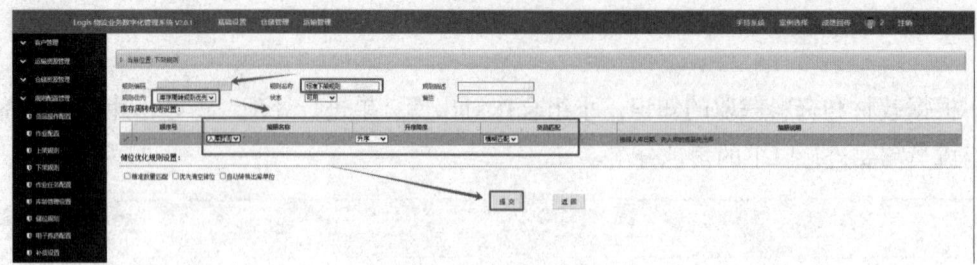

图 4-1-3　新增下架规则

★ 步骤三：出库单录入

1. 仓库信息员在基础设置主页面点击【出库预报】，进入出库预报页面。如图 4-1-4 所示。

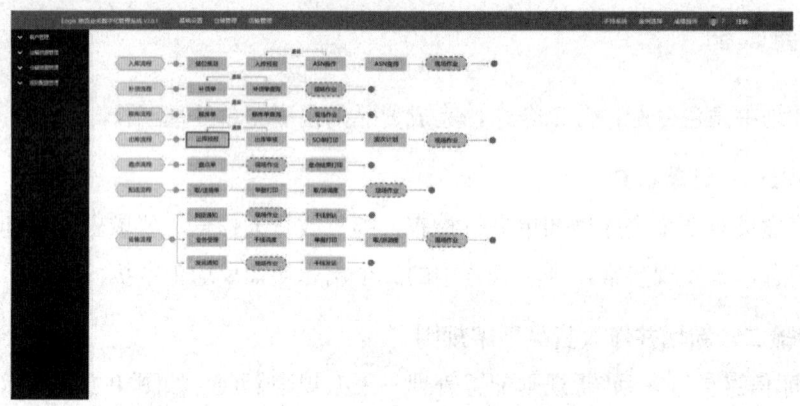

图 4-1-4　基础设置主页面 – 出库预报

2. 仓库信息员点击【新增】按钮，进入出库订单信息维护页面，如图 4-1-5 所示。

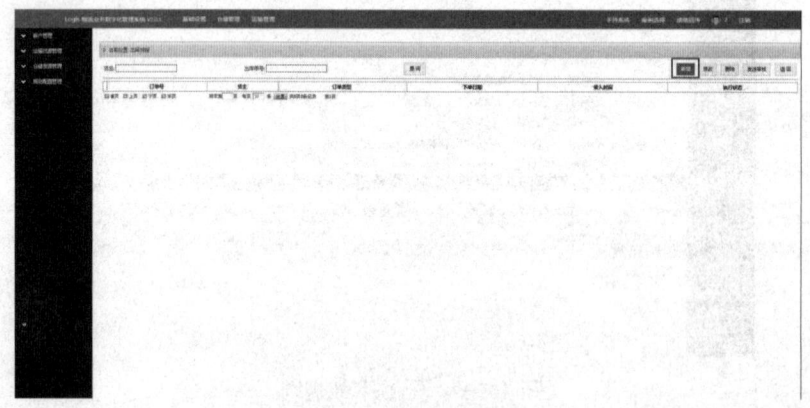

图 4-1-5　新增出库单

3. 仓库信息员在"订单信息"页面录入订单下达时间、SO 编码、货主指令号、货主、收货人、订单来源、紧急程度等内容；在"订单出库信息"页面录入库房、出库类型、是否送货、预计出库时间等内容（在是否送货选项中选择"是"；出库时间选择客户下达时间之后即可）；在"订单货品"页面添加货品，录入货品数量信息。点击【添加货品】，选择需要出库的，注意出库货品的单位。确认"订单信息""订单出库信息""订单货品"的信息无误后，点击【保存订单】按钮，保存订单，如图4-1-6所示。

图4-1-6　添加出库单信息

4. 仓库信息员在"出库预报"页面，选中需要审核的订单，点击【发送审核】，如图4-1-7所示。

图4-1-7　发送出库单审核

★ 步骤四：出库审核

1. 仓库管理员在基础设置主页面点击【出库审核】按钮，进入审核页面，如图4-1-8所示。

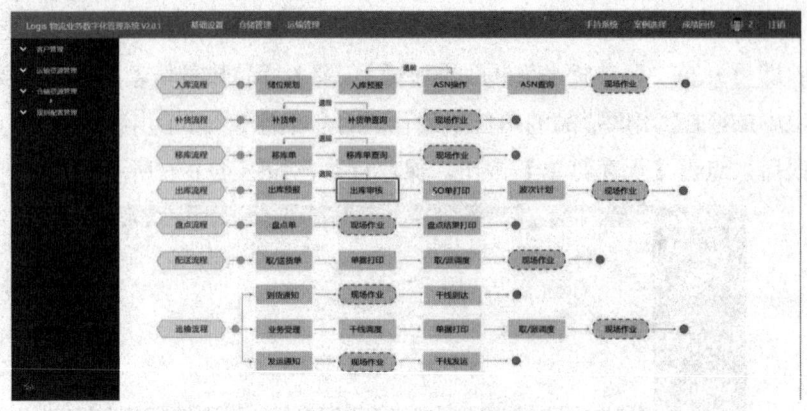

图 4-1-8　出库审核

2. 仓库管理员选中待处理的订单，点击【月台计划】按钮进行出库月台分配，如图 4-1-9 所示。

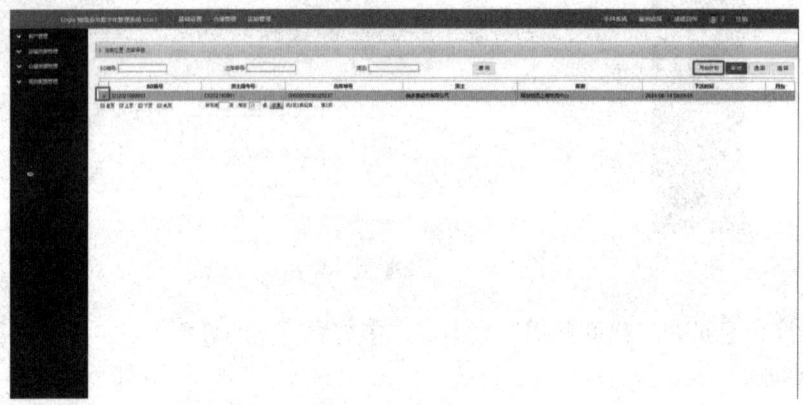

图 4-1-9　月台计划

3. 仓库管理员在跳转出的页面中，选择出库月台，点击【确认】完成出库任务的月台分配操作，如图 4-1-10 所示。

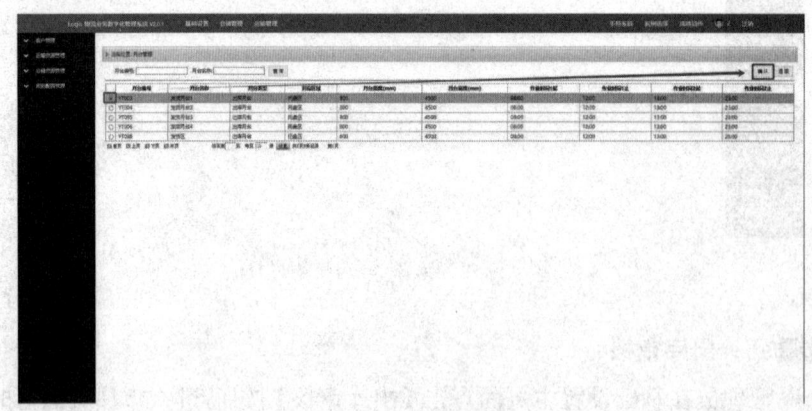

图 4-1-10　月台分配

4. 仓库管理员在"出库审核"页面选中需要审核的订单，点击【审核】按钮，在系统上方弹出的提示内点击【确定】完成出库单的审核操作，如图 4-1-11 所示。

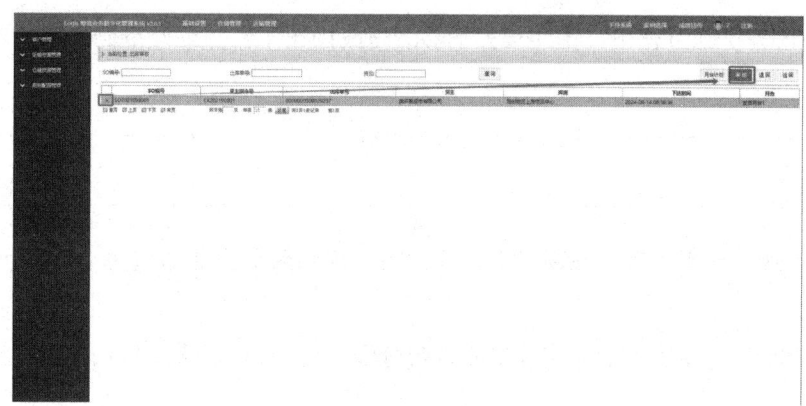

图 4-1-11　出库单审核

★ 步骤五：订单打印

仓库信息员在基础设置主页面点击【SO 单打印】按钮，进入订单打印页面，仓库管理员确认信息无误后点击【打印】按钮，如果电脑连接打印机，则可自动印出库单，如图 4-1-12 所示。

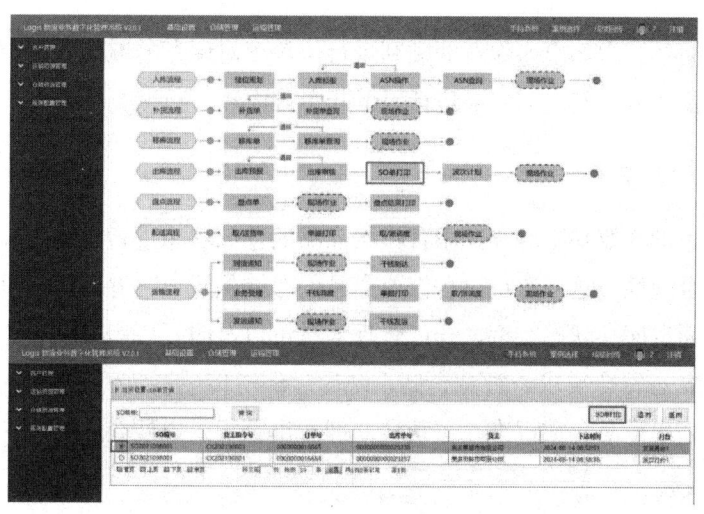

图 4-1-12　SO 单打印

出库单 2 同出库单 1 的以上操作一致即可。

（四）反思小结

1. 在任务实施过程中，哪些步骤不够清晰或操作不够熟练？举例说明。

_____

_____

2.（判断）仓库管理员在新增下架规则时，规则名称只能命名为"标准下架规则"。（   ）

3.（判断）仓库管理员在完成出库月台分配后，可直接进入手持系统进行出库操作。（   ）

学习任务1.2　库存查询

（一）知识链接

在智慧仓储系统中，出库作业的顺利进行依赖于对库存的准确查询。库存查询是仓储管理中的重要环节，其内容主要包括以下几个方面：

1. 库存状态查询

库存状态查询主要是指对仓库中各批次商品的存储状态进行查询，确保了商品在出库前的品质与合规性。这一查询过程涉及商品的存储位置、存储环境、以及保质期等多个关键信息，通过库存状态查询，仓库管理人员可以及时了解商品的存储情况，确保商品在出库前的状态符合要求。智慧仓储系统通过环境传感器实时监测并记录这些数据，一旦环境参数超出商品存放标准，系统应立即发出警报，以便仓库管理人员及时采取调整措施。

2. 库存数量查询

库存数量查询是对仓库中各批次商品的数量进行查询，以保证出库作业时能够按照需求及时补充货物。库存数量查询包括对整个仓库的库存总量、各分区库存量、各批次商品的库存量等进行查询。在传统的仓储管理中，库存数量查询主要依赖于人工的盘点，这不仅耗时耗力，而且容易出现误差。而智慧仓储系统的出现，改变了这一现状。在智慧仓储系统中，库存数量查询的功能得到了全面的提升。系统能够实时监控仓库中各批次商品的数量，通过先进的物联网技术和 RFID 技术，将商品的进出信息实时更新，确保了库存数据的准确性。

3．库存周转率查询

库存周转率是衡量仓库管理效率的重要指标。库存周转率查询主要是对商品在仓库中的流动速度进行统计，以评估仓库的运营效率。通过库存周转率查询，仓库管理人员可以找出库存管理的不足之处，优化库存结构，提高库存周转速度。

4．库存预警查询

库存预警查询是对库存中可能出现的问题进行预警，帮助仓库管理人员及时处理。库存预警查询包括对库存量低于设定阈值、库存即将过期、库存异常变动等情况进行查询。

5．出库作业关联查询

出库作业关联查询是对与出库作业相关的信息进行查询，以便为出库作业提供准确的数据支持。出库作业关联查询包括对订单信息、运输信息、客户信息等进行查询。

以上五个方面构成了智慧仓储出库作业中的库存查询内容。通过对这些内容的深入了解和掌握，仓库管理人员可以确保出库作业的顺利进行，提高仓库的管理效率。

（二）任务准备

根据教材和资料获取的知识，小组合作对库存信息进行查询，小组成员需要进行以下的角色分工。

角　色	任　务
仓库管理员	库存信息的查询； 库存冻结货品的查询。

（三）任务实施

★ 步骤一：库存查询

1．仓库管理员进入系统【仓储管理 - 仓储综合查询】页面，点击【库存查询】进入库存查询页面，如图 4-1-13 所示。

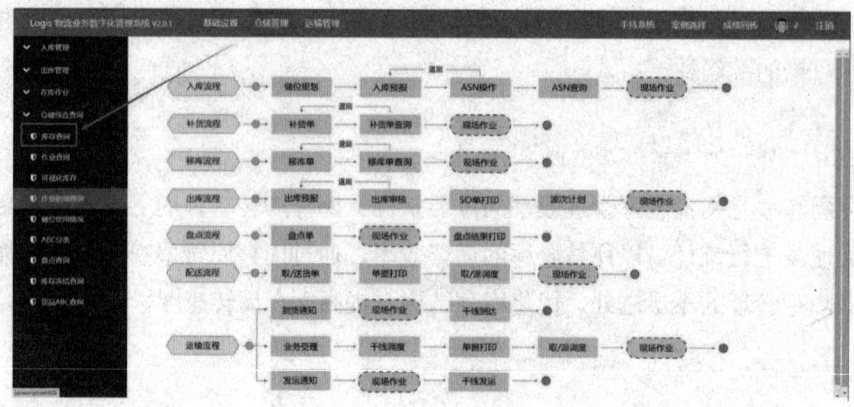

图 4-1-13　进入库存查询

2. 仓库管理员在库存查询界面，添加货品存放的区名称、货品名称或货品条形码信息，点击【查询】按钮，即可查询当前货品的库存状态，如图 4-1-14 所示。

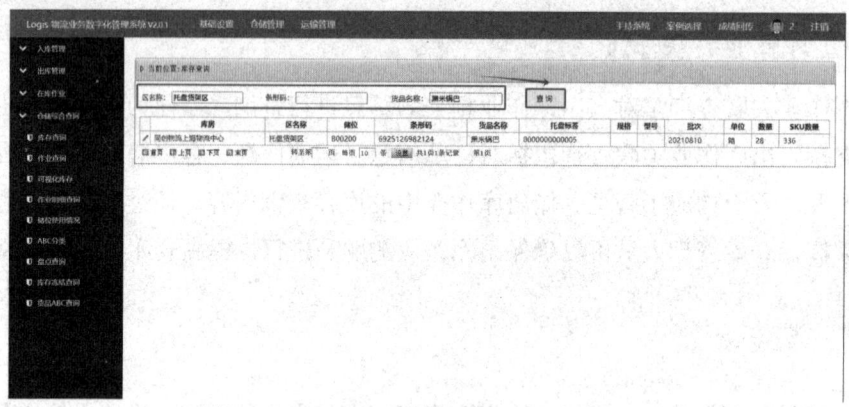

图 4-1-14　开始库存查询

★ 步骤二：库存冻结查询

1. 仓库管理员也可通过管理系统查询目前的冻结货品。仓库管理员进入系统【仓储管理 - 仓储综合查询】页面，点击【库存冻结查询】进入冻结查询页面，如图 4-1-15 所示。

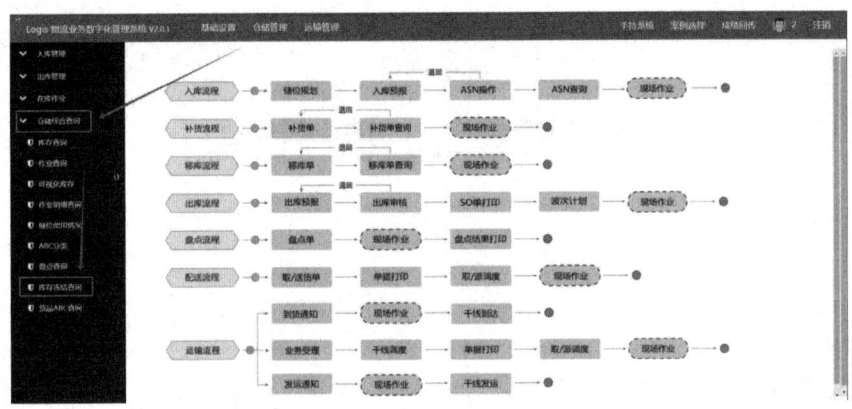

图 4-1-15　进入库存冻结查询

2．仓库管理员在库存冻结查询界面，选择货品冻结类型、客户码、库房、货品类型和货品编码即可查询当前被冻结的货品。这里以"洽洽五香瓜子"为例，选择【冻结类型】为"不入不出"，【客户码】选择"美多惠超市有限公司"，【库房】选择"同创物流上海物流中心"，【货品类型】选择"食品"，被冻结的货品信息如图 4-1-16 所示。

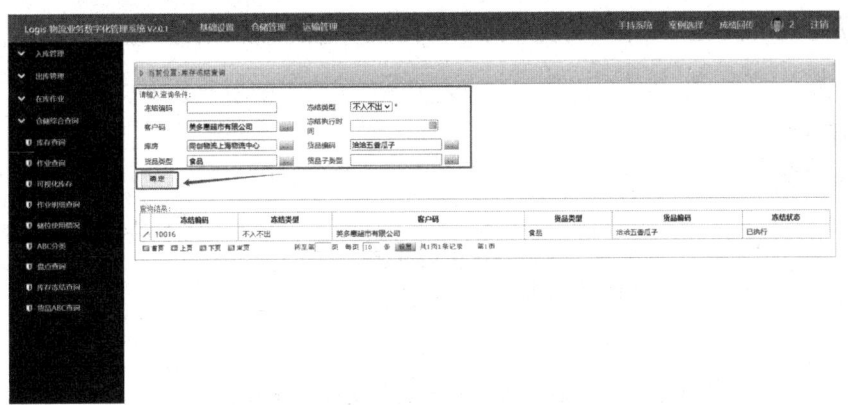

图 4-1-16　开始库存冻结查询

（四）反思小结

1．在任务实施过程中，哪些步骤不够清晰或操作不够熟练？举例说明。

_____

_____

2．（判断）在进行库存冻结查询操作时，如果未选择货品类型，就无法查询到想要获取的冻结货品信息。（　　）

学习任务二　拣货作业

情境导入

2021年10月8日，同创物流上海物流中心面临一项重要任务：高效完成美多惠超市的出库需求。作为仓库管理的关键角色，仓库管理员小李需要凭借其深厚的仓储管理专业知识，精心策划并执行出库作业的每一个细节。他不仅要精准调配人力资源，根据订单特性优化拣选团队的人员构成与分工，还要灵活配置高效的拣选工具与自动化设备，以科技赋能提升作业效率与准确性。通过这一系列专业且细致的协调措施，小李将确保拣选理货过程既快速又精准，为美多惠超市提供卓越的物流服务体验。

学习目标

知识目标	1. 了解拣货作业的概念和方式； 2. 掌握拣货作业的策略和流程； 3. 掌握货物整箱出库的流程。
能力目标	1. 能够运用拣货技术对仓储货物进行分拣作业； 2. 能够完成货物的整箱出库作业； 3. 能够合理组织和调配资源。
素养目标	1. 树立安全意识，规范操作拣货作业设备及工具； 2. 培养学生的责任心和细致的工作态度。

问题导入

引导问题1：按照客户订单的要求或出库单的要求将商品挑选出来，并放在指定位置的物流作业活动是指（　　）。

A. 采购　　　　B. 仓储　　　　C. 流通加工　　　　D. 拣货

💬 **引导问题 2**：请思考在智慧仓储的出库作业中，一旦拣选任务开始执行，能否根据实际情况调整拣选顺序或优先级？请说明原因。

_____

_____

💬 **引导问题 2**：请结合生活实际，思考目前有哪些智能化技术应用于出库作业中？请举例说明。

_____

_____

学习任务 2.1　PDA 拣货作业

（一）知识链接

1. PDA 拣货作业的概念

拣货作业是按照客户订单的要求或出库单的要求将商品挑选出来，并放在指定的位置的物流作业活动。商品的入库是批量到货，并且相同的品种存放在一起，而客户的订单包含多种不同商品品种。拣货作业就是要按照订单的要求，用最短的时间和最少的作业将商品准备好。

PDA 拣货作业则是利用 PDA 设备进行的货物拣选工作。PDA 设备配备了条形码扫描器和数据处理功能，使得仓库工作人员能够实时扫描商品条码，验证库存信息，并高效地完成拣货任务。PDA 拣货作业旨在提高拣货准确性和效率，减少人为错误，优化仓库操作流程。

2. 拣选方法

拣选方法有摘果法、播种法和复合拣选。在不同的仓库中和不同的订单类型，选择有效的拣选方法可有效地提高拣选效率。

（1）摘果法：摘果法，也叫拣选法，是针对单个订单，分拣人员按照订单所列商品及数量，将商品从存储区或分拣区拣取出来，然后集中在一起的拣货方式。摘果式拣选作业方法简单，接到订单可立即拣货，且作业前置时间短，作业人员责任明确；但当商品品项多时，拣货行走路径加长，拣取效率低下。摘果法适合订单大小差异较大、订单数量变化频繁、商品差异较大的情况，如化妆品、电器、家具等。摘果法拣选作业流程如图4-2-1所示。

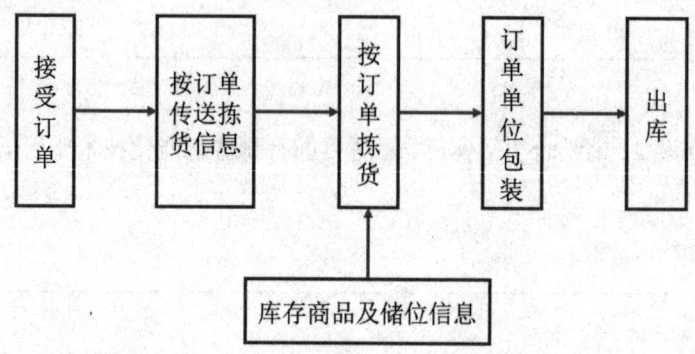

图4-2-1　摘果式拣货作业流程

（2）播种法：播种法，也叫分拣式法，是将多张订单集合成一批，按照商品品种类别汇总后再进行拣货，然后依据不同的客户或不同订单分类集中的拣货方式，也称为批量拣取。播种法可以有效缩短拣选商品的行走时间，但是需要订单累积到一定数量才可一次性处理，存在停滞时间。播种法适合订单变化量小、订单数量庞大、商品外形规则且固定的情况。播种法拣选作业流程如图4-2-2所示。

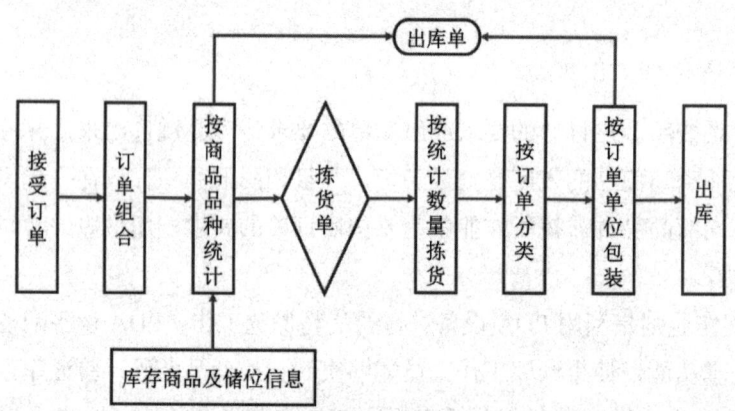

图4-2-2　播种式拣货作业流程

（3）复合拣选：为综合摘果法和播种法的优点，复合拣选是采取将订单摘果拣选和播种拣选综合起来的复合拣选方式。复合拣选根据订单的品种、数量和出库频次等确定哪些订单适用于摘果拣选，哪些适用于播种拣选，进行分别处理。电商物流中心每天的客户订单数量较大，商品规格较为固定，商品种类虽然繁多但也较为固定，适用于播种法拣选。

3. 拣选策略

拣选策略是影响拣选作业效率的重要因素，对不同的订单需求应采用不同的拣选策略。拣选策略主要有 4 个关键因素：分区、订单分割、订单分批和分类。根据这 4 个关键因素的交互作用，可产生不同拣选策略。

（1）分区策略：分区是指将拣选作业场地区域划分，按分区原则有以下分区方式：

① 货品特性分区：货品特性分区是根据货品原有的特性将需要特别存储搬运或分离存储的商品进行分区存放。

② 拣选单位分区：将拣选作业区按照拣选单位进行划分区域，如箱拣选、单品拣选、特殊商品拣选等，其目的是将存储单元和拣选单元分类统一，便于分拣和搬运，使拣选作业单纯化。

③ 拣选方式分区：根据不同的拣选方式，将拣选作业区进行分区。通常以商品销售的 ABC 分类为原则，按照 ABC 分类结果确定拣选方式后确定拣选分区，其目的是使拣选作业单纯一致，减少不必要的重复行走时间。

④ 工作分区：在相同的拣选方式下，将拣选作业场地再做划分，由固定的组员分拣固定区域的商品。工作分区有利于组员对储位的记忆并减少运动距离，减少拣选时间，但是需要投入大量的人力，并且在一张订单需要多区拣选时，还需要二次合并，手续较为烦琐。

在电商物流中心，拣选区根据拣选单位分为大件拣选区和小件拣选区。大件拣选区商品单箱单件，以箱为拣选单位；小件拣选区的商品单箱多件，以件为拣选单位。

（2）订单分割策略：订单分割是指当订单中的商品较多或拣选系统要求及时快速处理时，为使其能在短时间内完成拣选处理，可将订单分成若干个子订单交由不同拣选区域同时进行拣选作业的订单分拣过程。订单分割一般与拣选分区相对应，订单到达物流中心后，首先要根据商品的存储区域进行订单分割，各个拣选区域再根据分割后的子订单进一步处理或直接拣选，在拣选后进行汇总或直接分批出库。

（3）订单分批策略：订单分批是为了提高拣选作业效率而把多张订单集合为一批进行批次处理的过程，通过订单分配可缩短分拣平均行走搬运的距离和时间。在批次处理的过程中，可将批次订单中的同一商品进行统计并统一拣选，再通过分拨将该商品分给各个订单，这样可减少分拣作业的平均搬运距离，减少重复寻找货位的时间，提高拣选效率。订单分批策略如下：

① 总和计量分批：

合计拣选作业前累计的所有订单中每一种商品的总量，再根据这一总量进行分拣以减少拣选路径，但该方法需要强大的分类系统支持。该方法适合固定点之间的周期性配送，可在固定时间段来完成订单收集、订单分批、订单分拣和分类。

② 时窗分批：

时窗分批是指订单按照短时间并且固定的到达时窗进行分批，如5分钟、10分钟等，将此时窗内所到达的所有订单合为一个批次，进行批量分拣。该方法适用于订单比较紧急或时效性较高的商品，一般与分区策略、订单分割策略联合运用，尤其适用于到达时间短且平均，单次订购量和商品种类较少的订单形态。

③ 固定订单量分批：

订单分批按先到先处理的基本原则，当累计订单量达到设定的数量时，再进行拣选作业。该方法适用于到达时间平均且单次订购数量和商品种类较少的订单形态，其订单处理速度较时窗分批低，但其作业效率稳定性较高。

④ 智能分批：

智能分批是将订单汇总后经过复杂的计算机计算，将其分拣路径相近的订单分为一批同时处理，可大大减少拣选搬运行走距离。该方法一般适用于订单不紧急，可进行累计汇总后进行处理的订单形态，对于紧急插单的情况处理困难。

（4）分类策略：采用播种拣选作业方式时，拣选后的商品需要按照订单进行分类。分类方式按照分类时间大致可分为以下两种：

① 分拣时分类：

在分拣的同时将商品按照订单分类，这种方式通常与固定订单量分批和智能分批进行联合使用，一般需要分拣台车或播种货架作为拣选设备，并通过计算机系统辅助完成快速分拣，适用于量少品项数多的订单形态。

② 分拣后集中分类：

分批按照合计数量拣选后再集中进行分类。该方式可采用人工分类，也可使用分类输送机系统进行集中分类，一般采用后一种。当订单商品种类数多时，一般采用分类输送机系统进行分类，可降低分类出错率。

请扫描右边的二维码，查看摘果式拣货和播种式拣货的拣货流程。

扫一扫

（二）任务准备

根据教材和资料获取的知识，小组合作根据出库订单新增波次计划，小组成员需要进行以下的角色分工。

角色	任务
仓库管理员	新增出库订单的波次计划。

（三）任务实施

★ 步骤一：波次计划

1. 仓库管理员在系统主界面选择【波次计划】，新增出库订单的波次拣选计划，点击【新增】按钮进入到新增拣选单页面，如图 4-2-3 所示。

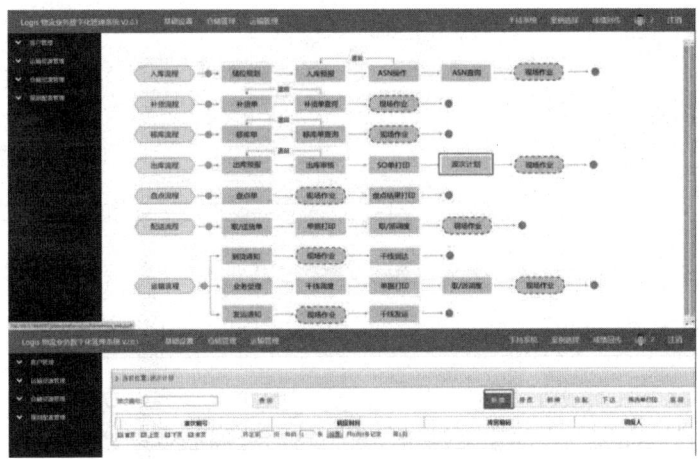

图 4-2-3　新增波次计划单

2. 仓库管理员在新增的波次计划页面中选择同创物流上海物流中心，会出现待调度的订单，勾选需要调度的订单并点击【加入调度】，所有待调度的订单加入完成后，点击【保存】，如图 4-2-4 所示。

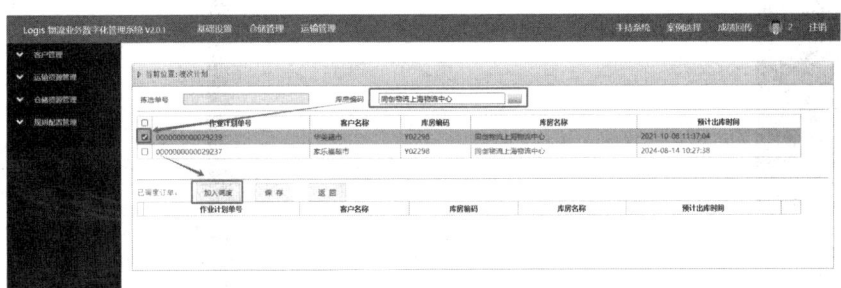

图 4-2-4　新增波次计划

3. 仓库管理员在"波次计划"页面，选择调度订单，点击【分配】按钮进行货物分配，如图 4-2-5 所示。

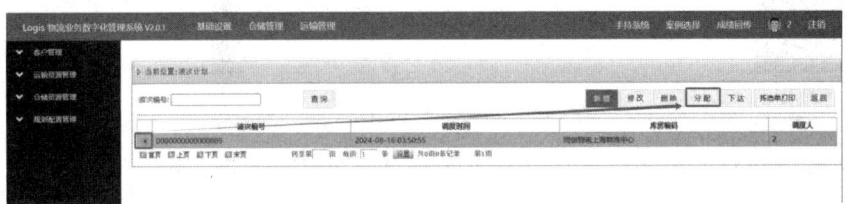

图 4-2-5　波次分配

217

4. 仓库管理员进入分配页面后,在"待拣货结果"中选择需要拣选的商品,点击【库存】按钮,"库存"框中会显示该货品的库存信息,选择需要出库的货品库存信息,在"数量"处的输入框内需要出库的数量,并点击【拣货调度】,完成该商品的出库分配,如图4-2-6所示。

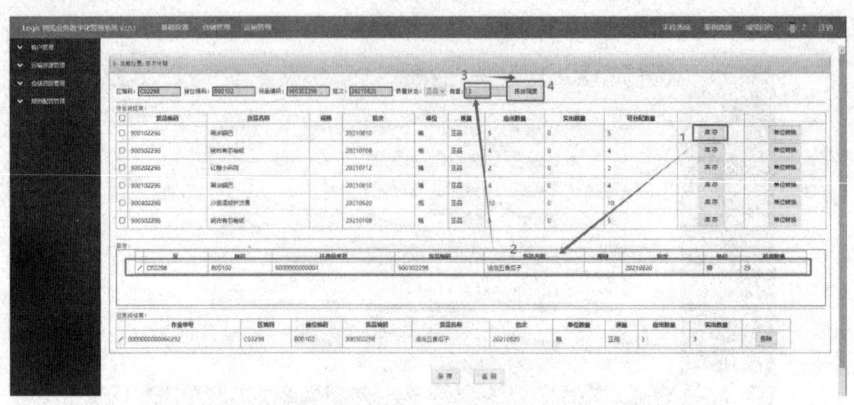

图 4-2-6　库存分配

5. 若有多件商品需要出库重复操作即可。待所有商品全部分配完成,点击【保存】按钮,完成分配,如图4-2-7所示。

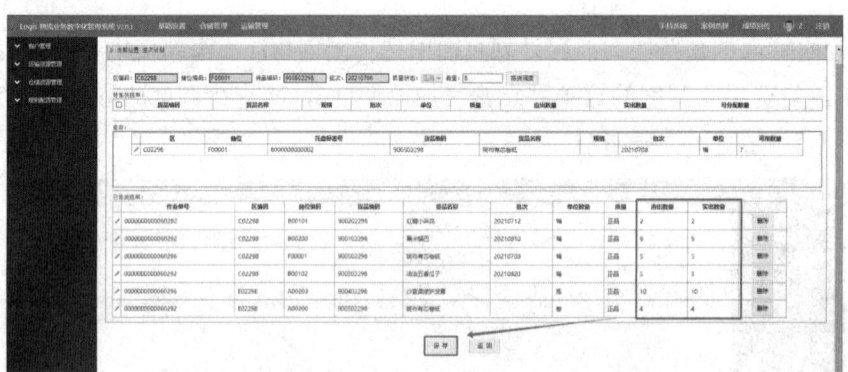

图 4-2-7　完成库存分配

6. 仓库管理员分配调度完成后,在"出库管理-波次计划"中找到订单记录,选中订单,点击【拣选单打印】,进行拣选单的打印作业,如图4-2-8所示。

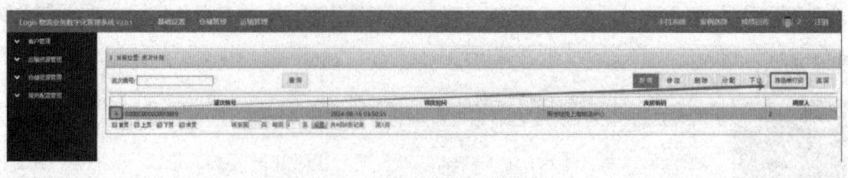

图 4-2-8　拣选单打印

7. 在拣货单打印预览窗口中,出库拣选单信息确认无误后,点击左上角【打印】按钮,即完成打印操作,如图4-2-9所示:

图 4-2-9　拣选单详情

8. 仓库管理员在"出库管理 – 波次计划"页面，选中待处理订单，点击【下达】按钮，将出库信息发送至操作员的手持终端中，确认信息无误后，点击【确认下达】，下达订单拣选任务，如图 4-2-10 所示：

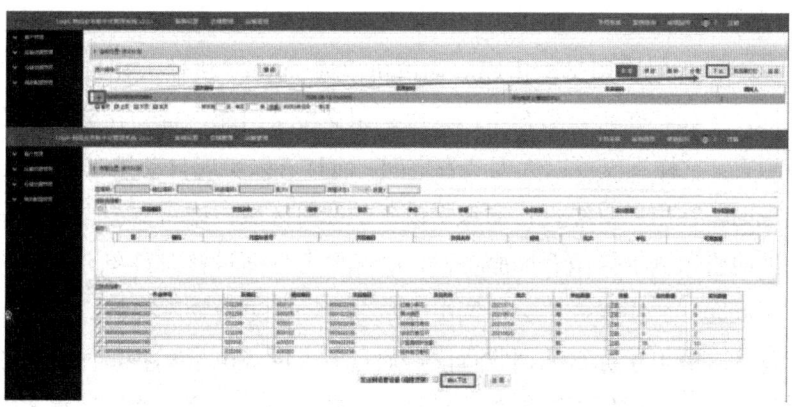

图 4-2-10　下达波次计划

（四）反思小结

1. 在任务实施过程中，哪些步骤不够清晰或操作不够熟练？举例说明。

_____

_____

2. （判断）在新增波次计划时，若同一货品存在多批次库存，仓库管理员可以自行选择对应批次的货品进行拣选出库。（　　）

学习任务 2.2　整箱出库作业

（一）知识链接

整箱出库作业是按照出库单证所列项目，将所拣取的商品按运输路线、自提或配送路线进行分类，再进行严格的出货检查，装入合适的容器或进行捆包，做好相应的标志，准备装车发运等一系列工作。

在仓储管理的众多环节中，出库作业作为物资流转的终端环节，其准确性与效率直接关系到客户满意度与供应链的整体效能。在这一系列复杂而精细的操作中，"出库检查"与"出库的清点交接"无疑是确保货物准确无误送达客户手中的两道关键防线，它们在整箱出库作业中扮演着不可或缺的重要角色。

1. 货物出库

货物出库时，可以采用叉车出库、输送机出库、AGV 机器人出库，也有些企业采用穿梭车出库。比如某知名药品仓库，首次采用穿梭车出库，货物在装车之前先进入穿梭车库进行暂存，这样不仅可以大大节省空间，而且可以实现自动排车，提高装车效率。

货物出库时，在出库口经过自动识别设备的读写区域，读写器会自动读取货物电子标签信息，同时将数据上传至仓库服务器，仓库服务器通过核对订单和数据信息，确认无误后出库。同时，仓库服务器会根据出库情况自动变更货物库存量。

货物出库后会有电子标签的回收程序，通过专人回收电子标签，回收、登记、核对数量、初始化，检查无误后货物装车。经过上面的一系列程序，货物装车运输到达各地的分销商，具体操作如图 4-2-11 所示。自动识别技术的应用大大降低了仓库在人力、物力上的投入，在现代化的大型仓储建设中具有重要的作用。

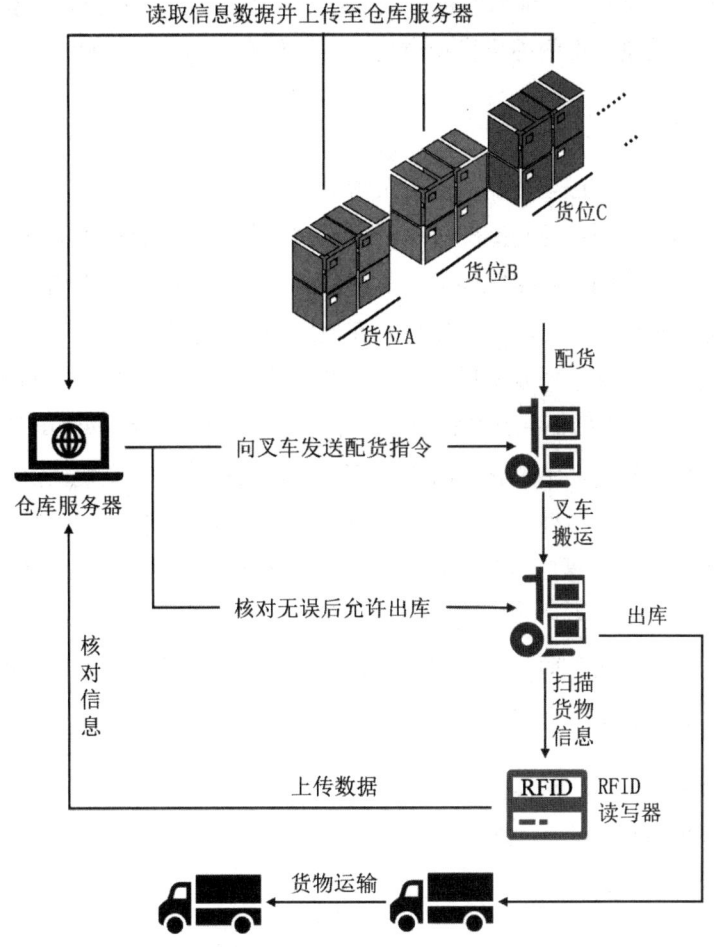

图 4-2-11　配货出库流程

2. 出库检查

出货检查根据用户信息和车次对拣取商品进行商品号码的核实，以及根据有关信息对商品质量和数量进行核对，并对产品状态及质量进行检查。

出货检查是保证单、货相符，避免差错，提高服务质量的关键，是进一步确认拣取作业是否有误的处理工作，因此，必须认真查对，找出产生错误的原因，采取措施防止错误的产生。检查方法有人工检查法、条码检查法和重量计算检查法 3 种。

（1）人工检查法：人工检查法是由人工将货物逐个点数，查对条码、货号、品名，并逐一核对出货单，进而检验出货质量及出货状况的方法。

（2）条码检查法：条码检查法首先必须导入条码，让条码始终与货物同行。在出货检查时，只需将所拣货物进行条码扫描，计算机便自动将拣货资料输出进行对比，查对是否有数量和号码上的差异，然后在出货前再由人工进行整理和检查。

（3）重量计算检查法：重量计算检查法是把货单上的商品重量自动相加求和，之后，称出发货品的总重量。把两种重量相对比，可以检查发货是否正确。

3. 出库的清点交接

备料出库物资，经过全面复核查对无误后，即可办理清点交接手续。即保管员将应发物资向用料单位逐项点清交接的过程。出库清点交接应注意以下方面。

（1）凡重量标准的、包装完整的、点件的物资，当场按件数点清交给提货人或承运部门，并随即开具出门凭证，应请提货人在出门凭证上签名。

（2）凡应当场过磅计量或检尺换算计量的，按程序和规定检斤、检尺，并将磅码单抄件、检尺单抄件及出门证一并交提货人，亦应请提货人在原始磅码单及出门证上签名。

（3）出库交接签收。出库交接时应当面点清，与提货人的交接清点是仓库和提货人划分责任的必要手段。品种多时，分单品核对。不能仅与接货人核对种数，而应将所有货物卸下来重新清点，最后签收完成出库作业。准时制管理的签收与传统的出库不同，一般按成套配件签收，系统自动按 BOM 表销账，签收方式一般分以下几种：流通加工的交接签收；自有运输车辆的交接签收；客户自提的交接签收；第三方物流车辆的交接签收；公铁联运集装箱运输的交接签收。

思政小案例

并入京东的德邦实现"蜕变"了吗

2022年至今，德邦并入京东集团"生态圈"已逾两年。在此期间，德邦发生哪些变化？借助京东的技术资源与市场优势，德邦物流不仅巩固了其在大件快递市场的领先地位，更在智慧仓储作业中实现了质的飞跃。

在拣货作业中，德邦物流引入了先进的智能拣选系统，实现了从订单接收到拣选完成的全程自动化与智能化。系统根据订单信息自动规划拣选路径，指导拣选员或拣选机器人快速准确地完成拣选任务。同时，结合 RFID、条码扫描等识别技术，确保拣选过程中商品信息的准确无误。此外，德邦物流还通过大数据分析，对拣选作业进行持续优化，提升拣选效率与准确率。

在整箱出库作业中，德邦物流构建了高效的自动化立体仓库与智能分拣系统。当整箱货物需要出库时，系统根据订单需求自动调度堆垛机或输送线，将货物从仓库高位取出并运送至分拣区。在分拣区，智能分拣系统对整箱货物进行快速分类与排序，确保货物能够准确无误地送达指定出口或装货区。通过这一流程，德邦物流实现了整箱出库作业的高效、准确与无缝衔接。

自京东物流并购德邦以来，双方通过深度资源整合，实现了互利共赢的局面。京东物流以其领先的数字化技术、庞大的业务网络和深厚的客户基础，为德邦提供了前所未有的赋能与支持，包括数字化转型的加速、业务流量的精准导入以及网络与客户资源的深度共享。与此同时，德邦物流以其在大件物流领域的专业优势和干线运输的强劲实力，有效填补了京东物流版图，不仅强化了整体运输网络的效率与韧性，还通过产品线的拓展与上市公司平台价值的提升，为京东物流的多元化发展注入了新的活力，共同实现了"1+1>2"的协同效应。

这一战略性的融合，不仅树立了物流行业资源整合的新标杆，更是对未来供应链生态构建的一次前瞻性探索。它体现了"开放共享、协同发展"的理念，在如今全球化、信息化的时代背景下，企业应打破界限，积极寻求合作与共赢，通过资源整合与优势互补，共同推动行业的进步与发展。

（二）任务准备

根据教材和资料获取的知识，小组合作完成整箱出库任务，小组成员需要进行以下的角色分工。

角 色	任 务
仓库管理员	出库作业人员的安排； 仓库资源的合理调配。
仓库操作员	完成出库理货工作； 完成整箱出库下架工作； 完成整箱搬运作业。

（三）任务实施

★ 步骤一：工具准备

仓库操作员接收到出库单后，需要开展出库拣选作业准备工作，具体包括以下内容：

1. 确定本次出库作业的工作人员。主要包括货物下架人员、拣货人员和理货人员等。

2. 准备盘点工具。主要包括出库作业中常用的货物下架、搬运和拣货工具，具体如下表 4-2-1 所示。

表 4-2-1　出库作业设备列表

设备材料清单	
1	重力式叉车
2	电动式叉车
3	手动液压搬运车
4	推车
5	周转箱

★ **步骤二：出库理货**

1. 仓库操作员点击【手持系统】，进入到手持系统中，如图 4-2-12 所示。

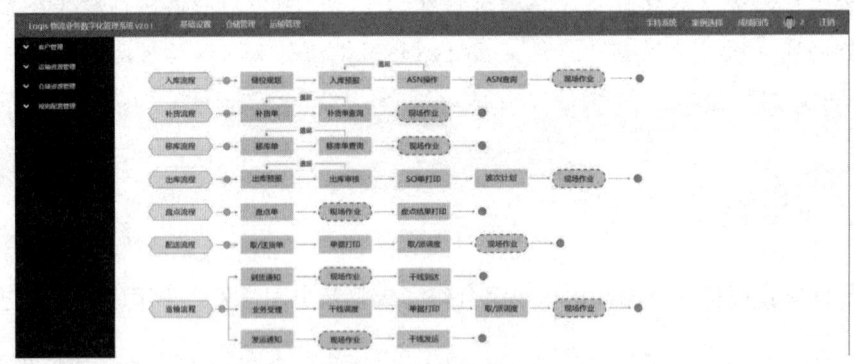

图 4-2-12　选择手持系统

2. 仓库操作员在手持系统中，点击【仓储作业－出库作业－出库理货】，进入手持系统的出库理货界面，如图 4-2-13 所示。

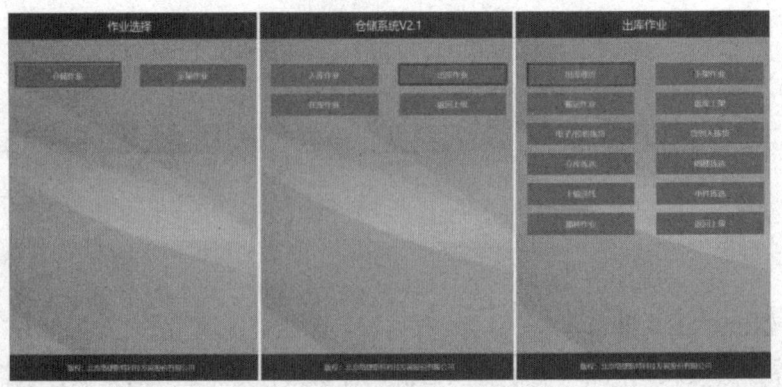

图 4-2-13　出库理货作业

3. 仓库操作员在出库理货页面，选择作业单，点击【开始】，开始进行出库作业，如图 4-2-14 所示。

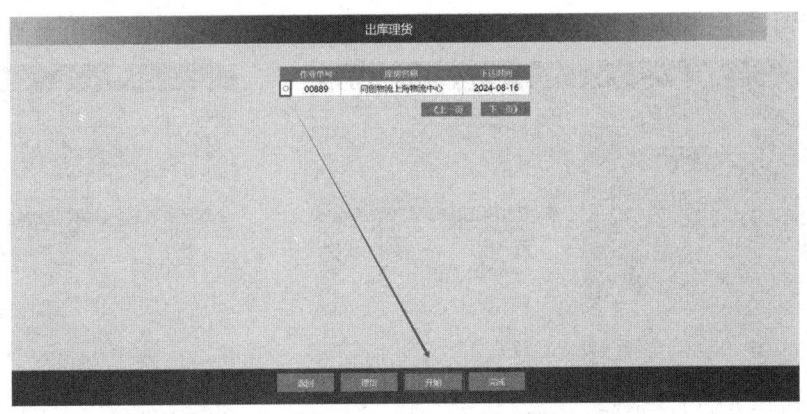

图 4-2-14 开始作业

★ 步骤三：整箱出库下架

仓库操作员在手持系统的出库页面，点击【下架作业】按钮，进入下架页面。输入要下架货品的储位标签，点击回车，再输入托盘标签，点击回车，最后点击【确认】，完成货品的下架。若使用手持终端操作，可依次扫描储位标签、托盘编码，最后点击确认，完成下架，如图 4-2-15 所示。所有货品重复操作，可完成所有货品的下架。

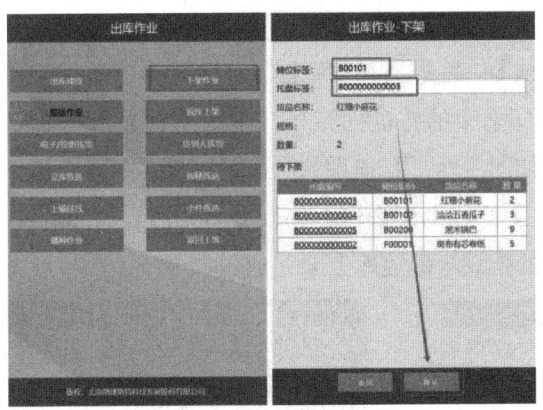

图 4-2-15 下架作业

★ 步骤四：整箱搬运作业

1. 仓库操作员点击【搬运作业】按钮进入 RF 手持系统操作界面，输入托盘标签，点击回车，可获取搬运的货品信息，点击【确认】，完成货品搬运，如图 4-2-16 所示。此时模拟的是货品从托盘货架区搬运到出库区的过程。如使用手持终端，可扫描待搬运托盘的标签，获得搬运指令信息，系统会自动显示出该托盘上所放的货品信息、数量和要搬运到的地点，点击【确认】按钮。如果有多个搬运任务，循环操作，直至完成所有出库货品的搬运作业。

2. 整箱出库完成后,托盘内若有剩余的货品未出库,手持系统会提示"返库",则需进行返库作业,如图4-2-17所示;托盘内若没有剩余的货品,则不需要操作返库。

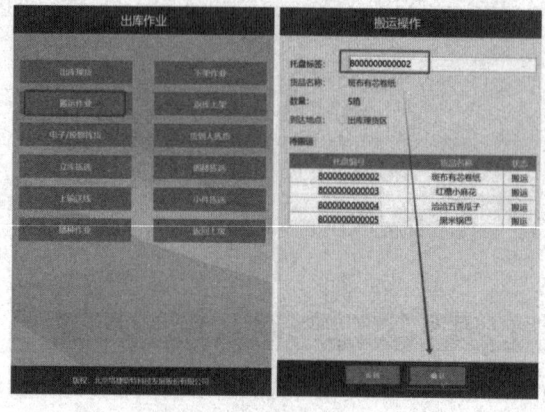
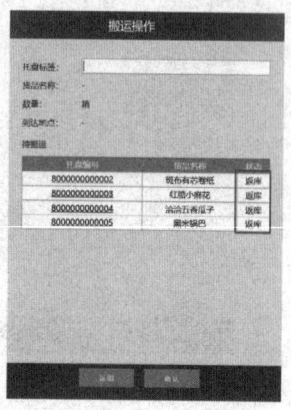

图4-2-16 搬运作业　　　　　　　　　　图4-2-17 搬运完成

★ 步骤五:整箱返库作业

1. 在搬运作业的托盘标签,操作员输入待返库搬运的托盘编号,点击回车,显示返库搬运货物的信息,并点击【确认】按钮完成托盘的返库搬运作业,如图4-2-18所示。

2. 操作员回到手持系统的出库作业页面,点击【返库上架】按钮,进行托盘商品返库操作。输入要上架的托盘标签,点击回车,显示上架的货品信息,输入系统提示的上架储位,点击【确认】,完成货品返库上架,如图4-2-19所示。如使用RF手持终端操作,则扫描需要返库上架的托盘标签号,系统自动显示出需要返库上架的货品的信息及需要上架的储位如图所示。扫描系统分配的区储位(注:系统中需手动输入并按回车确认),点击【确认】完成上架操作。如果有多个需要返库的托盘,重复上面的操作,直到所有待返库上架的托盘全部返库上架完成。

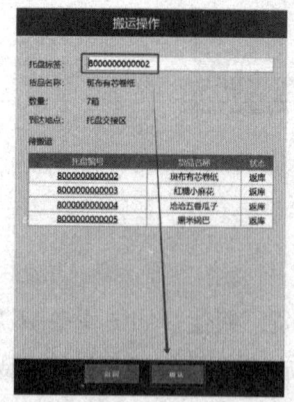
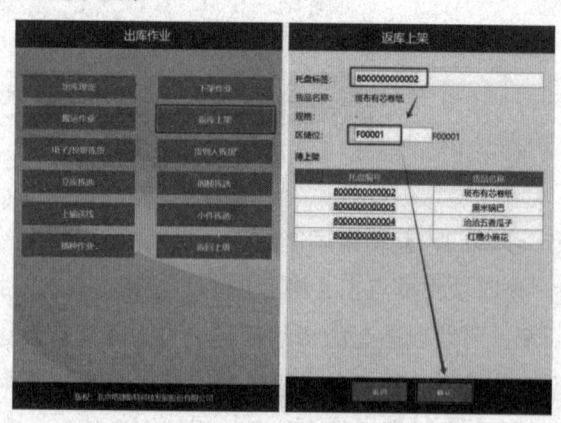

图4-2-18 返库确认　　　　　　　　　　图4-2-19 返库上架

★ 步骤六：出库理货

1. 操作员进入系统手持的【出库理货】界面，选择作业单号，点击【理货】按钮，进行理货作业，如图 4-2-20 所示。

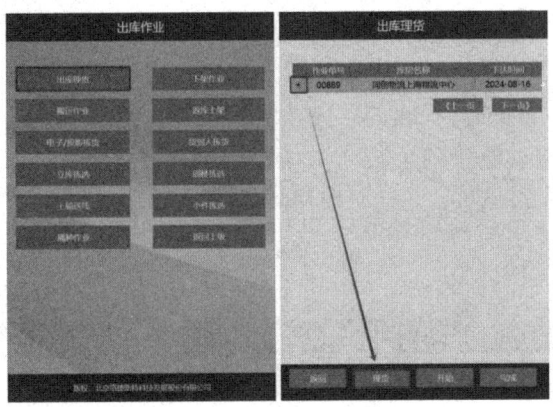

图 4-2-20　出库理货作业

2. 点击"托盘标签信息"（即蓝字部分的数字），出现进行理货的货品信息，信息确认无误后，点击【保存结果】按钮，待所有货品条码信息确认完成后，会显示货品理货成功提示。完成上述操作后，返回到作业单号列表页面，选择作业单号，如果没有电子/投影拣货区的货物需要出库，则点击【完成】，完成货品的理货，如图 4-2-21 所示：

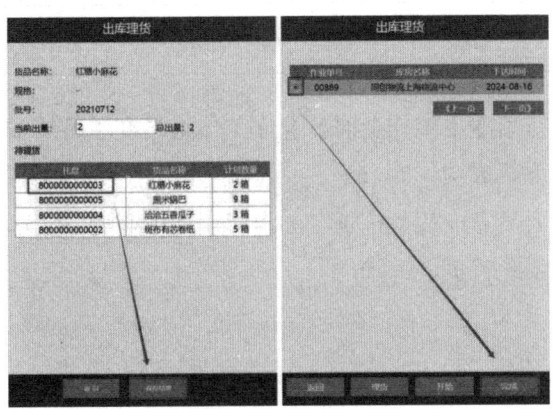

图 4-2-21　理货完成

步骤七：电子拣选区出库作业

1. 若电子拣选区的货物需要出库，则返回作业单页面进入出库作业的操作菜单页面，点击【电子拣选区】。电子拣选区需使用电子标签货架进行作业，首先需要进行出库单和周转箱的绑定。（注：出库单条码可在系统左侧"出库管理"下的"SO单查询"页面进项查找）。进入电子拣选页面，依次使用RF手持终端扫描或手动输入订单条码（出库单号），周转箱后点击【确认】按钮（周转箱号为13位数字），完成出库单和周转箱的绑定，如图 4-2-22 所示：

227

2. 返回到作业单号列表页面，选择作业单号，点击【完成】，完成货品的理货，如图 4-2-23 所示：

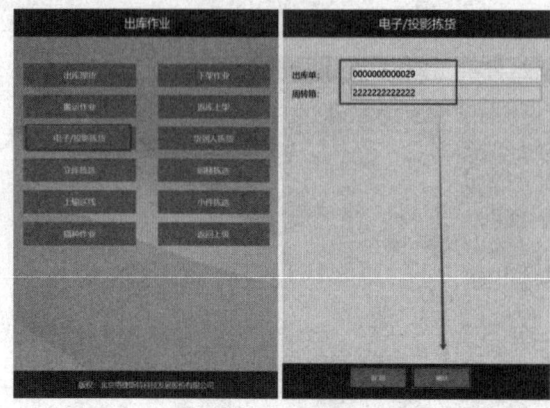
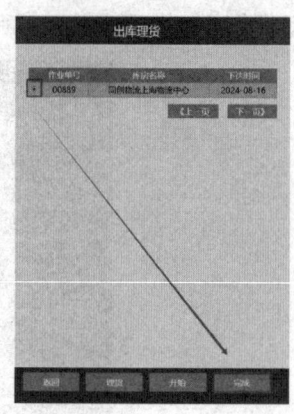

图 4-2-22 单据绑定　　　　　　　图 4-2-23 理货完成

（四）反思小结

1. 在任务实施过程中，哪些步骤不够清晰或操作不够熟练？举例说明。

_____

_____

2.（判断）在进行出库下架作业时，仓库工作人员在手持终端输入托盘标签后，无需点击回车依然可以下架成功。（　　）

3.（判断）工作人员完成托盘拣选区的出库理货作业后，即代表完成此次出库作业，可直接返回手持终端系统首页。（　　）

学习任务三　出库复核作业

情境导入

本次出库任务已进入关键阶段，拣货作业虽已完成，但出库复核作为保障出库准确性的最后一道防线，其重要性不言而喻。仓库管理员小李深知出库复核不仅是对拣货作业的再次验证，更是对客户信任的坚守。因此，此刻小李团队已全副武装，站在忙碌的仓库中，手持 PDA 设备，准备开始进行出库复核作业。然而，在出库复核的过程中，可能会遇到商品数量不符或包装破损等异常情况。这些需要团队成员迅速反应，并按照出库异常处理流程，及时与相关部门沟通协调，确保问题得到妥善解决，不影响整体的出库进度。

学习目标

知识目标	1. 掌握 PDA 复核作业的流程和要求； 2. 了解常见的出库异常情况及处理办法。
能力目标	1. 能够运用 PDA 设备对出库货物完成复检； 2. 能够正确处理出库过程中的异常情况； 3. 能够合理组织和调配资源。
素养目标	1. 树立规范作业的意识； 2. 培养解决问题的能力。

问题导入

引导问题 1：与传统人工复核作业相比，利用 PDA 进行出库复核作业有哪些优势？

_____

_____

_____

引导问题 2：货物出库时提货数与实存数不符的原因有（ ）。

A. 入库时错账　　　　　　　　　　B. 仓库保管员串发货、错发货

C. 货主漏记账而多开出库数　　　　D. 采购计划错误

E. 仓储过程中的损耗

学习任务 3.1　PDA 复核作业

（一）知识链接

1. 出库复核作业内容

出库复核是仓库管理中不可或缺的一环，它能够帮助企业实现订单出库的准确性和高效性。出库的复核形式主要有专职复核、交叉复核和环环复核三种。这些分散的复核形式十分有助于提高仓库发货业务的工作质量。复核的具体内容如表所示，凡是货物名称、规格型号不对，印签不齐全、数量有涂改、手续不符合要求的，均不能发料出库。因此只有加强出库的复核工作，才能防止错发、漏发和重发等事故的发生。

表 4-3-1　出库复核具体内容

复核项目	复核内容	具体检查项目
复核出库单据	主要审查货物出库凭证有无伪造编造、是否符合规定手续、各项目填写是否齐全等	凭证有无涂改、过期
		凭证中各栏项目填写是否正确、完整等
		凭证中的字迹是否清楚
		印鉴及签字是否正确、真实、齐全
		出库货物应附的技术证件和各种凭证是否齐全
复核实物	根据出库凭证对待发货物进行核对	核对货物的品种、规格、牌号、单位、数量是否与凭证相符
		核对货物的包装是否完好，外观质量是否合格
复核账、货结存情况	对配货时取货的货垛、货架上货物的结存数进行核对	检查货物的数量与出库凭证上标明的账面结存数是否相符
		核对货物的货位、货卡有无问题，以便做到账、货、卡相符

2. 出库复核作业流程

（1）检查出库相关凭证，确保出库货物应附的技术证件和各种凭证齐全，且各单据符合规定手续，各项内容填写齐全，无伪造编造、信息涂改等情况。

（2）逐批逐项清点核验实物，检查出库物品是否货单相符，数量准确，质量合格；外包装是否牢固可靠和完整，箱内是否有破损、流体外溢等现象。异常货品应及时检出，记录信息，并调换补足；发现包装材料因受潮、破损或散架的，则应更换包装或加固后，才能发货。

（3）对复核时发现的差异应进行再复核并确认。

（4）做好复核记录，填写出库复核记录单，做到账面工整、字迹清楚。

出库复核记录单

编号：					日期：		年	月	日
序号	出库日期	货物名称	货物编号	生产日期	单位	数量	提货单位	复核人	备注

审核人意见：

部门经理： 仓管： 提货人：

图 4-3-1 出库复核记录单

3．PDA 复核操作步骤

在传统的仓库管理中，人工操作往往容易出现疏漏和错误，导致订单出库不准确，甚至出现漏发、错发等问题，而现在智慧物流系统的出库复核模块可以有效避免这些问题的发生。通过使用 PDA 等工具扫描或识别货物条码，可以自动判断货物是否与订单相符，从而确保出库的准确性和及时性，提高仓库运营效率和客户满意度。使用 PDA 进行复核的具体操作步骤如下：

（1）复核扫描：在出库前，对每个商品进行扫描或识别，系统自动判断货物是否与订单相符。

（2）复核比对：系统将扫描或识别的结果与订单信息进行比对，确保货物与订单信息一致。

（3）出库确认：当出库复核通过后，仓库管理系统会自动确认出库，并更新库存和订单状态等信息。

4．PDA 复核作业的优势

（1）提高仓库管理效率：通过自动化完成出库复核，避免了人工操作的繁琐，提高了仓库管理效率。

（2）减少出错率：通过扫描或识别方式进行出库复核，减少了人工操作的出错率，避免了漏发、错发等问题的发生。

（3）提高客户满意度：出库复核能够保证订单的准确、及时出库，提高了客户满意度。

（4）实时监控：智能仓库管理系统出库复核模块能够实时监控出库情况，及时更新库存和订单状态等信息。

请扫描右边的二维码，查看复核作业流程。

扫一扫

菜鸟网络高效出库复核作业的智能化实践

菜鸟网络作为阿里巴巴集团旗下的物流平台，始终走在科技创新的前沿。其智能化出库复核作业流程展现了科技与效率的完美结合。

菜鸟网络出库复核作业首先通过智能系统接收出库任务，自动匹配货物种类、数量和出库单号等信息。随后，智能仓储系统利用条码枪或扫描仪，对每个货物进行精准扫描，确保货物条码与出库单一致，同时核对货物名称、规格、批次等详细信息，实现了高度的准确性。在数量核对上，系统能够自动比对出库单与实际货物数量，一旦发现差异立即报警处理，有效避免了错发、漏发等问题。此外，菜鸟网络还引入了智能质检环节，通过高清摄像头和图像识别技术，对货物包装进行全方位检查，确保货物完好无损，无质量瑕疵。这一系列智能化操作不仅提高了出库复核的效率，还大大提升了客户满意度。

菜鸟网络出库复核作业智能化的核心价值：

菜鸟网络的智能化出库复核作业流程，不仅是物流行业技术创新的一个缩影，更是新时代企业践行社会责任、追求高质量发展的生动写照。在快速发展的数字经济时代，企业应当积极拥抱科技，以创新驱动发展，同时不忘初心，始终坚守诚信、质量和服务至上的原则，以科技赋能物流，为社会创造更多价值。

（二）任务准备

根据教材和资料获取的知识，小组合作对拣选出的货物进行复核作业，小组成员需要进行以下的角色分工。

角色	任务
仓库管理员	使用 PDA 设备完成货物复核。

（三）任务实施

★ 步骤一：复核出库单据

仓管员小李首先检查了出库单据，确保出库货物应附的技术证件和各种凭证齐全，且各单据符合规定手续，各项内容填写齐全，无伪造编造、信息涂改等情况。接着仔细核对了单据中的各项信息，确保凭证字迹清晰、印鉴及签字真实齐全。

★ 步骤二：复核实物

接下来，小李根据出库凭证对待发货物进行了详细的核对，确保本批货物的品种、规格、单位、数量均与凭证相符；小李还特别注意检查了货物的外包装，确保包装牢固可靠和完整，箱内货品无破损、流体外溢等现象。经核，发现货物编号为 6923155962548 的斑布有芯卷纸有两箱外包装因受挤压产生了破损。

图 4-3-2　破损包装

★ 步骤三：复核账、货结存情况

确保各单据以及货物均没有异常后，小李对配货时取货的货垛、货架上货物的结存数进行了核对，确保货物的数量与出库凭证上标明的账面结存数相符。同时，他还检查了货物的货位、货卡信息，以确保账、货、卡相符。

★ 步骤四：PDA 复核操作

之后小李开始使用 PDA 设备进行复核扫描，对每箱货物进行条码扫描及识别，随后系统自动将识别结果与订单信息进行比对，确保货物与订单信息一致。当出库复核通过后，仓库管理系统会自动确认出库，并更新库存和订单状态等信息。

★ 步骤五：复核记录

最后，小李做好了复核记录，如图 4-3-3 所示，并确保了记录内容的账面工整、字迹清楚。这一步骤是为了保证所有的复核过程都有据可查，也为后续可能出现的查询提供了依据。

通过对出库货物进行一系列快速精准地复核作业，小李团队为美多惠超市提供了卓越的物流服务体验。

出库复核记录单

编号：2021100802　　　　　　　　　　　　　　　　日期：　2021年　10月　8日

序号	出库日期	货物名称	货物编号	生产日期	单位	数量	提货单位	复核人	备注
1	2021年10月8日	洽洽五香瓜子	6925125972570	20210820	箱	3	家乐福超市	小李	
2	2021年10月8日	黑米锅巴	6925126982124	20210810	箱	5	家乐福超市	小李	
3	2021年10月8日	红糖小麻花	6925129972579	20210712	箱	2	家乐福超市	小李	
4	2021年10月8日	斑布有芯卷纸	6923155962548	20210708	卷	8	家乐福超市	小李	
5	2021年10月8日	沙宣柔顺护发素	6923155962575	20210620	瓶	10	华美超市	小李	
6	2021年10月8日	斑布有芯卷纸	6923155962548	20210708	箱	5	华美超市	小李	2箱外包装破损
7	2021年10月8日	黑米锅巴	6925126982124	20210810	箱	4	华美超市	小李	

审核人意见：2箱货物外包装破损需更换包装，之后随其余货物一同出库。

部门经理：张青　　　　　　　　　　仓管：小李　　　　　提货人：

图 4-3-3　出库复核记录

（四）反思小结

1. 在任务实施过程中，哪些步骤不够清晰或操作不够熟练？举例说明。

_____

_____

2. （多选）出库复核作业内容包括以下哪些内容？（　　）

　　A. 货品数量　　　　　　　　B. 货品质量
　　C. 货品包装　　　　　　　　D. 货品种类

学习任务 3.2　出库异常处理

（一）知识链接

1. 出库过程异常情况的处理

出库过程中常出现的异常情况有出库凭证上的问题、提货数与实存数不符、串错货与发错货和包装破漏等问题，其具体类型以及相应的处理办法如表所示。

表 4-3-2 出库过程中异常情况及处理办法

出库过程异常情况		处理办法
出库凭证上的问题	出库凭证超过提货期限，用户前来提货	必须先办理手续，按规定缴足逾期仓储保管费，方可发货。任何非正式凭证都不能作为发货凭证。提货时，用户发现规格开错的保管员不得自行调换规格
	发现出库凭证有疑点，以及发现出库凭证有假冒、复制、涂改等情况	应及时与仓库保卫部门及出具出库单的单位或部门联系，妥善处理
	货物进库未验收，或者期货未进库的出库凭证	一般暂缓发货，并通知货主，待货到并验收后再发货，提货期顺延
	发现出库凭证规格开错或印鉴不符	保管员不得自行调换规格发货，必须通过制票员开票方可重新发货
	客户因各种原因将出库凭证遗失	客户应及时与仓库发货员和账务人员联系挂失；挂失时货已被提走，保管员不承担责任，但要协助货主单位找回商品；如果货还没有被提走，经保管员和账务人员查实后，做好挂失登记，将原凭证作废，缓期发货
提货数与实存数不符		当遇到提货数量大于实际物资数量时，无论是何种原因造成的，都需要和仓库主管部门及货主单位及时取得联系后再处理
串发货和错发货		如果物品尚未离库，应立即组织人力重新发货。如果物品已经离开仓库，保管员应及时向主管部门和货主通报串发和错发货的品名、规格、数量、提货单位等情况，会同货主单位和运输单位共同协商解决。一般在无直接经济损失的情况下由货主单位重新按实际发货数冲单（票）解决。如果形成直接经济损失，应按赔偿损失单据冲转调整保管账
包装破漏		发货时应经过整理或更换包装，方可出库，否则造成的损失应由仓储部门承担

2. 出库后异常情况的处理

出库后常出现的异常情况以及相应的处理办法如表所示。

表 4-3-3 出库后异常情况及处理办法

出库后异常情况	处理办法
发货后，有用户反映规格混串、数量不符等问题	如确属保管员发货差错，应予纠正、致歉；如不属保管员差错，应耐心向用户解释清楚，请用户另行查找 凡属易碎物资，发货后用户要求调换，应以礼相待，婉言拒绝。如果用户要求帮助解决易碎配件，要协助其解决
凡属用户原因，型号规格开错，制票员同意退货	保管员应按入库验收程序重新验收入库。如属包装或产品损坏，保管员不予退货。待修好后，按有关入库质量要求重新入库
凡属产品的内在质量问题，用户要求退货和换货	应由质检部门出具检查证明、试验记录，经物资主管部门同意，方可退货或换货
货物出库后，保管员发现账实（结存数）不符	多发或错发的要派专人及时查找追回以减少损失，不可久拖不决

（二）任务准备

根据教材和资料获取的知识，小组合作对本批货物进行异常情况分析及处理，小组成员需要进行以下的角色分工。

角色	任务
仓库管理员	货物异常情况检验及处理。

（三）任务实施

★ 步骤一：出库异常情况分析

小李在本次出库复核任务时发现的出库异常情况为：有 2 箱斑布有芯卷纸外包装破漏。相应的处理办法为发货时应整理或更换包装，方可出库。否则造成的损失应由仓储部门承担。

★ 步骤二：出库异常情况处理

2 箱斑布有芯卷纸均采用的是 70*60*50cm 的纸箱，因此小李重新拿了两个全新的 70*60*50cm 的纸箱，如图 4-3-4 所示。并将 2 箱内原货品小心翼翼地放到了新纸箱里，同时注意了卷纸的方向和摆放方式，以防止在运输过程中受损。之后使用胶带将纸箱封口，确保密封

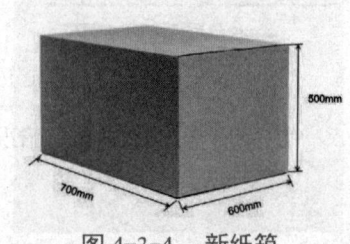

图 4-3-4 新纸箱

牢固。最后按原包装标签信息重新制作标签，标明卷纸的规格、数量、目的地等信息，并将其贴在新包装上。

（四）反思小结

1. 在任务实施过程中，哪些步骤不够清晰或操作不够熟练？举例说明。

_____

_____

2. （判断）在出库复核过程中，只要出现货品包装破损的情况，都需重新对货品进行包装。（　　）

学习任务四　　包装发货作业

> **情境导入**

　　2021年10月8日的出库作业进入到了最后也是最关键的阶段——包装发货作业。仓库管理员小李与团队经过前期的出库订单受理、拣货作业等一系列工作的精准高效执行，已将货物准确无误地完成挑选，并整齐地摆放在出库区域，等待着最后的包装与发货。此时，仓库内弥漫着一种紧张而又充满期待的氛围。小李深知，包装发货作业不仅是出库流程的最终环节，更是直接关联到货主、收货方及承运方的重要环节，直接影响到客户满意度与公司的品牌形象。因此，他将带领团队成员做好充分的包装发货准备，争取圆满完成这一天的出库任务。

学习目标

知识目标	1. 了解常见的包装技术； 2. 掌握合理化包装的要点； 3. 熟悉送货的基本作业流程。
能力目标	1. 能够对各类货物进行合理化包装； 2. 能够合理进行车辆调度及配送路线规划，完成送货作业； 3. 能够合理组织和调配资源。
素养目标	1. 树立规范作业的意识； 2. 培养制订计划的工作习惯。

问题导入

💬 引导问题1：你认为本次出库的货物如何包装比较合理呢？

_____

_____

_____

_____

💬 引导问题2：请分析送货的基本作业流程，完成下列工作内容的排序。

车辆配载
车辆安排
划分基本配送区域
选择配送线路
暂定配送先后顺序
确定配送顺序
完成车辆积载

学习任务 4.1　货物包装作业

（一）知识链接

1. 包装的概念

包装就是按照一定的技术方法，使用容器、材料及辅助物等将物品包封并予以适当的装饰和标志工作的总称，它是包装物和包装操作的总和。包装的目的在于对商品进行保护，方便搬运，商品包装单位化，使商品具有标识。

2. 包装的功能

（1）保护商品：包装保护被包装的商品，避免风险和损坏，诸如渗漏、浪费、偷盗、损耗、散落、掺杂、收缩和变色等。产品从生产出来到使用之前这段时间，保护措施是很重要的，包装如不能保护好里面的物品，这种包装则是一种失败。

（2）便于流通：制造者、营销者及顾客要把产品从一个地方搬到另一个地方。牙膏或钉子放在纸盒内可以很容易在库房里搬动；酱菜和洗衣粉的大包装改成小包装后，消费者可以方便地采购和带回家去。

（3）方便消费和管理：为了辨别，包装上必须注明产品型号、数量、品牌及制造厂家或零售商的名称。包装能帮助库房管理人员准确地找到产品，也可帮助消费者找到他想买的东西。

（4）促进销售：促进某种品牌的销售，特别是在自选商店里更是如此。在商店里，包装吸引着顾客的注意力，并能把他的注意力转化为兴趣，包装本身的价值也能引起消费者购买某项产品的动机。此外，提高包装的吸引力要比提高产品单位售价的代价低。

3. 包装的分类

（1）按功能来分：

① 工业包装：工业包装或称运输包装或外包装，是指为了在商品的运输、存储、装卸过程中保护商品所进行的包装。它更强调包装的实用性和在此基础上费用的低廉性。

② 商业包装：商业包装或称销售包装或内包装，其主要目的是为了吸引消费者，促进销售。一般来说，在物流过程中，商品越接近顾客，越要求包装起到促进销售的效果。因此，这种包装的特点是造型美观大方，拥有必要的修饰，包装上有对于商品的详细说明，包装的单位适合于顾客的购买及商家柜台摆设的要求。

（2）按流程来分：

① 逐个包装：逐个包装（单个包装、小包装）是指交到使用者手里的最小包装，把物的全部或一部分装进袋子或其他容器里并予以密封，印有作为商品的标记或说明等信息资料。这种包装一般属于商业包装，应美观，能起到促进销售的作用。例如，一袋方便面。

② 内部包装：内部包装是指将逐个包装的物品归并为一个或两个以上的较大单位放进中间容器的状态和技术，包括为保护里边的物品，在容器里放入其他材料的状态和技术。例如，一箱方便面。

③ 外部包装：外部包装是指从运输作业的角度考虑，为了保护并为搬运方便，将物品放入箱子、袋子等容器里的状态和技术。包括缓冲、固定、防湿、防水等措施。例如，多箱方便面包在一起。

内包装和外包装属于工业包装。

（3）按通用性来分：

① 专用包装：专用包装是根据被包装对象的特点专门设计、专门制造，只适于某种专门产品的包装，如水泥袋、蛋糕盒、可口可乐瓶等。

② 通用包装：通用包装中根据标准系列尺寸制造的包装容器，用以包装各种无特殊要求的产品。

（4）按容器来分：

① 按容器的抗变能力分为：硬包装（又称刚性包装，包装体有固定形状和一定强度）和软包装（又称柔性包装，包装体有弹性，可有一定程度的形变）。

② 按包装容器形状分为：包装袋、包装箱、包装盒、包装瓶、包装罐等。

③ 按包装容器结构形式分为：固定式包装和可拆卸折叠式包装。

④ 按容器使用次数分为：一次性包装和多次周转性包装。

（5）按包装形状和材料来分：以包装材料为分类标志，商品包装可分为纸类、塑料类、玻璃类、金属类、木材类、复合材料类、陶瓷类、纺织品类、其他材料类等包装。

（6）按包装技法来分：以包装技法为分类标志，商品包装可分为贴体、透明、托盘、开窗、收缩、提袋、易开、喷雾、蒸煮、真空、充气、防潮、防锈、防霉、防虫、无菌、防震、遮光、礼品、集合包装等。

4. 商品包装标志

（1）商品包装标志的概念：在商品包装上通常都印有某种特定的文字或图形，用以表示商品的性能、储运注意事项、质量水平等信息。这些具有特定含义的图形和文字称为商品包装标志。它的主要作用是便于识别商品，便于商品的流通、销售、选购和使用。

（2）商品包装标志的种类：商品包装标志分为运输包装标志和销售包装标志。运输包装标志主要是便于商品在运输和保管中的辨认识别，防止错发、错运，及时、准确地将商品运到指定的地点或收货单位；便于商品装卸、堆码，保证商品质量安全，加速商品周转。

常见运输包装标志如图 4-4-1 所示，其种类有以下几种。

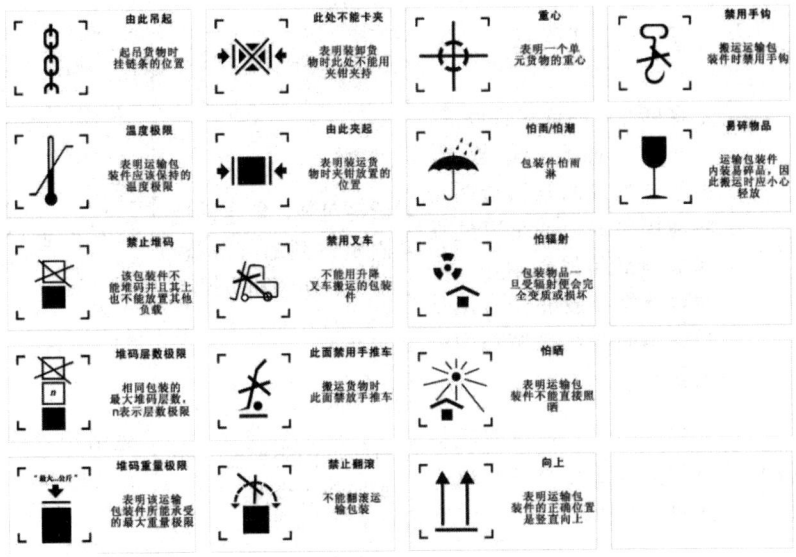

图 4-4-1　运输包装标志的种类

① 识别标志：识别标志也称运输包装收发标志，又称唛头。这是贸易合同、发货单据中有关标志事项的基本部分，它一般由一个简单的几何图形及字母、数字等组成。唛头的内容包括：目的地名称或代号，收货人或发货人的代用简字或代号、件号（即每件标明该批货物的总件数），体积（长、宽、高），重量（毛重、净重、皮重），以及生产国家或地区等。这种标记主要有 3 个作用：加强保密性，有利于物流中商品的安全；减少签订合同和运输过程中的翻译工作；运输中的导向作用，可以减少错发、错运等事故。

② 指示标志：指示标志也称包装储运图示标志、安全标志或注意标志，主要针对产品的某些特性提出运输和保管过程中应注意的事项。包括：小心轻放、禁用手钩、向上、怕热、由此吊起、怕湿、重心点、禁止滚翻、堆码极限、温度极限等。此标志图形、颜色、形式、位置、尺寸等在《包装储运图示标志》（GB/T 191—2008）中，有明确规定。

③ 警告性标志：警告性标志也称危险货物包装标志，主要指包装上用图形和文字表示化学危险品的标志。这类标志为能引起人们特别警惕，采用特殊的色彩或黑白菱形图案。危险货物包装标志必须指出危险货物的类别及危险等级。主要有爆炸品、易燃气体、易燃压缩气体、有毒气体、易燃液体、易燃固体、自燃物品、遇湿危险、氧化剂、有机过氧化物、腐蚀性物品、有毒品感染性物品、剧毒品、放射物品等。此标志的图形、颜色、标志形式、位置尺寸等，在国家标准《危险货物标志》均有明确的规定。

5. 商品包装技术

商品包装技术包括销售包装技术和运输包装技术。表 4-4-1 所示为销售包装技术，表 4-4-2 所示为运输包装技术。

表 4-4-1　销售包装技术

包装技术	概　念	特　点	适用范围
贴体包装技术	是将单件商品或多件商品，置于带有微孔的纸板上，由经过加热的软质透明塑料薄膜覆盖，抽空空气使薄板与商品外表紧贴，同时以热熔或胶黏的方法使塑料薄膜与涂黏结剂的纸板黏合	透明包装，能牢固地固定住商品，防盗、防尘、防潮和防损坏	适用于形状复杂、怕压易碎的商品，如器皿、灯具、文具、小五金
泡罩包装技术	是将产品封合在透明塑料薄片形成的泡罩与底板之间的一种包装技法	有较好的阻气性、防潮性和防尘性	适用于形状复杂、怕压碎的商品，如药品、食品、玩具、文具
收缩包装技术	是将经过预拉伸的塑料薄膜、薄膜套或袋，将其裹在被装商品的外表面，以适当的温度加热	透明，能充分显示商品的色泽、造型，收缩均匀、不易撕裂，防潮、防腐	适用于销售包装，如压缩毛巾
拉伸包装技术	是具有弹性可拉伸的塑料薄膜	不用加热，可以准确地控制裹包力，节省设备投资和维修费用	适用于鲜肉、冷冻食品和蔬菜
真空包装技术	是将产品装入气密性的包装容器密封前再排除包装内的气体	能防止油脂氧化，抑制某些霉菌、细菌、虫害，可保持食品本色	适用于食品包装、食品软包装、轻泡工业品包装
充气包装技术	是将产品装入气密性的容器内，密封前充入一定的惰性气体	能防止氧化，抑制微生物的繁殖和虫害的发育，防止香气散失和变色、防锈、防霉	用于食品包装、软包装、日用工业包装，粉状、液状及质软或有硬尖菱角的商品
吸氧剂包装术	是在密封的包装容器内，使用能与氧气起化学作用的吸氧剂，从而除去包装内的氧气	可完全杜绝氧气的影响，防止氧化、变色、生锈、发霉和虫蛀，能把容器内氧气全部除掉，方法简便	主要适用于食品保鲜、礼品、点心、蛋糕和茶叶、毛皮、书画、古董、镜片、精密机械零件

242

表 4-4-2 运输包装技术

包装技术	概　念	适用范围	包装方法或注意事项
一般包装技术	是针对不同形态特点而采用的技术和方法，是多数产品都要采用的	多数产品	内装物的合理放置，对松泡产品进行压缩体积
缓冲包装技术	是为减缓内装物受到冲击和震动而造成的损坏，采取一定防护措施的包装方法	家用电器、精密仪器、玻璃、陶瓷器皿，各种家用电器	妥善衬垫、现场发泡、浮吊包装和机械固定
防潮包装技术	是指采用防潮材料对产品进行包封	所有商品	产品包装前必须是清洁干燥，包装场所温度不高于35摄氏度，相对湿度不大于75%
防锈包装技术	是在运输储存金属制品与零部件时，为防止其生锈而降低价值或性能所采用的包装技术和方法	金属制品与零部件	作业场所的环境应尽量对防锈有利，包装内部所容空气的容积达到最小
防腐包装技术	是为防止霉菌侵袭内装商品或霉菌的生长污染商品，影响商品质量所选取的一种防护措施	内装商品	采用抗菌性较强的金属材料

6. 合理化包装

（1）包装合理化的含义：

包装合理化指在包装过程中使用适当的材料和适当的技术，制成与物品相适应的容器，节约包装费用，降低包装成本，既满足包装保护商品、方便储运、有利销售的要求，又要提高包装的经济效益的包装综合管理活动。

商品包装合理化是现代物流合理化的组成部分，从现代物流的角度看，包装的合理化不仅是包装本身的合理与否，而是整个物流合理化前提下的商品包装合理化。因此，包装合理化实质就是包装材料、包装技术、包装方式的合理组合及运用。

（2）合理化包装的原则：

① 标准化包装原则：包装标准是根据包装科学技术、实际经验，以物品的种类、性质、质量为基础，在有利于物品生产、流通安全和厉行节约的原则上，经有关部门充分协商并经一定审批程序，而对包装的用料、结构造型、容量、规格尺寸、标志，以及

盛装、衬垫、封贴和捆扎方法等方面所作的技术规定，从而使同种、同类物品所用的包装逐渐趋于一致和优化。国际贸易中的商品流通范围很广，不只涉及一个国家，一个地区或民族。物流包装除了必须遵守国际上许多法规外，还应遵守习惯性规范及各个国家和地区的特殊法规。

② 包装单位大型化原则：随着交易单位的大型化和物流过程中搬运的机械化，单个包装亦趋大型化。与包装大型化同步的是最近在有的批发商店里，直接将工业包装的货物摆在柜台上。可见对这种大型化包装应给予足够的重视，由此也可以看出包装的趋势。

③ 包装机械化原则：包装过去主要是依靠人力作业的人海战术。进入大量生产、大量消费时代以后，包装的机械化也就应运而生。包装机械化从逐个包装机械化开始，直到装箱、封口、捆扎等外包装作业完成。此外，还有使用托盘堆码机进行的自动单元化包装，以及用塑料薄膜加固托盘的包装等。

④ 包装成本低廉化原则：包装成本中占比例最大的是包装材料费，为此需要对包装材料的价格和市场行情做充分的调查，合理选择和组织包装材料的选购。其次是劳务费，在许多场合，通过机械和人工的合理组合，在半机械化的条件下从事包装作业，既可以提高效率，又可以节约人工，使包装成本得到有效控制。最后，在包装设计上要防止过度包装，应根据商品的价值和特点设计包装。

⑤ 绿色包装原则：包装材料中大量使用的纸箱、木箱、塑料容器等消耗大量的有限资源，资源的有限性、大量开发资源对于环境带来的破坏、包装废弃物给环境带来的负面影响要求我们必须以节约资源作为包装合理化的一项标准。因此，在选择包装技法时，应遵循绿色化原则，通过减少包装材料、重复使用、循环使用、回收使用材料等包装措施，节省资源，来推行绿色包装。

7. 实施包装作业

包装人员首先分析货物性质，确定包装类型以及包装的材料，接着在领取包装材料和包装用具后，即可开展具体的包装作业，将货物装进包装容器，按照统一规定的标准完成拼装、分装、换装、包扎、打捆及加固，或施加一定的包装技术等作业。

包装完毕后，包装人员应认真填写包装清单，将其连同包装的货物一起放进相应的包装容器内。将包装件、包装清单放入包装容器后，使用专业工具或封装设备将包装容器封起来，确保货物在配送过程中的安全性。

封装完毕后，需要在外包装容器上贴上有文字或图像说明的标签，以便相关作业人员快速辨认、识别货物，为货物在途跟踪、运输、交接、装卸搬运、核查清点等作业提供方便。

 思政小案例

顺丰丰多宝（π-box）循环包装箱

顺丰速运作为国内领先的物流服务商，一直致力于推广绿色包装理念。其针对不同场景投用了保密运输箱、机场循环箱、易碎品循环中转箱、食品循环箱、太阳能光伏板循环包装等产品，同时在原有的"丰-box"循环箱基础上，推出丰多宝循环包装箱，取名为"丰多宝π-box"，"π"代表无限、闭环。

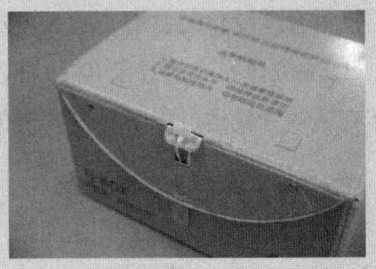

顺丰丰多宝（π-box）的设计初衷，旨在减少传统快递包装带来的资源浪费和环境污染问题。循环箱采用了更易回收的单一化材料PP蜂窝板材，并使用自锁底折叠结构和全箱体魔术粘贴合模式，免去使用胶带纸、拉链等易耗材料。因此通过采用高强度、可循环利用的材质，结合精密的结构设计，π-box在保护商品安全的同时，还实现了包装的轻量化与环保化。

"丰多宝（π-box）"的核心价值：

这一创新实践，不仅为用户提供了更加便捷、环保的快递服务体验，也为整个物流行业树立了绿色发展的标杆。顺丰丰多宝（π-box）的故事，是企业勇于担当、创新求变、追求可持续发展的生动写照。在快速发展的物流行业中，企业不仅要追求经济效益，更要注重环境保护和社会责任，实现经济效益与社会效益的双赢。

（二）任务准备

根据教材和资料获取的知识，小组合作对本批货物进行包装作业，小组成员需要进行以下的角色分工。

角　色	任　务
仓库管理员	为出库货物制订包装计划。
仓库操作员	协同仓管员实施货物包装作业。

(三)任务实施

★ 步骤一：分析货物性质，确定包装类型

（1）3箱洽洽五香瓜子、9箱黑米锅巴、2箱红糖小麻花、4箱斑布有芯卷纸的现有包装已符合运输包装要求，故无需重新进行包装。

（2）8卷斑布有芯卷纸和10瓶沙宣柔顺护发素均有销售包装，故只需进行运输包装，以防在搬运和输运过程中易造成损失。

★ 步骤二：确定包装的材料

（1）1卷斑布有芯卷纸直径约120mm，高度约为100mm，故8卷卷纸可以采用一个430*210*270mm的纸箱。

（2）1瓶沙宣柔顺护发素直径约70mm，高度约200mm，故10瓶沙宣柔顺护发素可以采用一个359*190*230mm的纸箱。

★ 步骤三：进行包装

（1）准备好2个规格分别为430*210*270mm和359*190*230mm的纸箱、箱内垫衬材料、胶带、弹簧刀等工具。

（2）将8卷斑布有芯卷纸按一层放4卷，一共放两层的方式装入纸箱，并用气泡膜、泡沫块或废旧纸张等缓冲材料对空隙进行垫衬，防止卷纸在运输过程中因晃动而受损。之后将箱口折叠、盖好，用胶带进行封箱。最后在箱体上贴上向上的标签，标明卷纸的规格、数量、目的地等信息。

（3）将10瓶沙宣柔顺护发素按一层放5瓶，一共放两层的方式装入纸箱，并用气泡膜、泡沫块或废旧纸张等缓冲材料来填充瓶与瓶之间以及瓶与纸箱壁之间的空隙，以防止护发素瓶在运输过程中因晃动而相互碰撞或破损。之后将箱口折叠、盖好，用胶带进行封箱。最后在箱体上贴上向上的标签，标明沙宣柔顺护发素的规格、数量、目的地等信息。

(四)反思小结

1. 在任务实施过程中，哪些步骤不够清晰或操作不够熟练？举例说明。

_____

_____

2.（判断）仓库在进行发货作业时，只需对货品进行运输包装即可。（　　）

学习任务 4.2　发货作业

（一）知识链接

1. 送货作业的含义

送货作业是利用配送车辆把客户订购的物品从制造厂、生产基地、批发商、经销商或配送中心，送到客户手中的过程。送货是一种短距离、小批量、高频率的运输形式。从日本配送运输的实践来看，配送的有效距离在 50 千米半径范围内，国内配送中心、物流中心的配送经济里程大约在 30 千米半径范围内。

送货作为配送的最后一道环节，对于物流企业来说是非常关键的，因为它直接与客户打交道。因此，如何有效地管理送货作业是物流企业不可忽视的问题。如果在这方面失误，就会产生种种问题，如从接受订单到出货非常费时，配送效率低下，驾驶员的工作时间不均，货品在输送过程中的损坏、丢失等。最直接的影响是配送的费用超常。所以，在送货的管理中，不仅要加强对送货人员的工作时间、发生的重要情况的管理，而且要加强对车辆利用（如装载率、空驶率等）的监控。

2. 送货作业的特点

（1）时效性：时效性是指要确保能在指定的时间内交货。如途中因意外不能准时到达，必须立刻与总部联系，由总部采取紧急措施，确保履行合同。影响时效性的因素很多，除配送车辆出现故障外，所选择的配送路径、路况不佳，中途客户卸货不及时等均会造成时间上的延误。因此，必须在认真分析各种因素的前提下，用系统化的思想和原则，有效协调，综合管理，选择合理的配送线路、配送车辆和送货人员，使客户在预定的时间收到所订购的货物。

（2）可靠性：将货品完好无缺地送达目的地，这就是送货的目的。影响可靠性的因素有货物的装卸作业、运送过程中的机械振动和冲击及其他意外事故、客户地点及作业环境、送货人员的素质等。

（3）沟通性：送货作业是配送的末端服务，它通过送货上门服务直接与客户接触，是与客户沟通最直接的桥梁，它不仅代表着公司的形象和信誉，还在沟通中起着非常重要的作用。一些物流企业甚至把卡车司机和送货人员称作"公司的形象大使"。因此，必须充分利用与客户沟通的机会，巩固与发展公司的信誉，为客户提供更优质的服务。

（4）便利性：配送以服务为目标，以最大限度地满足客户要求为宗旨。因此会应尽可能地让客户享受到便捷的服务。通过采用高弹性的送货系统，如采用紧急送货、顺道送货与退货、辅助资源回收等方式，为客户提供真正意义上的便利服务。

（5）经济性：实现一定的经济利益是企业运作的基本目标。对合作双方来说，以较低的费用完成送货作业是企业建立双赢机制、加强合作的基础。所以，不仅要满足客户的要求，提供高质量、及时、方便的配送服务，还必须提高配送效率，加强成本管理与控制。

3. 送货的基本作业流程

（1）划分基本配送区域：为使整个配送有可循的基本依据，应首先将客户所在地的具体位置做系统统计，并将其做区域上的整体划分，将每一客户囊括在不同的基本配送区域，以作为下一步决策的基本参考。例如，按行政区域或交通条件划分不同的配送区域，在这一划分的基础上再做弹性调整来安排配送。

（2）车辆配载：首先，由于配送货物的品种、特性各异，为提高配送效率，确保货物质量，必须对特性差异大的货物进行分类。接到订单后，将货物按特性进行分类，分别采取不同的配送方式和运输工具，如按冷冻食品、速食品、散装货物、箱装货物等分类配载。其次，配送的货物也有轻重缓急之分，必须初步确定哪些可配于同一辆车，哪些不能配于同一辆车，做好车辆的初步配装工作。

（3）暂定配送先后顺序：在考虑其他影响因素做出确定的配送方案前，应根据客户订单要求的送货时间将配送的先后作业次序初步排定，为后面车辆积载做好准备。计划工作的目的是保证达到既定的目标。所以，预先确定基本配送顺序既可以有效地保证送货时间，又可以提高运作效率。

（4）车辆安排：车辆安排要解决的问题是安排什么类型、吨位的配送车辆进行最后的送货。在安排前首先要掌握哪些车辆可供调派并符合要求，即这些车辆的容量和额定载重是否满足要求。其次，必须分析订单上货物的信息，如体积、重量、数量、对装卸的特别要求等，综合考虑各方面因素的影响，做出最合适的车辆安排。

（5）选择配送线路：知道了每辆车负责配送的具体客户后，如何以最快的速度完成对这些货物的配送，即如何选择配送距离短、配送时间短、配送成本低的线路，这需根据客户的具体位置、沿途的交通情况等做出选择和判断。此外，还必须考虑客户或其所在地环境对送货时间、车型等方面的特殊要求，如有些客户不在中午或晚上收货，有些道路在某高峰期实行特别的交通管制等。

（6）确定配送顺序：做好车辆及选择好最佳的配送线路后，依据各车负责配送的具体客户的先后，即可将客户的最终配送顺序加以确定。

（7）完成车辆积载：明确了客户的配送顺序后，接下来就是如何将货物装车、以什么次序装车的问题，即车辆的积载问题。原则上，知道客户的配送顺序先后，只要将货物按"后送先装"的顺序装车即可。但有时为了有效利用空间，可能还要考虑货物的性质（如怕震、怕压、怕撞、怕湿）、形状、重量及体积等因素。此外，对于货物的装卸方法也必须依照货物的性质、形状、重量、体积等来具体决定。

4. 销账、存档和现场的清理

货物出库发运之后，该货物的仓库保管业务即告结束，仓库保管人员应做好清理工作，及时核销仓储保管账目、料卡，调整货位上的标牌，以保持仓库内货物的账、卡、物一致，及时准确地反映货物的进出、存取的动态。将留存的提货凭证、货物单证、记录、文件等归入货物档案，妥善保存以备查用。并应及时将出库信息输入管理系统，系统自动更新数据。将已空出的货位标注在货位图上，以便安排新货物。同时，清理库房、场地、设备和工具等。

（二）任务准备

根据教材和资料获取的知识，小组合作完成发货作业，小组成员需要进行以下的角色分工。

角　色	任　务
仓库管理员	制订送货计划； 完成销账、存档。
仓库信息员	协助仓管员制订送货计划。
仓库操作员	完成送货后的现场清理工作。

（三）任务实施

★ 步骤一：送货单录入

仓管员在系统主页面选中【取/送货单】，如下图所示：

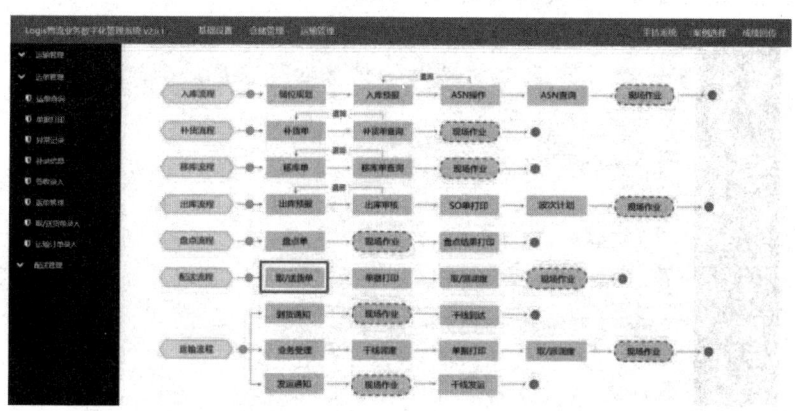

图 4-4-2　取/送货单

进入【取/送货单】页面点击【新增】，如下图所示：

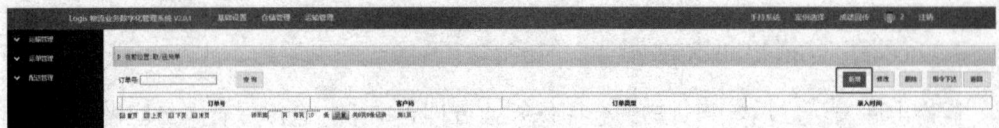

图4-4-3　新增送货单①

进入【取/送货单】新增页面后，业务类型选择"送货"，将送货单中客户信息和收货人信息以及商品信息录入系统（本次录入的是华美超市的收货信息），确认无误后点击【保存订单】，完成送货单的信息录入，如下图所示：

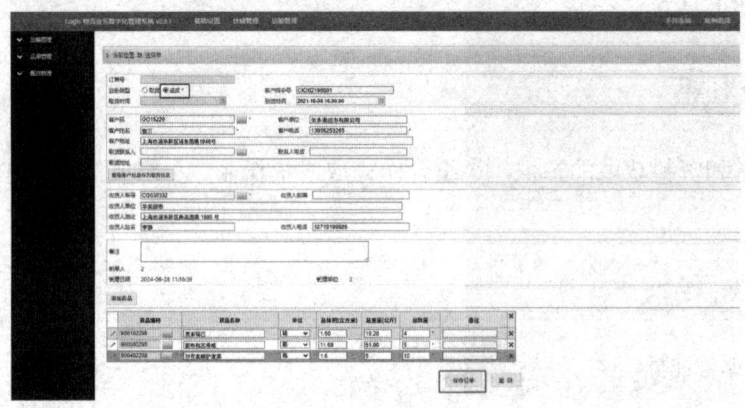

图4-4-4　保存订单①

然后选中订单，点击【指令下达】，如下图所示：

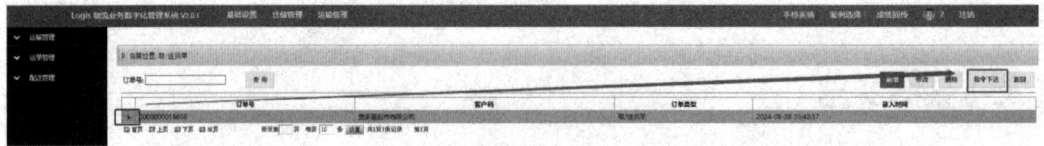

图4-4-5　指令下达①

确认无误后点击【确认审核】，如下图所示：

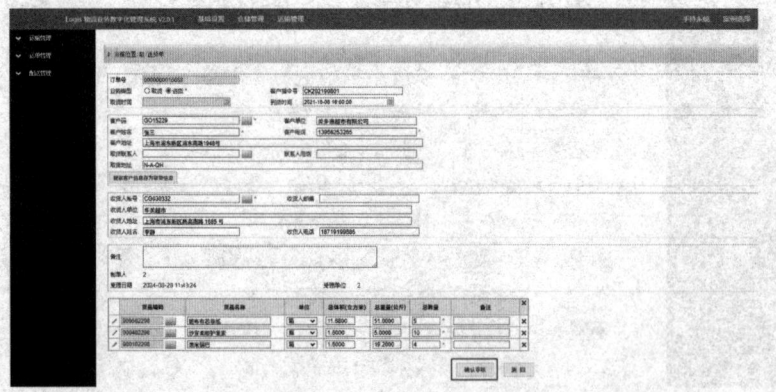

图4-4-6　确认审核①

同样在【取/送货单】页面点击【新增】，如下图所示：

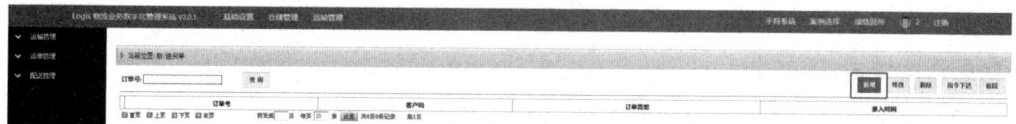

图 4-4-7　新增送货单②

进入【取/送货单】新增页面后，业务类型选择"送货"，将送货单中客户信息和收货人信息以及商品信息录入系统（本次录入的是美多惠的收货信息），确认无误后点击【保存订单】，完成送货单的信息录入，如下图所示：

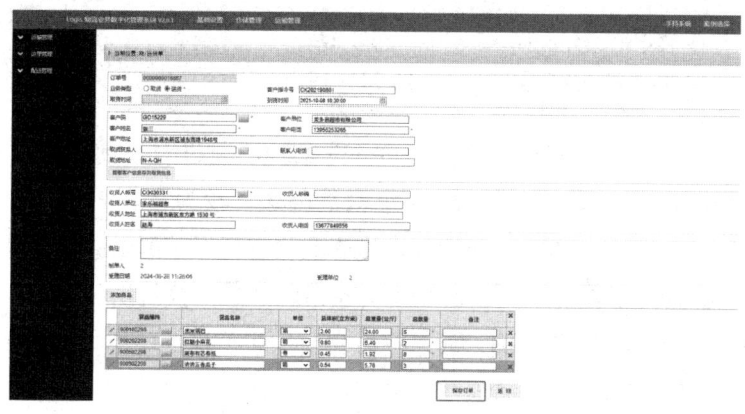

图 4-4-8　保存订单②

然后选中订单，点击【指令下达】如下图所示：

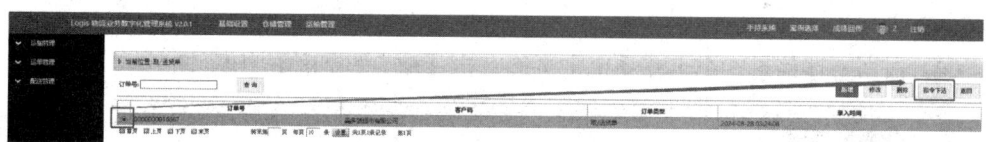

图 4-4-9　指令下达②

确认无误后点击【确认审核】，如下图所示：

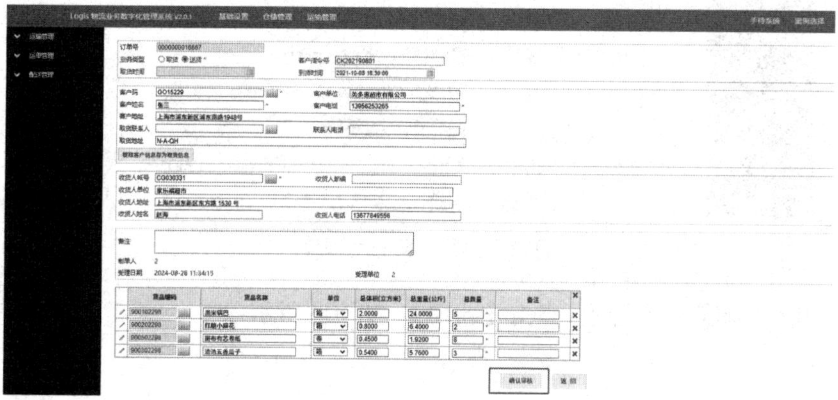

图 4-4-10　确认审核②

★ 步骤二：派送调度

（1）仓管员小李首先划分了基本配送区域：家乐福超市与华美超市均在上海市浦东新区配送区域内。

（2）接下来确定车辆安排以及配送的先后顺序。通过收货信息汇总表 4-4-3 可知：

表 4-4-3　收货信息汇总

收货单位	收货地址	收货时间	总体积（m³）	总重量（KG）
家乐福超市	上海市浦东新区东方路 1530 号	2021.10.8 18:30—21:00	3.79	38.08
华美超市	上海市浦东新区杨高南路 1685 号	2021.10.8 16:00—18:00	14.88	75.20

本批货物总体积为 18.67m³，总重量为 113.28kg，通过对目前 3 辆可供取派调度车辆进行比较分析可知，选取沪 A36104 车辆进行送货较为合理，此时货物装载率为 18.67/24≈77.8%，在 75%—80% 之间。且司机李响状态良好，可以进行运输任务。

因车辆沪 A36104 需向美多惠超市和华美超市两个地点执行送货任务，且华美超市收货时间早于美多惠超市收货时间，故车辆应先前往华美超市送货，再前往美多惠超市送货。这样既可以有效地保证送货时间，又可以提高运作效率。

（3）小李同时完成了车辆积载。同时通过分析可以发现本批货物性质大致相同，故将货物按"后送先装"的顺序装车，即先将送往美多惠超市的货物装上车，再将送往华美超市的货物装车。

（4）根据上述信息，小李在系统主页面点击【取/派调度】，如下图所示：

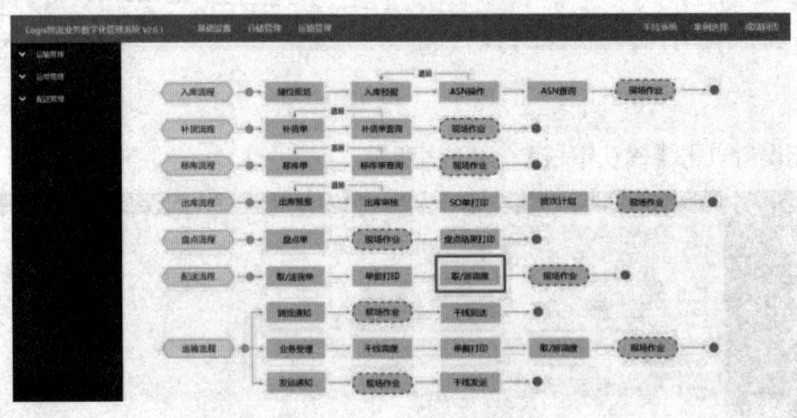

图 4-4-11　取/派调度

进入到取派调度单页面后，点击【新增】，如下图所示：

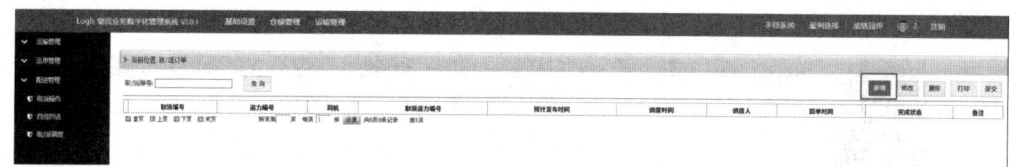

图 4-4-12 新增页面

进入到新增调度单页面，根据取派调度任务，录入车牌号和司机等信息，之后选中待装车的订单，点击取货单右侧箭头，如下图所示：

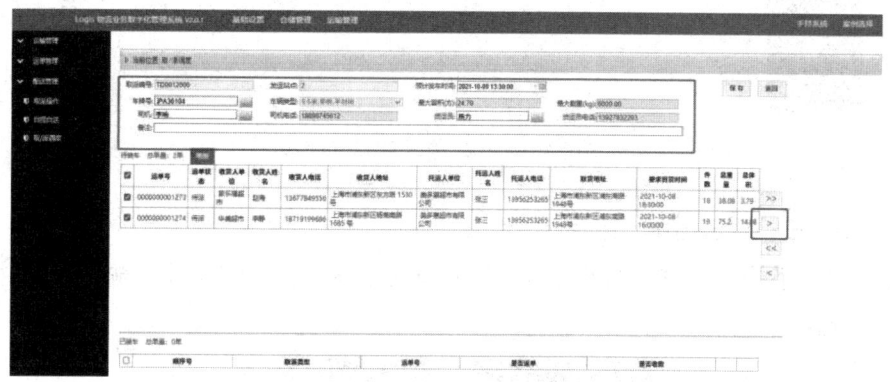

图 4-4-13 新增派送调度单

订单已进入已装车列表，确认无误后点击【保存】，如下图所示：

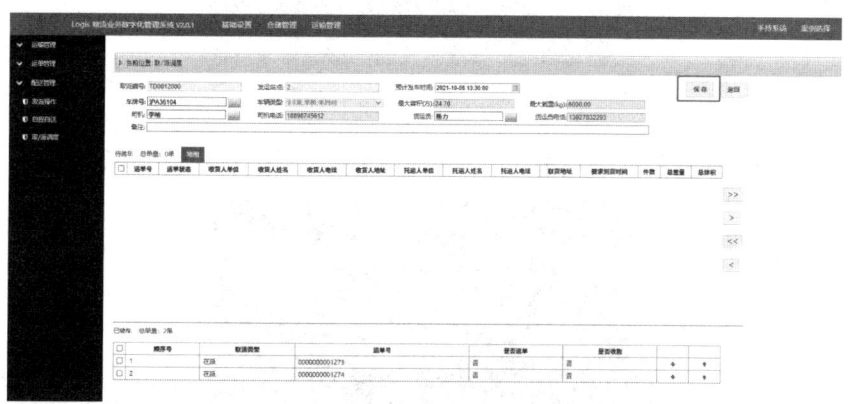

图 4-4-14 派送调度单－保存

系统自动返回取派调度单列表页面后，选中取派调度单，点击【提交】，审核取派调度单，如下图所示：

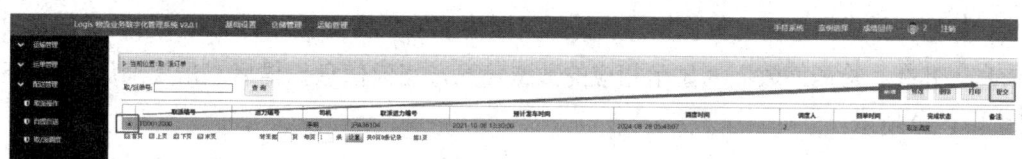

图 4-4-15 派送调度单－提交

确认无误后，点击【保存】，如下图所示：

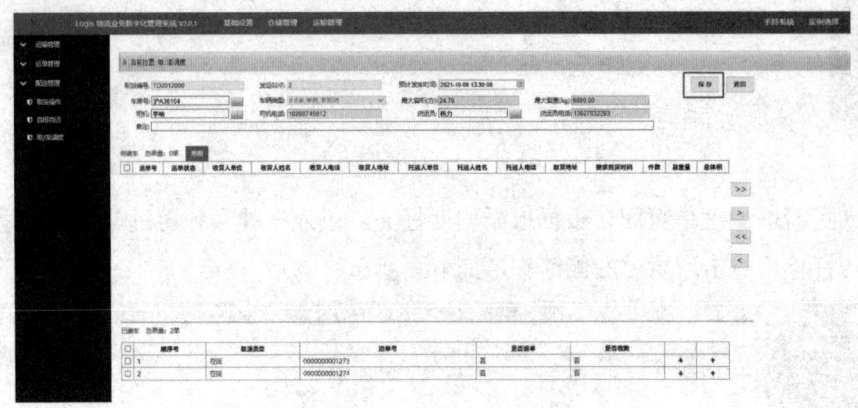

图 4-4-16　派送调度单－审核

★ **步骤三：派送出站**

小李通过手持终端进入物流业务数字化管理系统，之后点击【运输作业】，如下图 4-4-17 所示：

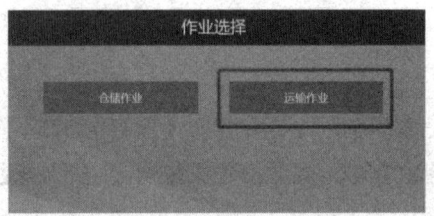

图 4-4-17　进入运输手持系统

在运输手持系统手持界面点击【取/派出站】，如下图 4-4-18 所示：

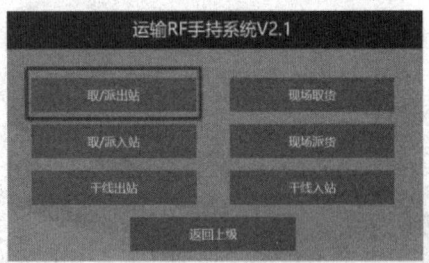

图 4-4-18　取/派出站

选中待处理信息进行【扫描】操作，进入到扫描操作界面，如下图 4-4-19 所示：

扫描待派货物条码，货物扫描确认后，运输手持系统自动识别该批货物所在的运单信息，并在"检测件数"处显示相应的数量信息，完成信息扫描后点击【确认】，如下图 4-4-20 所示：

待所有货物全部扫描完成，待检测件数与总件数数量相符后，选中待派订单信息，点击【出站】按钮，完成出站扫描操作，如下图 4-4-21 所示：

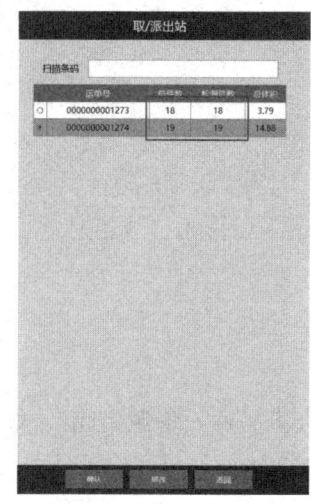
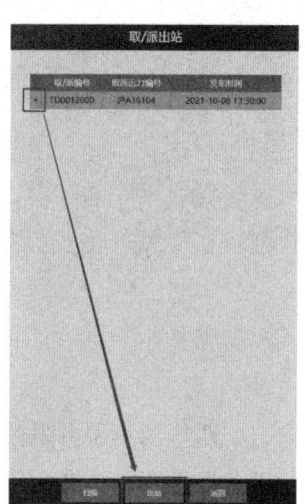

图 4-4-19　运单扫描　　　图 4-4-20　运单扫描结果确认　　　图 4-4-21　出站

6. 销账、存档和现场的清理。

货物出库发运之后，该货物的仓库保管业务即告结束，仓管员小李连同仓库操作员做好了现场清理工作，及时地核销了仓储保管账目、料卡，调整了货位上的标牌。同时将留存的提货凭证、货物单证、记录、文件等归入了货物档案。最后将已空出的货位标注在货位图上，方便后续安排新货物。

（四）反思小结

1. 在任务实施过程中，哪些步骤不够清晰或操作不够熟练？举例说明。

_____

_____

2. 仓库管理员在管理系统中录入送货单时不包括哪些内容？（　　）

　　A. 业务类型　　　　　　　　B. 客户单位
　　C. 到货时间　　　　　　　　D. 货品批次

3. 此次任务的仓库工作人员如何对货物进行派送出站操作？（　　）

　　A. 运输作业→取/派入站→扫描→出站
　　B. 运输作业→取/派出站→扫描→出站
　　C. 运输作业→现场派货→扫描→出站
　　D. 运输作业→现场取货→扫描→出站

技能训练

广西华源集团有限公司（以下简称：华源集团），作为业界领先的仓储与配送一体化服务提供商，凭借其高效的物流管理系统、先进的仓储设施以及专业的运营团队，在物流行业内享有盛誉。2022年11月15日，华源集团的仓储部门接到了来自欣达超市有限公司的紧急出库需求。仓储主管李琦迅速响应，仔细审阅了出库通知单上的详细信息，包括货物种类、数量、规格、出库时间等内容，出库通知单信息如下表所示。李琦需要根据出库作业信息安排好人员及设备，顺利完成这批货物的出库作业。

出库通知单 1					
SO 编码	SO2022110001	客户指令号	CK202211001		
发货库房	华源集团上海物流中心	客户名称	欣达超市		
收货单位	欣达超市（普陀店）	出库日期	2022年11月17日		
货品条码	货品名称	生产日期	单 位	数 量	
6925126340587	康师傅冰绿茶	20220620	箱	2	
6925126340587	康师傅冰绿茶	20220620	瓶	3	
6927201849302	上好佳鲜虾片	20220709	袋	2	
6927201849303	波力海苔罐装	20220608	瓶	5	

出库通知单 2					
SO 编码	SO2022110002	客户指令号	CK202211002		
发货库房	华源集团上海物流中心	客户名称	欣达超市		
收货单位	欣达超市（徐汇店）	出库日期	2022年11月17日		
货品条码	货品名称	生产日期	单 位	数 量	

出库通知单2				
6925126340587	康师傅冰绿茶	20220620	箱	4
6927201849305	德芙牛奶巧克力	20220606	盒	6
6923866340326	心相印盒抽纸巾	20200812	盒	5
6923866340326	心相印盒抽纸巾	20200812	箱	3
6925126340590	可口可乐	20220612	瓶	6
6925126340592	百事可乐	20220815	瓶	8

同时，欣达超市（普陀店）和欣达超市（徐汇店）的收货信息如下表所示：

收货信息		
收货单位	欣达超市（普陀店）	欣达超市（徐汇店）
是否送货	是	是
收货地址	上海市普陀区白玉路589号	上海市徐汇区天钥桥路380弄60号
联系人	李清	张康
联系电话	15283940283	13182819643
收货时间	2022.11.17　15:30—18:00	2022.11.17　17:30—21:00

华源集团目前空闲的自有可供取派调度的车辆信息如下表所示：

序号	车牌号	车长（米）	厢型	载重（吨）	容积（立方）	司机	联系电话	百公里油耗(L)
1	沪A34012	4.2	面包车	3	5	杨卫	13151230041	10
3	沪A36104	9.6	面包车	6	24	张鹏	18871555618	27
4	沪A31153	17.5	面包车	11	45	陈虎	18898244512	56

考核评价

一、理论模拟练习

（一）单选题

1. 先拣后分拣货是以汇总了多份订单的一个批次为单位进行分拣作业的，业内通常又将这个作业的批次称为（　　）。
   A. 拣选　　　　　　　　　　B. 波次
   C. 分配　　　　　　　　　　D. 预分配

2. 收货人或其代理人持仓单直接到仓库提取物品，仓库凭单发货，这种发货形式通常称为（　　）。
   A. 送货上门　　　　　　　　B. 代办托运
   C. 客户自提　　　　　　　　D. 取样

3. 针对每一份订单进行拣选，拣货人员或设备巡回于各个货物储位，将所需的货物取出，每人每次只处理一份订单或一个客户，这种拣选方式称为（　　）。
   A. 播种式拣选　　　　　　　B. 摘果式拣选
   C. 波次拣选　　　　　　　　D. 智能拣选

4. 按照一定的技术方法使用容器、材料及辅助物等将物品包封并予以适当的装饰和标志工作的总称是（　　）。
   A. 采购　　　　　　　　　　B. 仓储
   C. 包装　　　　　　　　　　D. 流通加工

5. 在发货过程中，如果物品包装破漏，发货时都应经过整理或更换包装，方可出库，否则造成的损失应由（　　）承担。
   A. 收货人　　　　　　　　　B. 仓储部门
   C. 验收人员　　　　　　　　D. 运输单位

(二) 多选题

6. 出库作业计划包括的内容有（　　）。
   A. 安排出库作业设备
   B. 分析出库订单的有效性
   C. 确定出库作业的时间，安排相关部门人员
   D. 确定货品出库的方式，安排出库作业区域

7. 常见波次划分方法有（　　）。
   A. 按照送货路线分批　　　　　　B. 固定订单量分批
   C. 时窗分批　　　　　　　　　　D. 智能分批

8. 货物出库坚持"先进先出"的原则，其目的在于避免物品因库存时间过长而发生变质或影响其价值和使用价值，要做到（　　）。
   A. 有保管期限的先出　　　　　　B. 保管条件差的先出
   C. 容易变质的先出　　　　　　　D. 近失效期的先出

9. 合理化包装的原则包括（　　）。
   A. 标准化包装原则　　　　　　　B. 包装单位小型化原则
   C. 包装机械化原则　　　　　　　D. 绿色包装原则

10. 发货作业的基本流程包括（　　）。
    A. 车辆配载　　　　　　　　　　B. 暂定配送先后顺序
    C. 选择配送线路　　　　　　　　D. 车辆安排

(三) 判断题

1. 为保证出库的顺利进行，仓储主管应在分析出库订单的有效性后，编制具体的出库作业计划，通知各部门做好相应的准备工作。（　　）
2. 波次管理就是对订单进行分类。（　　）
3. 摘果式对单个订单的响应速度较快，但是播种式可以高效处理成批订单，其完成一份订单的平均时间要少于摘果式。（　　）
4. 越要求少量、多批次的配送，播种法拣取就越有效。（　　）
5. 在送货的过程中，不需要对送货人员的工作时间、发生的重要情况做监管。（　　）

二、操作技能评价

操作技能评价表

小组：_____

序 号	操作技能评分点	分 值	得 分	备 注
1	能够做好出库作业准备工作	10		
2	能够完成货品的出库订单处理	10		
3	能够准确、快速地操作系统	10		
4	能够熟练地进行库存查询	10		
5	能够合理组织和调配设备	10		
6	能够高效完成拣货作业	10		
7	能够检查及保养仓储设备	10		
8	能够正确分析并处理出库异常情况	10		
	能够高效完成货物包装和发货作业	10		
	能够严格按照规范操作	10		
	合计	100		

根据考核评价表，你认为哪个小组应该被评为明星组？

本次任务你对自己的表现满意吗？

☐满意　　　☐一般　　　☐不满意

05

退货作业

岗位描述

岗位工作职责

1. 做好退换货信息的接收；
2. 制订退换货物的入库计划；
3. 进行退换货物的接收与处理；
4. 进行退货上架和换货发出。

主要涉及岗位

1. 客服人员；
2. 仓库管理员；
3. 仓库信息员；
4. 仓库操作员。

学习任务描述

广西华源集团物流中心（以下简称：华源集团）是一家集仓储、配送于一体的专业物流公司，仓库设有普货仓库和冷库，可为客户提供快捷、优质的物流服务。

2024年8月25日，华源集团的客服人员刘丽收到客户发来的退换货通知单。客服员需及时接收退换货信息，认真审核是否符合退换货要求，并将处理结果及时反馈给仓库和客户。仓管员安排好人员及设备，及时完成退货货物的接收、登记、入库上架及换货工作。货物信息如下：

退换货通知单								
作业计划单号：						00000000000168855		
发货仓库：			广西华源集团物流中心			应收总数：		75箱
^			^			实收总数：		45箱
客户名称：			广州格力有限分公司			客户编号：		WM0200361
客户指令：			RK020240820			日期：		2024年8月20日
货品型号	货品名称		条形码	规格（mm）	单位	应收数量	实收数量	备注
ADT3685	洗衣液		6914068019697	190*190*270	箱	50	45	破损5箱
WTB667	蒸汽拖把		6918717112685	570*380*220	箱	25	0	质量问题

* 退换要求：

1. 洗衣液包装破损渗漏5箱，申请换货5箱。
2. 电熨斗质量问题，申请全部退货。

知识获取

学习任务一　退换货接收

情境导入

2024年8月25日，华源集团的客服人员刘丽收到客户发来的退货通知单，要求对一批商品进行退货，刘丽需要对退货单信息与客户进行沟通并进行审核处理，并将处理方案及时反馈给客户和仓库。

学习目标

知识目标	1. 了解退货信息的接收渠道； 2. 掌握退换货信息接收与处理的内容； 3. 掌握退货的受理和退货申请单的填写； 4. 掌握退换货物的入库计划内容； 5. 熟悉退货的作业流程。
技能目标	1. 能针对不同的退货渠道进行退货信息接收； 2. 能够根据退货原因分析和判断是否符合退货标准，进行退货信息审核与处理； 3. 能够与不同客户进行退货商谈并制定退货处理方案。
素养目标	1. 培养与客户沟通的能力； 2. 树立客户第一的服务理念，满足客户的不同需求，不断提高客户的服务水平； 3. 树立效率意识、成本意识、责任意识。

问题导入

💬 **引导问题 1**：你网购有没有退货过？申请退货的原因是什么？

_____
_____

💬 **引导问题 2**：《消费者权益保护法》第二十五条，经营者采用网络、电视、电话、邮购等方式销售商品，消费者有权自收到商品之日起七日内退货，且无需说明理由，但下列商品除外：（　　）

　　A．消费者定作的
　　B．鲜活易腐的
　　C．在线下载或者消费者拆封的音像制品、计算机软件等数字化商品
　　D．交付的报纸、期刊

💬 **引导问题 3**：查阅资料，说一说七天无理由退货的规则。

_____
_____
_____
_____
_____

学习任务 1.1　退换货信息的接收与处理

（一）知识链接

1. 退换货信息的接收

退换货信息的接收是退换货管理流程中的重要一环，它涉及客户对商品不满意或发现商品有瑕疵时，如何向商家提交退换货申请的过程。

2. 退换货信息的接收渠道

（1）在线平台：客户可以通过商家网站、电商平台（如淘宝、天猫、京东等）的在线客服系统、退换货申请页面等在线渠道提交退换货申请。这些平台通常提供详细的退换货政策、流程说明以及申请表单，方便客户填写相关信息并上传证据（如商品照片、订单截图等）。

（2）客户服务热线：商家应提供客户服务热线电话，客户可以直接拨打该电话向客服人员说明退换货原因和相关情况。客服人员会根据退换货政策进行初步审核，并指导客户完成后续流程。

（3）现场申请：对于部分客户而言，他们可能更倾向于携带商品和购买凭证到商家指定的退换货受理点进行现场申请。这种方式可以让客户直接与商家面对面沟通，解决退换货问题。

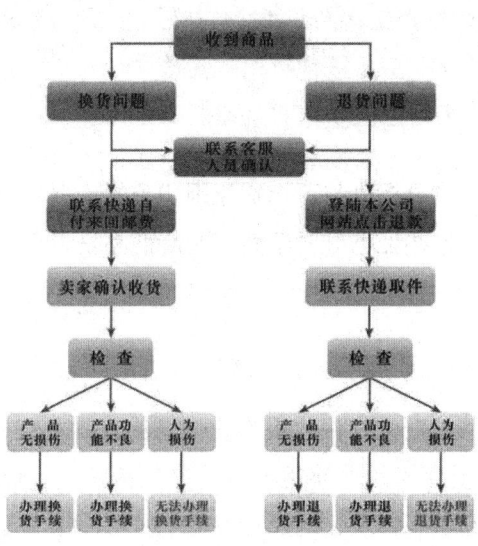

图 5-1-1　退换货一般处理流程

3. 退换货信息接收处理的内容

（1）客户基本信息：包括客户的名称、联系方式、购买账号等，以便商家与客户进行后续沟通。

（2）订单信息：客户需要提供订单号、购买时间、购买商品名称、数量、价格等订单信息，以便商家核实订单情况。

（3）退换货原因：客户需要明确说明退换货的原因，如商品质量问题、尺码不合适、颜色不符等。这有助于商家了解问题所在，并采取相应的处理措施。

> **注意：**
>
> **退换货的一般原因：**
>
> ①依照协议可以退货的情况。例如，连锁超市与供应商达成协议的代销商品、试销商品、季节性商品等。
>
> ②搬运中损坏。由于包装的原因，货物在搬运中产生震动，造成商品损坏或包装破损等。
>
> ③由于质量问题的退货例。如商品含量不达要求、数量不足等。
>
> ④次品召回。由于商品在设计、制造过程中存在缺陷，在商品销售后，由用户或厂商自己发现重大缺陷，必须立即部分或全部召回，这种情况虽然不常发生，但却是不可避免的。
>
> ⑤商品过期退回。有些商品有保质期限规定，如日常食品、速冻食品等，与供应商有协定，有效期一过，就予以退货或换货。
>
> ⑥商品错送退回。由于商品规格、条码、重量、数量等与订单不符，要退回（换货）。

（4）相关证据：客户需要提供与退换货原因相关的证据，如商品照片、视频、快递单号、物流跟踪信息等。这些证据有助于商家判断商品是否存在问题，以及是否符合退换货政策的要求。

4. 退换货信息接收与处理的注意事项

（1）明确退换货政策：商家在接收退换货信息前，应确保客户已了解并接受商家的退换货政策。这包括退换货的时间限制、商品状态要求、退换货流程等。

（2）及时响应：商家应在收到退换货申请后尽快响应，与客户沟通并确认退换货事宜。这有助于提升客户的满意度和信任度。

（3）准确记录：商家在接收退换货信息时，应准确记录相关信息，如申请时间、申请原因、商品信息等。这有助于后续处理退换货事宜时快速查找相关信息。

（4）保持沟通畅通：在整个退换货流程中，商家应保持与客户的沟通畅通，及时告知处理进度和结果。这有助于减少误解和纠纷，提升客户的满意度。

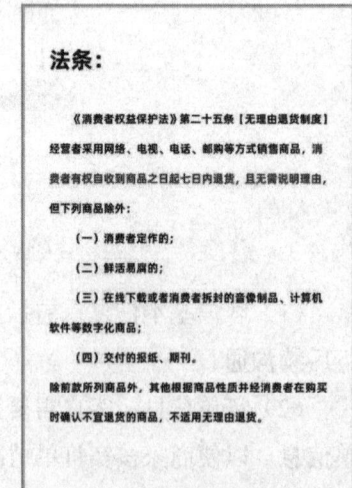

图 5-1-2　七天无理由退货制度

请扫描右边的二维码，了解七天无理由退换货。

5. 退换货单

虽然每个企业的退换货申请单格式不尽相同，但是核心内容基本一致，一般包括：编号、日期、退货单号、客户名称、货品条码、货品名称、货品件数、质检单号、退换货原因等。退换货单示例如下图 5-1-3 所示：

扫一扫

退换货单

仓库名称：					单号：			
客户名称			客户编号		退/换日期			
出货单号	物料编号	品名及规格	退/换数量	单位	单价	金额	备注	
财务：		业务：	仓管（品管）：			制单：		

图 5-1-3　退换货单示例

> **思政小案例**
>
> ### 由"七天无理由退货权"引发大学生消费观教育的思考
>
> 所谓"无理由退货权"，是指在网络环境下，消费者在一定时期内对已达成的消费协议享有单方面的解除权。该权利是维护消费者合法权益的一项举措，既保障了消费者与经营者之间利益的平衡，也鼓励和保障了电商交易，对消费者权利体系构建、商品整体质量提升、良性  竞争环境营造都起到积极作用。然而，该规则的制定又引发了部分消费者违背诚信、恶意利用以满足自己非消费需求的事例不断涌现。
>
> 近日，"女子网购 18 件衣服旅游晒照后全部退货"事件引发社会关注。黄小姐从一家淘宝店铺一次性购买了 18 件衣服，总价 4600 余元，但在五一假期过后便发起了"七天无理由退货"申请，要求所购衣服全部退货，一件不留。店铺老板想要通过添加黄小姐微信咨询退货理由，却在其朋友圈看到黄小姐已于五一假期穿着自家衣服在西藏旅游的照片。

就此次事件而言，黄女士在"7天无理由退货"规则下要求退货的做法虽然未触犯法律，但站在道德层面来说，却有失诚信。（请扫描右边的二维码，由"七天无理由退货权"引发大学生消费观教育的思考。）

扫一扫

（二）任务准备

根据教材和资料获取的知识，小组合作对任务单中的退换货申请进行处理，并及时向客户反馈。

1. 角色分工：

角　色	任　务
客户	接受客户管理员联系，提供退换货相关信息及佐证材料
客服人员	针对不同的退货渠道进行退货信息接收； 根据退货原因分析和判断是否符合退货标准，进行退货信息审核与处理； 及时与客户进行退换货商谈并制定反馈退货处理方案； 根据处理结果，填制退换货单，反馈给仓库。
仓库管理员	接收退换货单

2. 工具准备

设备材料清单	
1	电脑、电话
2	纸、笔
3	退换货申请单
4	退换货相关佐证（照片、单据等）

（三）任务实施

根据计划中角色分配，分工合作，完成货物的退换货信息的接收工作。

★ **步骤一：客服接收退换货申请**

根据客户的申请渠道（公司平台、客服热线、门店现场），与客户进行有效沟通，接收查看客户的退换货申请，了解其需求和问题，了解客户的退换货信息和原因，提供退换货相关佐证。

主要从客户订单、时间、货品名称、货物属性、件数、批次号、退换货原因、发票、货损证明等方面进行收集登记。

★ **步骤二：客服核对退换货条件，确认是否符合退换货政策**

根据客户的退换货原因、货品状态、订单时效、相关佐证等信息，核对企业的退换货规则，判断是否符合退换货条件。

根据客户退货申请，判断客户订单有效、货品名称、数量等信息均无误、未超过企业退换货时限，可正常受理。但缺少相关发票和货损照片，联系客户补充完整。

★ **步骤三：填写退换货单，及时反馈给客户及仓库**

根据处理结果，填写退货单，附上相关佐证材料，及时将处理结果反馈给客户和仓库。提醒客户及时将货物退货，提醒仓库做好退换货入库准备。

（四）反思小结

1. 在活动实施过程中，哪些步骤不够清晰或操作不够熟练？举例说明。

_____

_____

2. 在与客户沟通过程中需要注意哪些问题？

_____

_____

学习任务二　退换货处理

情境导入

随着智能化、信息化技术的不断进步，消费者对优质商品的追求不断提升。面对琳琅满目的商品，消费者从商品里优中选优，希望买到物美价廉的那一件商品。电子商务平台的加入，大大促进了商品的流通。但是在商品流通的过程中，难免会出现购买的商品不符合期望或需求、购买的商品尺寸或颜色等与需求不符等问题，此时消费者需要进行退换货处理。小方作为仓储作业人员，应该如何进行退换货处理呢？

学习目标

知识目标	1. 了解退换货管理规定； 2. 熟悉不同退换货情况下的处理流程和要求； 3. 熟悉货物上架规范。
技能目标	1. 能够准确判断商品是否符合质量标准，及时发现问题并做出处理； 2. 能够与不同部门协作，处理复杂的退换货情况，确保流程顺畅； 3. 能够准确完成退货上架和换货。
素养目标	1. 保持良好的职业操守，遵守库房规章制度，认真对待退换货事务； 2. 与不同部门有效沟通协调，共同解决问题，保持良好的团队合作氛围； 3. 确保在退货处理过程中遵循仓储安全规程，保障人员和商品的安全。

问题导入

引导问题 1：客户收到的商品与订单不符，要求退货。这是哪种类型的退换货情况？（　　）

A. 错发退货　　　　　　　　　B. 质量问题退货
C. 误购退货　　　　　　　　　D. 换货申请

💬 **引导问题 2**：请将下列描述与退换货情况对应（连一连）。

客户购买的商品有破损，要求换货　　　　　质量问题退货

客户购买的商品数量有误，要求退货　　　　误购退货

客户购买的商品有颜色差，要求退货　　　　错发退货

客户收到的商品与订单不符，要求退货　　　换货申请

学习任务 2.1　退换货物的接受与处理

（一）知识链接

1. 退换货物的接受

接受退换货物是智慧仓储作业中重要的一环，需要仓库或企业确保准确接收客户退回或要求换货的商品，并按照规定的流程进行后续处理。接收客户退回或要求换货的商品，包括接收通知、准备接收区域、接受商品、登记信息 4 个步骤。具体步骤描述如下：

（1）仓库或客服部门收到客户的退换货申请，确认申请的准确性和完整性；

（2）为接收退换货物品准备好特定的区域，确保区域干净整洁，方便存放和处理；

（3）仓库人员按照客户提供的信息，接收退回或换货的商品，核对商品数量和外观，确保没有明显损坏；

（4）在系统中登记退换货商品的信息，包括订单号、退换货原因、商品名称、数量等，确保信息准确无误。

退换货物的接受是接下来处理退换货物的前提，做好退换货物的接受，退换货物的处理才能进行。退换货物的接受可以归纳成 4 个步骤，如图 5-2-1 所示。

图 5-2-1　退换货物的接受步骤

2. 退换货物的处理

退换货物的处理是智慧仓储作业中至关重要的一环，也是我们经常说的售后服务中重要的环节。它涉及仓库或企业如何有效地处理客户退回或要求换货的商品，以保障客户权益并提升服务质量。在完成退换货物接受的工作后，处理退换货物可以归纳成 5 个步骤，包括质量检查、选择处理流程、记录数据、通知客户、安全存放。具体步骤描述：

（1）对接收的退换货商品进行质量检查，确认商品是否符合退换货政策和标准，包括外观、完整性、损坏情况等；

（2）根据客户要求和企业或库房规定的流程，选择合适的处理方式，如退款、换货、维修、报废等；

（3）记录退换货处理的详细信息，包括退换货日期、处理结果、客户反馈等，以备将来参考和分析；

（4）及时通知客户退换货处理结果，提供必要的跟踪信息，保持良好的沟通；

（5）将退换货商品安全存放在指定的区域，避免混淆和损坏。

退换货物的接受可以归纳成 5 个步骤，如图 5-2-2 所示。

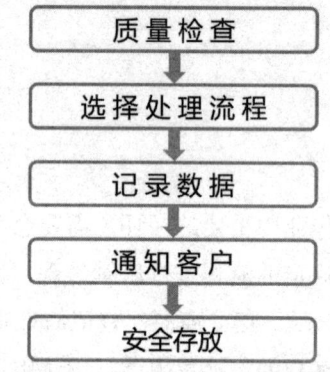

图 5-2-2　退换货物的处理步骤

（二）任务准备

1. 阅读以下商品退货的案例

小明在网上购买了一台电视机，但在送货后发现电视机外包装受损，开箱后发现电视屏幕有破损，影响观看效果。小明希望退货处理。

小明拨打客服电话或在线提交退换货申请，描述破损情况并提供订单信息。仓库收到退换货通知，准备好接收区域，并安排人员准备接收退换货商品。仓库人员接收退回的电视机，核对商品数量和外观，确认破损情况。对电视机进行详细的质量检查，确认破损情况并记录。根据破损情况和客户要求，选择退货或者换货的处理方式。小明要求退货，安排退款并安排物流取回电视机。客服通知小明退换货处理进展，提供相关跟踪信息。完成退货或换货的处理流程，确保客户满意并解决问题。

2. 阅读以下商品换货的案例

小张在购买了一双运动鞋，但在收到后发现尺码不合适。小张希望将这双鞋子换成正确的尺码。

小张通过客服电话或在线提交了换货申请，告知订单信息和换货原因（尺码不合适）。仓库接到换货通知后，准备好接收区域，并安排人员准备接收退回的鞋子。仓库人员接收退回的鞋子，检查外观完好，确认是原购买商品。对鞋子进行质量检查，确保没有破损或质量问题，符合换货标准。根据小张的换货申请和公司政策，安排换货流程，并选择合适的尺码。安排发货新的鞋子，同时将原鞋子退回仓库或进行处理。客服通知小张新鞋子的发货情况，提供跟踪信息。确保小张收到新鞋子，解决尺码不合适的问题，完成换货流程。

（三）任务实施

1．根据商品退货的案例，填写以下的仓库退货单。（备次率：同一批次产品中，不符合质量标准的产品占总数的百分比）

退　货　单

收货单位：　　　　　　　　送货地址：

订单编号：　　　　　　　　退货日期：

编号	商品编码	商品名称	单位	数量	单价	金额（元）	实发数量	备次率	备注
退款金额合计（含税）　拾　万　仟　佰　拾　元　角　分　￥：________　合计实收数量：									

制单人：　　　　审核人：　　　　收货人：

图 5-2-3　退货单

2．根据商品换货的案例，尝试填写以下的仓库换货单。

换　货　单

收货单位：　　　　　　　　送货地址：

订单编号：　　　　　　　　换货日期：

编号	商品编码	商品名称	单位	数量	单价	金额（元）	实发数量	退回数量	备注
退款金额合计（含税）　拾　万　仟　佰　拾　元　角　分　￥：________　合计实收数量：									

制单人：　　　　审核人：　　　　收货人：

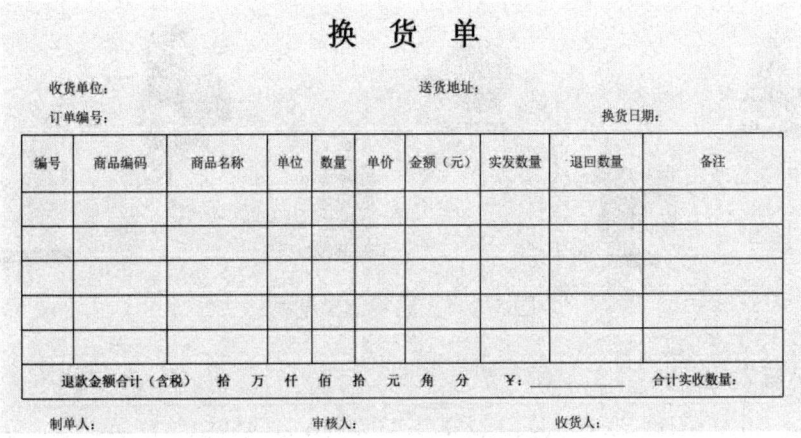

图 5-2-4　换货单

学习活动 2.2　退货上架和换货发出

（一）知识链接

1. 退货上架

仓库库房退货上架是指将客户退回的商品重新放回库房中,以备后续再次销售或其他用途。这个过程需要严格遵循仓储管理的流程和标准,确保退货商品的安全、准确存放,并能够快速找到和取出。退货上架详细步骤:

（1）接收退货商品。仓库人员接收退货商品,并核对数量、质量和外观完好性。

（2）质量检查。对退货商品进行质量检查,确认符合重新上架的条件,没有损坏或质量问题。

（3）分类和标记。将退货商品按照类型、规格等特点分类,并进行相应标记,方便后续管理和上架。

（4）记录入库信息。在仓库管理系统中录入退货商品的入库信息,包括数量、品项和位置等,确保准确记录。

（5）货物上架。将符合条件的退货商品放置在指定的上架位置,遵循库房布局和系统管理要求。

（6）更新库存信息。及时更新系统中的库存信息,将退货商品纳入库存管理范围,确保库存数据准确性。

通过严格执行仓库库房退货上架的流程和要求,仓库能够有效管理退货商品,提高库房利用率和运营效率。保持良好的库房管理习惯和规范操作,有助于提升仓库整体运作效率和客户服务水平。

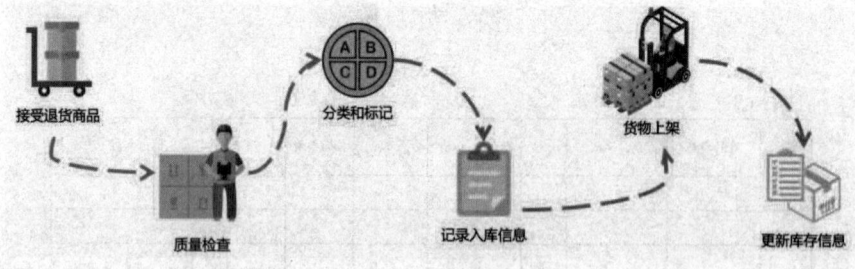

图 5-2-5　退货上架流程

2. 换货发出

库房换货发出是指在仓库管理中将客户要求换货的商品发出给客户的流程。以下是一般的库房换货发出的操作步骤和关键要点:

(1) 接收换货订单。接收客户的换货订单,确认换货商品和新商品信息。
(2) 准备换货商品。仓库人员根据换货订单准备新商品,进行质量检查和包装。
(3) 发货处理。安排物流或快递公司发出换货商品,提供跟踪信息并通知客户。
(4) 更新库存信息。在系统中更新库存信息,记录换货商品的出库和发货信息。
(5) 通知客户。客服通知客户换货商品已发出,提供相关信息和预计送达时间。

通过严格执行库房换货发出的流程,仓库能够高效地处理客户的换货请求,确保新商品能够按时准确发出给客户,提升客户满意度和维护良好的客户关系。

图 5-2-6　换货发出流程

(二)任务准备

在退货作业项目中,作为仓储管理人员,主要任务是处理客户退货或者换货返回的商品,为了实现库房货品的高效、有序的流转,以备货物后续再次销售或其他用途,快速、准确地完成退货上架是仓储管理人员必备的技能。

京东物流中心库房收到一批退换货物,已经完成了理货作业(已摆放在托盘上)。接下来要完成退货入库上架作业,现需要使用电动叉车把货物从托盘堆放区搬运到货架区进行堆垛。如果是你如何完成这项操作呢?

利用所学知识判断货架位置。货物信息如下:

名称	种类	毛重	货物体积	单个托盘货架容积	单托货盘物件数	单个托盘载重量	货架位置
矿泉水	一般货物	15KG/件	380*260*240mm	1m*1.2m*1.5m	30件	450KG	
螺丝钉	重物	8KG/件	270*120*400mm	1m*1.2m*1.5m	135件	1080KG	
袋装粉丝	轻泡物品	2.5KG/件	430*290*140mm	0.8m*1m*1.5m	24件	60KG	

图 5-2-7　判断货架位置

(三)任务实施

1. 确定目标货位

退换货物入库上架与一般货物入库上架同样遵守货物入库上架的三个原则,即:上轻下重、分类存放、多近少远。

在现代智慧仓储管理体系中，引入大数据模型，基于货物入库上架的三个原则，分析每类货物的特征，自动完成货位的分配。不再需要工作人员对数以万计的货物进行分类并分配货架，大大提高了生产的效率，也降低了商品的损坏率。

2. 熟悉场地

完成货物入库上架，需要对场地有初步的认识。了解货架的分区和位置，了解货物运输的路径，提高工作效率同时降低发生事故的风险。

3. 货物上架

货物入库上架借助叉车完成，包含取货和上架两个环节。

（1）取货：

① 驶进货位，驾驶叉车驶进托盘交接区。

② 垂直门架，放平门架。

③ 调整叉高，下降货叉。

④ 进叉取货，缓慢叉取托盘。

⑤ 微提货架，货架抬升离地。

⑥ 后倾门架，防止托盘货物滑落。

⑦ 驶离货位，倒车离开托盘交接区。

⑧ 调整叉高，根据实际情况调整。

注意：

叉车等设备属于大型特种设备，使用时必须牢记安全生产红线，保障人员、货物的安全。

（2）上架：

① 驶进货位，驶进托盘货架区。

② 垂直门架，放平门架。

③ 调整叉高，平稳运输货物。

④ 进叉对位，对准目标货位，注意不能撞击货架。

⑤ 落叉卸货，缓缓放下托盘。

⑥ 退车抽叉，货叉离开托盘。

⑦ 门架后倾，叉车行驶规范。

⑧ 调整叉高，根据实际情况调整。

退货作业

图 5-2-8　叉车取货

图 5-2-9　货物上架

扫一扫
查看取货演示

扫一扫
查看上架演示

4．自动化立体库作业

随着工业技术发展，货物入库上架变得更加高效和智能。传统的人工驾驶叉车完成入库上架已逐渐转变成自动化立体库上架，只需要将货物托盘放置到自动化立体库的托盘平台上，即可完成货物入库上架的操作。

5．换货发出

更换货物不需要等待客户将旧的货物送达再发出，而是可以根据订单，在入库订单管理系统中找到同类型的货物，将新的货物从货架上取下重新发出。客户返还的换货商品则进行分析、维修或报废等处理。

（四）反思小结

1．在任务实施过程中，哪些步骤不够清晰或操作不够熟练？举例说明。

_____

_____

2．查阅教材及相关资料，尽可能多的写出叉车驾驶安全规范。

_____

_____

279

技能训练

2024年4月25日，华源集团的客户管理员小李收到客户发来的该公司的入库验收单，单据显示该批货物中的50箱巧乐兹蛋筒因在入库验收时发现部分商品已融化，要求全部退货，但未提交相关佐证。小李需及时接收退换货信息，与客户沟通，认真审核是否符合退换货要求，并将处理结果及时反馈给仓库和客户。仓库管理员小马需要根据处理结果，安排好人员及设备，及时完成退换货物的接收处理和换货货物的发出作业。

<table>
<tr><td colspan="8" align="center">入库验收单</td></tr>
<tr><td colspan="3">公司名称：</td><td colspan="5">盒马鲜生五一路店</td></tr>
<tr><td colspan="3">客户名称：</td><td colspan="2">广州灵力冷饮有限公司</td><td>客户编号：</td><td colspan="2">WM0200361</td></tr>
<tr><td colspan="3">发货仓库</td><td colspan="2">广西华源集团物流中心</td><td>日期：</td><td colspan="2">2024年8月23日</td></tr>
<tr><td>货品条形码</td><td>货品名称</td><td>储运温度</td><td colspan="2">规格（mm）</td><td>单位</td><td>应收数量</td><td>实收数量</td><td>备注</td></tr>
<tr><td>6921734969637</td><td>蛋挞皮</td><td>冷冻</td><td colspan="2">190×370×270</td><td>箱</td><td>20</td><td>20</td><td></td></tr>
<tr><td>6925303751392</td><td>可爱多</td><td>冷冻</td><td colspan="2">190×370×270</td><td>箱</td><td>30</td><td>30</td><td></td></tr>
<tr><td>6901285991218</td><td>巧乐兹</td><td>冷冻</td><td colspan="2">190×370×270</td><td>箱</td><td>30</td><td>0</td><td>质量问题，拒收</td></tr>
<tr><td>6902083890682</td><td>原味酸奶</td><td>冷藏</td><td colspan="2">190×370×270</td><td>箱</td><td>50</td><td>50</td><td></td></tr>
<tr><td colspan="5">仓管员（签字）：王力</td><td colspan="4">送货人（签字）：李军</td></tr>
</table>

考核评价

一、理论模拟练习

（一）单选题

1. 下列不属于退货单内容的是（　　）。
   A. 客户名称　　　　　　　　　B. 货品信息
   C. 退换货原因　　　　　　　　D. 客户信誉

2. 下列属于七天无理由退换货的商品的是（　　）。
   A. 消费者定作的　　　　　　　B. 鲜活易腐的
   C. 普通日用品　　　　　　　　D. 交付的报纸、期刊

3. （　　）是根据客户的退货要求，售后编制退货信息用以告知仓库进行业务对接、退货准备与核对等的表单。
   A. 《发货单》　　　　　　　　B. 《退货处理单》
   C. 《退换货登记表》　　　　　D. 《退换货通知单》

4. 不属于影响商品二次销售的因素有（　　）。
   A. 手表表带经过调整　　　　　B. 商品原厂标签、吊牌移位、撕毁
   C. 服装经穿着，洗涤　　　　　D. 服装尺码错误

5. 作为仓储管理人员，在退换货作业过程中主要的职责是（　　）
   A. 与客户进行沟通
   B. 管理库存信息并调度作业
   C. 负责货物的包装与分拣
   D. 协调退换货入库上架，保证货物正常流转

（二）多选题

1. 下列属于退换货信息接收的主要渠道有（　　）。

A. 商家网站在线客服系统　　　　　B. 电商平台退换货申请页面
C. 客户服务热线　　　　　　　　　D. 现场申请

2. 下列属于退换货信息接收处理的内容的有（　　）。
A. 客户家庭地址　　　　　　　　　B. 订单信息
C. 退换货原因　　　　　　　　　　D. 相关证据

3. 《中华人民共和国消费者权益保护法》第二十五条，经营者采用网络、电视、电话、邮购等方式销售商品，消费者有权自收到商品之日起七日内退货，且无需说明理由，但下列商品除外：（　　）。
A. 日用品
B. 鲜活易腐的
C. 在线下载或者消费者拆封的音像制品、计算机软件等数字化商品
D. 交付的报纸、期刊

4. 按质检结果退货商品可分为（　　）。
A. 合格品　　　　　　　　　　　　B. 不良品
C. 待处理品　　　　　　　　　　　D. 废品

5. 在对退换货商品进行接收处理时，以下哪些内容需要检查核对的。（　　）
A. 商品数量　　　　　　　　　　　B. 商品质量
C. 商品包装　　　　　　　　　　　D. 相关单据佐证

（三）简答题

1. 简述退换货接收与处理流程。
2. 简述退换货信息接收与处理的注意事项。
3. 除商品本身的质量问题之外，影响商品二次销售的因素有哪些？

二、操作技能评价

操作技能评价表

小组：_____

序号	操作技能评分点	分值	得分	备注
1	能够正确阐述退换货信息接收与处理的内容	10		
2	能及时与客户沟通，确认退换货信息	10		
3	能够根据退货原因分析和判断是否符合退货标准，进行退货信息审核与处理	10		

续表

序 号	操作技能评分点	分 值	得 分	备 注
4	能够正确填制退换货单	10		
5	能及时将退换货信息处理结果反馈给客户和仓库	10		
6	能规范进行退换货货物的接收处理与换货发出作业	30		
7	是否注重团队合作意识，注重沟通，能自主学习及相互协作	10		
8	是否遵守安全操作规程，正确使用设备，操作现场整洁	10		
	合计	100		

根据考核评价表，你认为哪个小组应该被评为明星组？

本次任务你对自己的表现满意吗？

☐满意　　　　☐一般　　　　☐不满意

参考文献

参考文献

期刊

[1] 龚亚彬. 基于大数据的分拣设备智能分析系统的设计与研究[J]. 电脑知识与技术, 2024, 20(01)：69-72. DOI：10.14004/j.cnki.ckt.2024.0105.

[2] 杨千伟. 基于PLC和条形码识别的快递分拣控制系统研究与设计[J]. 信息记录材料, 2024, 25(01)：166-168. DOI：10.16009/j.cnki.cn13-1295/tq.2024.01.045.

[3] 梁妮. 基于人工智能的电商物流配送分拣机器人控制系统设计[J]. 自动化与仪器仪表, 2024, (07)：279-283. DOI：10.14016/j.cnki.1001-9227.2024.07.279.

[4] 任雪婷. 基于多传感器融合的智能分拣机器人研究[J]. 机器人产业, 2024, (04)：96-102. DOI：10.19609/j.cnki.cn10-1324/tp.2024.04.004.

[5] 刘建文, 沈瑞琳, 马世登, 等. 基于嵌入式机器视觉的流水线分拣机器人设计[J]. 计算技术与自动化, 2024, 43(02)：17-23. DOI：10.16339/j.cnki.jsjsyzdh.202402003.

[6] 陈凯, 杨桂婷. 基于智能视觉在分拣机器人工作站中的应用研究[J]. 机器人产业, 2024, (03)：91-97. DOI：10.19609/j.cnki.cn10-1324/tp.2024.03.014.

论文

[7] 李泽. 快递包裹自动分拣系统设计[D]. 黑龙江：哈尔滨商业大学, 2023. DOI：10.27787/d.cnki.ghrbs.2023.000523.

[8] 樊梦成. 仓储物流自动分拣系统数字孪生研究[D]. 浙江：浙江农林大学, 2023. DOI：10.27756/d.cnki.gzjlx.2023.000177.

[9] 谭树勇. 轻小件高速分拣机器人系统实时调度研究[D]. 北京：北京邮电大学，2023. DOI：10.26969/d.cnki.gbydu.2023.000916.

[10] 穆慧文. 基于FlexSim的M通信公司物流中心顶级作业流程仿真及优化[D]. 山西：山西大学，2023(06).

[11] 李楠. 基于物流服务质量评价的中小型电商企业退换货路径研究——以CP天猫店铺为例[D]. 广东：华南理工大学，2021.

专著

[12] 王斌. 智能物流：系统构成与技术应用[M]. 北京：机械工业出版社，2022.

[13] 唐四元，马静. 现代物流技术与装备(第4版)[M]. 北京：清华大学出版社，2022.

[14] 薛威. 仓储作业管理[M]. 北京：高等教育出版社，2022.

[15] 郑克俊. 仓储与配送管理[M]. 北京：科学出版社，2018.

[16] 郭东芬. 仓储与配送管理项目化实操教程[M]. 北京：人民邮电出版社，2016.

[17] 谢翠梅. 仓储与配送管理实务[M]. 北京：北京交通大学出版社，2013.

[18] 郑文岭. 物流仓储业务与管理[M]. 北京：中国劳动社会保障出版社，2013.

[19] 杨双幸. 现代物流综合作业[M]. 北京：中国财富出版社有限公司，2020.

[20] 甘卫华. 仓储管理与库存控制[M]. 北京：北京大学出版社，2023.